當代新政治思想

New Political Thought: An Introduction
Adam Lent ◎ 編

葉永文、周凱蒂、童涵浦、陳玟伶 ◎ 譯

作者簡介

◆ John Barry是Keele大學的政治學講師，也是*Rethinking Green Politics: Nature, Virtue and Progress*一書的作者。

◆ Martin Durham是Wolverhampton大學的政治學高級講師，近來不斷地為基督教右派及美國保守主義者寫書。

◆ Matthew Festenstein是Hull大學的政治學講師，也是Pragmatism and *Political Theory*一書的作者。

◆ Tony Fitzpatrick是Luton大學的社會政策講師，也是1999年出版的*Freedom and Security*一書的作者。

◆ Elizabeth Frazer是Oxford大學新學院的研究員，最近才剛完成政治學與社區的相關著作。

◆ Michael Harris是Middlesex大學的政治學講師，其博士論文主要是討論公民權與右派問題。

◆ David Howarth是Staffordshire大學的政治理論講師，正在著手寫作一本以Discourse為主題的著作。

◆ Adam Lent是Sheffield大學的政治學講師，也是1998年出版的*Storming the Millennium: The New Politics of Change*一書的主編之一。

◆ Moya Lloyd為Queens大學的政治學講師，也是*The Impact of Michel Foucault on the Humanities and Social Sciences*的主編之一。

◆ Phil Marfleet是East London大學的發展研究學講師，也是1998年出版的*The Third World in the Global Era*一書的主編之一。

◆ Simon Thompson是West of England大學高級政治學講師，也是1998年出版的*Richard Rorty and Political Theory*一書的主編之一。

江 序

　　政治思想與人們的日常生活息息相關，但是介紹政治思想的書籍往往只交待二十世紀以前的人物，因此大家常誤以為談論政治思想就是研究孔孟老莊或柏拉圖、霍布斯、洛克、**盧梭**。如果思想只體現於這些「先聖先賢」身上，宜乎政治思想成為一門乏人問津的學問，然而事實並非如此。

　　事實是，每一個時代都必然有人針對該時代的重大問題，提出深思熟慮的見解與批判。他們或者企圖改變現狀、擘劃理想社會的藍圖；或者擔心世局變遷的方向，勉力維護舊有的社會價值。在我們的時代裡，當然也有諸多值得反省的現象與問題。這些問題有的與政治思想史上的亙古性問題類似，差別的只是答案的內容，如政治權威的建立、公民權利的範圍、家庭與財產的作用，以及正義的分配機制等等。另外有些問題則充分反映我們時代的特色，不是過去政治思想家所能預見的挑戰，如全球化所帶來的變遷、基因工程的倫理衝擊及生態環境所遭逢的破壞污染。這些林林總總的問題與我們的日常生活密不可分，任何稍具反省能力的政治學者都不可能視而不見。

　　當前的問題既屬於發展中的問題，如何對應這些問題自然沒有現成的標準答案。我們不可能指望柏拉圖為我們分析全球化的利弊得失，也不可能指望亞里斯多德告訴我們經濟開發與生態保育如何兼顧，更不可能期待洛克或密爾能夠對複製人的問題提出滿意的解答。至目前為止，當代社會問題所刺激出來的政治思想，仍然沒有一言九鼎的大師或百世不易的經典。由於大家都在摸索，因此新興的思潮形貌變幻不定，充滿了敏銳、多變、猶豫、矛盾的複雜性

格。我們在網路上經常看到有人探詢「什麼是左翼？」、「什麼是新中間？」、「什麼是父權體制？」、「什麼是後現代？」、「什麼是基本教義派？」等等問題，這不僅說明了新興政治思潮的新穎性，也說明了我們亟需某些簡要的參考工具，以幫助自己迅速掌握變遷時代中的現象與觀念。

從上述角度觀察，本書的出版正符合眾多人文社會學界師生的需要。我們經由比較不難發現，過去介紹「當代」政治思想的書籍，其涵蓋的內容大都是十九世紀到二十世紀初的東西，如古典自由主義、社會主義、共產主義、法西斯主義等意識形態。它們對二十世紀下半葉政治思想的發展，通常未有隻字片語的介紹。然而本書一掃此陋習，完完全全以「當代」為範圍。其介紹的思想流派包括新自由主義、社會民主主義、新右派、社群主義、後現代主義、女性主義乃至綠色政治思想等等。相對於傳統「左／右」區分的作法，本書改以「啟蒙／反啟蒙」為分類之軸線，仔細討論何以各種新興思潮皆可視為人類對啟蒙理念的質疑、批判、延續與辯護。誠如編者所言：「本書的幾個章節就在顯示人類理性的重要性、科技之有利的效果與經濟成長，如何受到綠色思想、後現代主義、宗教基本教義派、社群主義與女性主義的嚴厲攻擊」。由於左派右派的分野確實無法掌握二十世紀下半葉政治思想的脈動，因此本書所揭示的「啟蒙／反啟蒙」光譜可能更足以反映思潮互動的軌跡。在可預見的未來，本書應該是同類型書籍中最簡明有用的入門指引。

本書各章由不同作者執筆，在體例及撰述風格上難免有所出入，但各章作者大體上皆能持平介紹各種思潮的發展，以及該思潮與其他思潮的正反關係。對於初次接觸當代政治思想的人而言，每一章節的文字敘述應屬難易適中，既可獲得精要的第一印象，又可窺知繼續深入探索的可能方向。雖然這種篇幅限制下的介紹無法與分別一冊一冊的專書介紹相比，但以單獨一本書籍涵蓋諸多當代思

潮，本書仍有不少參考價值。另外值得一提的是，本書附錄的詞彙表收集了一百多條關鍵詞，不僅補充了正文所未介紹的若干重要觀念（如「公民共和主義」、「相對主義」），也方便讀者查詢特定的用語，算是一項貼心的設計。

　　本書出版於一九九八年，揚智文化公司翌年即購得版權並請人翻譯。書稿先由葉永文先生與周凱蒂小姐翻成中文，再由童涵浦先生與陳玟伶小姐對照原文修改一遍。全書容或仍有瑕疵，四位譯者之辛勞與貢獻值得肯定。相信此書出版之後，應能協助讀者釐清一些基本而關鍵的概念，並刺激大家對政治生活產生更豐富的想像。

江宜樺
于台北

導　言

　　那些剛剛開始對政治思想研究有興趣的人，可能會驚訝地發現，在學術界中關於意識形態終結的爭辯已經有好長一段時間了[1]。自從1950年代開始，有些人便曾主張意識形態的對抗已死，而被狹隘的能否解決工業社會問題的技術性爭論[2]，或是被一種勝利的且全球化的自由民主給取代了[3]。就如同這本書想要展現出來的一樣，你該當驚訝。本書包含了許多影響我們生活之廣泛、充滿活力且具原創力的激烈競爭想法，而沒有任何死去的意識形態的痕跡。二十年以前，或許我們可以把宗教基本教義派、綠色思想、社群主義、後現代主義與女性主義，僅視為一種邊緣團體或學術領域的關注而予以排斥，但今天如果沒有這些思想，我們就無法認知現今的政治世界。這樣一種新興思想潮流的影響力急遽成長，提供了具體、實際的證據來顯示意識形態絕對沒有死去。

　　進一步來說，僅管貝爾（D. Bell）及其友人[4]持相反的論調，但是這些新興的意識形態潮流「確實」挑戰了我們社會及政治生活中

---

[1] 請參見C. L. Waxman編之《意識形態終結的爭論》（*The End of Ideology Debate*），Funk and Wagnalls, New York 1968; M. Rejai編之《意識形態的式微》（*The Decline of Ideology*），Aldine Atherton, Chicago 1971.

[2] 就是這個著名地主張引發了所有的論爭；可參見 D. Bell之《意識形態的終結》（*The End of Ideology*），Collier-Macmillan, London 1962.

[3] 這是意識形態終結的主張最近之表達方式；請參考 F. Fukuyama之《歷史的終結與最後一人》（*The End of History and The Last Man*），Hamish Hamilton, London 1992.

[4] D. Bell,〈意識形態的終結—第一部〉（The End of Ideology-Part One）刊於《政府與反對黨》（*Government and Opposition*），第23期，1988。

的根基。接下來的幾個章節顯示出，在政治思想家的論爭領域中有了相當大的變化。新興的政治思想，不僅僅是因為它是現代的才稱為是新的。它在處理尚未被認知到的議題與概念，以及高度挑戰舊有傳統上，也是新穎的。諷刺的是，如果有任何一種意識形態最為深受這類新興意識形態思潮所掌控，那就是自由民主本身。簡單地說，大部分後啟蒙時代的政治思想視之為理所當然的概念中，有許多現在都已開放接受討論了。因此，不僅是意識形態仍然相當活躍著，而且它似乎還經歷了一種徹底的重生，隨著一些重要的轉變而刺激了新的著作與新的概念。

最為驚人的轉變是發生在人類理性與進步（progress）的領域中。啟蒙運動開啟了人類理性最為首要的想法，並且經由它的應用，偉大的進步可以在人性的條件下創造出來。許多政治思想在往後的幾個世紀中，都靈活地採用了這些思想。儘管對這些想法不斷有人質疑，但是十九世紀與二十世紀裡，最富影響力的政治理論（部分法西斯主義的形式可能例外）卻接受了進步的概念與理性的重要性。即便是馬克思主義，它的擁護者認為物質條件比理性更為重要，但它仍然讚揚客觀科學分析對瞭解那些物質條件，並因此鼓舞政治行動的能力。事實上，蘇維埃體系可以說是制度化了這個想法，在那些他們對社會世界的科學性理解中，最為先進的東西應該來運作整個社會——至少這是那個體系不斷自我正當化的理由。

當然，對於進步與理性可以應用在人類生活上的「範圍」是有爭議的——保守主義堅持某種類似後衛的行動，以對抗理性主義在社會與政治事務中扮演的角色——但是有益的技術與經濟的成長，將會在人類發明與探究的背景下產生，卻是個被全心全意接受的概念。但現在情形完全不一樣了。本書的幾個章節就在顯示人類理性的重要性、科技之有利的效果與經濟成長，如何受到綠色思想、後現代主義、宗教基本教義派、社群主義與女性主義的嚴厲攻擊。

新一代的思想家與行動主義者，都是在所謂科技「進步」所帶來最糟的效果，與信仰理性主義具有征服一切的權力下，所形塑的時代中成長——大規模的毀滅、核子武器、環境的摧毀以及共產主義制度下集體屠殺。無可避免的，這些都有它的影響在。此處提到的許多新興政治思想，大部分都質疑理性主義的信念，並削弱了技術官僚與專家的角色。取而代之的，它們以各種不同的方式，召喚某種基於宗教、認同、地方社群之傳統價值、對自然的認同以及精神的政治。簡言之，這些事情有許多是啟蒙理性主義所企求推翻的。

　　另一個令人驚訝的轉變是國家中心性的衰退（特別要注意的是，這是「政治」思想）。稍早的政治思想傳統之主要關懷，一直是在於國家的角色，特別是這個角色的範圍。自由主義，幾乎是西方最具影響力的意識形態，大量地建構了公民擁有特定權利，以保護自己、對抗國家行動的主張。然而對許多社會主義者而言，國家是促進改變的一個有力的要素。其他的因素也清楚的深印在政治思想家的心中——自然狀態、上帝與宗教的角色、經濟階級的影響等——但是這些最終都只對他們告訴我們有關國家的一切才有重要性。新興政治思想有一個非常廣泛的範疇。相當多的行動者與組織現在都有和國家平起平坐的地位，他們都是分析的焦點，也都是變遷的潛在因素。新興的思想家現在都把地方社群、宗教建制、志願組織、法人組織、超國家實體、啟發心靈的運動和許多其他的東西，放進他們理論的衡量與討論中。

　　這應該是不會太令人訝異的。西方經歷極權主義的恐怖統治，及部分的經濟計畫與福利制度的失敗之後，對部分雄心萬丈的理論家而言，國家差不多已經失去它迷人的特質了。綜觀二十世紀，國家在許多方面已經被試煉過，而它那麼嚴重地不符需要，以致思想家們被迫要尋求其他的方向。只有在1968年後所產生的新興社會運動才特別強調這一點，這類運動沒有得到國家的諸多幫助，即在社

會中改變了許多，而從這類運動中，在此所處理的相當多的思想流派也都因而產生了。更進一步來看，學術主題的散佈，例如：強調動態觀點與超越國家中心關係的社會學與文化研究，毋庸置疑地都在新興政治思潮中有了相當的影響力。舉例來說，一個政治理論家希望去瞭解女性角色，可以在這些其他的社會科學中發現許多（即使不是更多）的靈感，更甚於傳統上很少花時間去作這類考慮（除了極少數理論家之外）的政治思想。

當然，新興政治思想同時受到了下列事實的影響：隨著全球通訊技術的興起、以歐盟為例的超國家實體、以及大型跨國企業的成長，民族國家自1945年開始，就已經失去了它在政治世界無可挑戰的優越角色。這樣的改變在壓力下，已經取代了國家的經濟力量。結合帝國的消亡以及西方經濟命運的沒落，這些因素也已經證實，論議也都集中在對分配的資源縮減之議題上了。這個轉變發生在較老的傳統中特別有其重要性，它更明顯地回應日復一日的治理問題。

在保守主義的思想中，新右派思想的興起清楚地反映了一個事實：國家不能持續地去負擔由戰後時期，單一民族的保守主義所接受的資源密集的計畫；而對左派來說也是如此，他們對這個議題也有愈來愈深刻的體認。許多民主社會主義者與社會民主思想一度以考慮經濟成長與恢復力的計畫為基礎，現在這些思想的支派則在不對公共財政作不合理的要求的情況下，尋求達成更平等與更自由的相同目標。它們愈來愈強調市民社會組織提供福利的潛力，更有甚者，市場也被看成是一個達成社會主義目標的新手段，雖然，它是以一個社會化的、民主的形式出現的。

新興政治思潮的關懷也將人類行為的所有領域引入了理論的爭議當中，這些曾被較老一代的思想家認為根本不值得討論。性議題與家務生活對女性主義思想的重要性、個人精神的安適之於綠色思潮、個人道德的關注之於基本教義派及家庭角色之於社群主義的重

要性，都已將這些新興的議題帶到眼前來了。在經過自由主義對於公私劃分之神聖性的理念長期宰制下，這些關注被擠到邊緣已有很長一段時間了；而唯有極權主義的思潮，以其本身高度的權威性與侵犯性的方式，才能在這些所謂的私人事務中獲取持久的利益。當然，就像女性主義思想曾經銳利地指出這樣一個事實：自由主義在公私領域之間作區分，並不表示這些嚴厲的價值與結構不會實施於私領域中。確實，在它逐漸放寬的鬆動下，新的政治思潮已經有效地削弱了傳統自由主義的主張：因為自由主義曾經說只要國家權力不干涉的地方，自由就因運而生。許多新興政治思潮都已經表現出，也愈來愈能接受在所有生活領域中都會發生衝突與控制了。

更進一步的關注則在於，這些思想的集合顯示出傳統左─右光譜的衰微或其他方面的問題上。在近幾年來，許多新聞分析與政治修辭都主張，從法國大革命以來就存在的嚴格劃分左右派已經日趨式微了。如果還有什麼是這些章節所要表達的，那便是去支持這樣一種觀點。一個人想要去建構任何明確的左右區分，幾乎永遠都會被某些無法同意此一區分的新興政治思潮所攻擊。

如果左派基本上被看成是對資本主義的質疑，而右派被看成是對資本主義狂熱的話，那麼這就留給我們一些非常奇怪的夥伴：自由主義、女性主義真的可以輕易地和新右派及基督教基本教義派放在一起嗎？同樣的，那麼社群主義、市場社會主義、許多當代的自由主義以及後現代主義又要放在哪裡呢？——他們全都對資本主義的某些面向感到狂熱，但其他面向則否。再者，伊斯蘭主義要被放在這個圖象中的什麼地方呢？——它並不是從根本反對資本主義，但它仍然建立在對社會正義的要求上，並且斷然不是「西方」資本主義的朋友。

另一方面，如果說左─右區分被視為一種環繞反對或支持「現狀」的建構，那麼，我們再次發現了奇怪又令人不太舒服的組合。

這難道是說新右派是屬於左翼的嗎？宗教的基本教義主義是在這個模型中的右翼還是左翼呢？它定然是希望在某些領域能有重要的改變，但是隨即又嚴厲地譴責女性主義對現狀的抨擊，彷彿它是為性別關係而存在似的。

甚至是如果我們接受一種寬廣的定義，依據此一定義，左派是在支持沒有權力的人，而右派則在支持有權者，那麼我們還是陷入迷惘中。有時候綠色思想似乎關心，某些有潛力同時影響有權與無權之人的議題。而至於基本教義派，則再一次，宣稱要為無權者的利益請命，但他們又希冀宗教領導者與人物權力的加強。有些後現代主義者甚至可能會排斥有權與無權這樣一種明白區分的概念，而認為權力是一種過於複雜的關係網絡，以至於無法被化約為一個簡單的二元論。

因此，左派與右派對新興的政治思潮而言確實是不合適的標籤。然而，還有另一種可能性，即從這個光譜開始被用來指涉較早的思想潮流時，它就一直都是有問題的。舉例來說，某些基進左派思潮的嚴格反頹廢特徵，似乎一直都和傳統的保守主義或甚至極端右派走得很近，比它與社會主義其他派別的放任自由色彩還要親近。也許費茲派屈克（T. Fitzpatrick）在本書中所主張的說法是最接近真實的：

> 關於左派—右派光譜沒有什麼是可以使得它表達所有的事物，或者不能表徵什麼的事情；毋寧說它一直是而且繼續是一種方便的與「片面」的理解與形塑世界的方式……只能說是那些放棄所有參照該左派—右派光譜的人，可能原本是太過嚴肅地看待這個問題了。

儘管有這樣多的改變，但是在稍早與較新的政治思潮派別中，仍然存在一個共同的基調。基本上，他們都仍在爭論如何才能最佳

地達成人類自由、安全與良善的生活，以及更確切地說是什麼構成了它們。這裡提到的幾個新興途徑，沒有一個會否認那是它們的主要關懷。老實說，新興的政治思潮可能已經拒斥了某些啟蒙運動的根本手段，但它仍然緊抓著，在啟蒙運動深具影響力的時代在世界上所啟發的偉大目標。就如同我們在湯普森（S. Thompson）的文章中看到的，即使是後現代主義者，這個對於啟蒙價值最具自我意識的破除偶像崇拜者，也都很難去否認他們自己這個崇高的目標。

在這樣一種精神的延續與改變裡，自1960年代開始，政治思潮已經歷了某些東西的復興了。接下來的章節就在表現，人類思想的創造力與多樣性如何在面對二十世紀晚期新興且出乎預料的問題時，還能獲得真正勝利，而不是只有枯燥的技術專家或自負的自由民主。然而，由這些新興研究途徑所產生的實際刺激乃是由於它們年輕。如同某些在此提到具有啟發性的、令人深思的思想一樣，它們相較於稍早的傳統而言，仍然明顯地是很年輕的。沒有人可以預期在十七世紀晚期，洛克（Locke）的自由主義會被後來的思想家及群眾運動所採用與改良，就這一點而言，它成了接下來的兩個世紀中最具影響力的意識形態。同樣的，也沒有人會知道在此提到的思想派別，有哪一個可以證成未來的自由主義。也許有一天，某個被啟發的綠色理論家會和盧梭（Rousseau）一樣獲得世人的尊重。也許一個尚未出生的政治思想家將會把現今的後現代主義者視為他們偉大的繆斯，去建立一個與時代相應的基進理論，並進而改變了世界。沒有一個人可以預測這些細節的未來。然而正因為如此，新興的政治思潮才會那麼的引人入勝，而且也是它使得生活不能夠確定，以至於我們將可能永遠都在尋求意識形態與政治思想所能提供的引導。

Adam Lent

目　錄

江　序　i

導　言　v

第一章　當代自由主義　1

　　導言：定義自由主義　2

　　基　礎　8

　　辯　論　14

　　挑　戰　23

第二章　民主社會主義與社會民主　27

　　導　言　28

　　歷史與理論　29

　　批　判　37

　　晚近的發展　40

　　結　論　51

第三章　新右派　53

　　歷史的根源　55

哲學的面向　58

新右派內的共同論題　67

批評以及最近的發展　70

新右派的成功？　74

結　論　77

第四章　基督教右派　79

導　言　80

運動的根源　81

運動的誕生　84

信仰、家庭與政體　87

基督教右派與共和黨　95

對基督教右派的反對　98

結論：勝利或考驗？　100

第五章　伊斯蘭教的政治思想　101

導言：上帝與變遷　102

東方主義的問題　106

根　源　108

大眾行動與漸進主義者途徑　111

基進的轉變　114

伊朗的典範　118

「全球性」的伊斯蘭　123

批評與失敗　125

結　語　130

第六章　社群主義　131

　導　言　132

　社群主義的哲學　135

　社群主義的政治　137

　對社群主義的批評　141

　社群主義的未來　145

　結　論　147

第七章　後馬克思主義　149

　古典馬克思主義　151

　古典馬克思主義的問題　154

　所出現的困難與後馬克思主義的界定　159

　基進的唯物論：政治的優先性　162

　基進民主　165

　對後馬克思主義的評價　167

第八章　後現代主義　171

　導　言　172

　哲　學　174

　政　治　181

批評的議題　189

結　論　196

第九章　女性主義　199

導　言　200

歷史根源　200

哲學的觀點　206

批　判　220

結　論　225

第十章　綠色政治思想　227

導言：歷史根源　228

哲　學　230

政治及政策　235

批　評　241

結　論　247

詞彙表　249

第一章
當代自由主義

Matthew Festenstein

導言：定義自由主義

　　就像本書中將要檢驗的其他幾個學派一樣，自由主義也是一個頗有爭論的思想系譜，而不只是個單一的教條而已，所以我們很難指出「自由主義」到底是意指為何。正如我們將看到的，這個困難性，部分是來自於我們對這個詞語本身的爭論，因為許多學者都企圖使他們自己的看法成為唯一應該名為「自由主義」的主張。另外這個困難性，亦可追溯到那些來自許多不同（的確是不同，而且經常是嚴重差異的）脈絡及不同關懷的個人所發展出來的思想傳統，而所造就之不可避免的分歧。或許我們可將自由主義定位為一種政治的意識形態，其中包含了相較於自由主義者仍不斷爭論的主要關懷，具有較少核心教條的信念。

　　有五種「自由主義」的主要價值可以用來作為理解當代論爭的背景。第一種意旨即是以個體為中心：我們每一個人生來就是「自由和平等」的，而且也能夠去擁有與追求我們自己的目標、利益和理想。對某些自由派的學者而言，人與人之間所展現的差異——即他們的個體性——只是一種簡單的心理學事實而已。但對其他學者而言，這種想法可能會更為浪漫地，認為它是種需要被培育與值得榮耀的東西[1]。

　　第二種面向是指一種自由的理念，亦即一個人若有能力去形塑和追求他自己的目標時，他就可以去獲取它。這種明確的自由之定義也曾經成為激烈爭論的主題。有些自由主義者認為唯一條理連貫

---

[1] J. S. Mill,〈論自由〉（On Liberty），收錄於 J. Gray 編之《論自由與其他評論》（*On Liberty, and Other Essays*），Oxford University Press, Oxford 1991.

的概念，就是普遍被稱之為消極自由（negative liberty）的東西：個人自由被簡單地視為，人們可以行動而不受他人刻意的干涉所強制的範圍。失去對消極自由的保障，將開啟專制獨裁之門，而允許他人，特別是國家來決定什麼才是我們所應具有的自由。不過，有些自由派的學者認為這原本就是個無法可避免的缺失。根據自由的積極意義，像是貧窮、失學、人我關係，以及在某個程度上經由政治所形塑的公共生活等因素，都可能會影響到我們的自由[2]。因此，自由不該僅是被理解為不受故意的干涉，而毋寧是一種有效管理我們自己生活的能力。所以，當我們在思索上述那些爭論時，對於在自由（liberty）、自由權（freedom）和自治（autonomy）等概念上所產生的激烈和深切的不一致，也就一點都不需要驚訝了：

> 自由是一個概念，它在人們的施為過程中，以及在個人最初行動的慎慮、選擇與意向之無限制的權力運作中，捕捉到了那些可辨識的且重要的東西。〔……〕人們的施為、意願及行動的初始是一個更為複雜的事情：它是形上學裡最為棘手的問題之一，而且它也是人類經驗中，某些最深沈悲喜的源頭。我們對於什麼才算是擁有與運用自由權的意義，是受限於我們自己本身作為人的概念，而且受限於我們和價值、他人、社會以及事物偶然秩序的關係[3]。

然而，自由派的學者也同意，自由必須以承認每個人都擁有部分基本的權利為要件，康士坦（Benjamin Constant）的「現代人的自由」就指出：基本人身安全的權利、言論與意識的自由權、行動的

---

[2]D. Miller （ed.）, 《自由》（*Liberty*）, Oxford University Press, Oxford 1991.

[3]J. Waldron, 《自由主義的權利》（*Liberal Rights*）, Cambridge University Press, Cambridge 1993, p.39.

自由權、隱私權、私有財產權以及參與政治的權利[4]。自由主義者即主張，無論我們的特殊目標與利益為何，我們是都可以要求這些權利去追求它們的。因此，也由於這些權利，自由主義者對於歧異也通常都是寬容的。

第三，其中有一個旨趣是在限制國家的範圍，而使其有責任要照顧到被統治者的利益。國家並不是民族命運、神聖意志或君主人格的貫徹管道；它其實是一個服務其成員需要與利益的人類設計：

> 人類，如同曾經說過的，生來就都是自由、平等與獨立的，沒有任何人可以被剝奪這項資產（Estate），也沒有人可以在沒有他本身的同意下，從屬於他人的政治權力。因此，要人們放棄自己天賦的自由，以及甘願受到市民社會所拘束，其唯一的途徑便是，與他人達成合意共同加入並聯合成為一個共同體，以保障他們能舒適、安全與和平地生活在人群中、安心地享受他們的財富以及獲得更大的安全保障以對抗外敵[5]。

雖然，關於市民如何可被理解為同意於國家的說法，所產生的論述已是卷帙浩繁（但並不令人滿意）的論述，但是就一般性的觀點來說是夠清楚的了[6]。國家施為的限度並不是由主權者自由裁量，而毋寧是來自於每個公民所擁有的權利：我們不能接受成為一個否認我們這些權利的政治體之成員。

---

[4]B. Constant,〈古代人的自由與現代人的自由之比較〉（The liberty of the Ancients compared with that of the Moderns），收錄於其《政治文選》（*Political Writings*）（ed. by B. Fontana），Cambridge University Press, Cambridge 1988.

[5]J. Locke,《政府二論》（*Two Treatises on Government*）, in P. Laslett （ed.）, Cambridge University Press, Cambridge 1988, II, sec.95.

[6] L. Green,《國家的權威》（*The Authority of the State*）, Clarendon, Oxford 1988.

自由主義的第四個特徵是對於市場、私有財產制與經濟財貨的自由交換的態度有著明顯的分裂。某些自由主義者主張，整體的社會利益在此體系中，可以透過個人依此方式追求他們自身的利益來達成；其他的學者則主張，這種系統所提供的利益，與具現在個人財產權上之關懷相比的話，是較不具意義的。然而，至少自密爾（J. S. Mill）開始，在部分自由主義者之間已經或多或少存在著一種不安的氣氛，亦即在許多方面，這個不受約束的市場，已架空了該自由權所賦予的自由：

> 絕大多數人不再是受律法的暴力所奴役或順服，而是受到來自於貧窮的力量所致。他們依然受限於地位、職業，服從於雇主的意志，除此之外，還因為出生身分的偶然性因素而被排除於享樂、心靈與道德的優越之外，而其他人卻因為繼承的關係，不需要任何的努力，也不問應得與否便得到了這些。對於絕大多數反對人類從古迄今都在奮鬥的說法者而言，這是一種邪惡的平等，因為他們相信窮人並沒有錯[7]。

　　因為這種自由主義的窘態，國家或其他政府機關以保障個人自由為名，來削減私有財產權得到了正當化。這種傾向私有權與市場的曖昧關係，持續地成為當代自由主義的特色。而這個爭論的當代形式在下面的章節中會再詳細地討論。

　　自由主義的第五個面向是進步的概念。就其最樂觀的想法來看，它承諾會掃除那些支持古代政權的迷信、舊習、偏見與暴力，而主張啟蒙、寬容、個人自由與機會平等。而對一些後來的自由主

---

[7] J. S. Mill,〈有關社會主義的篇章〉（Chapters on Socialism），《合輯》（*Collected Works*）, V, University of Toronto Press, Toronto 1967, p.710.

義者如格林（T. H. Green）和霍布豪斯（L. T. Hobhouse）等人來說，市場與現代國家的擴張在這個進步過程中，是扮演著關鍵性的角色[8]。具有進步意涵的自由概念同時含括了一種更為謹慎的意識，換言之，它對個人主義的強調，可能會使得公共或社會的領域有著發展不良的危險[9]。也許部分的自由主義者會憂心，在工業化或「大眾」文明教化下所養成的人民，沒有能力形塑及追求他們真正所要的目標[10]。

這些不同意見已經指出自由主義對於個體、自由、國家、市場以及進步等核心概念，因此，在當代背景下所呈現的各種自由主義的多樣性就一點兒也不令人驚訝了：無論追隨何者都必然是（但我希望不是太可笑的）一個簡化的圖象。當代自由主義的研究者通常會是以羅爾斯（J. Rawls）之權威的論述——《正義論》[11]，作為研究的起始點。在歷經一段沉寂的時期之後，該書作為自由主義倫理學與政治學上的「巨型理論」（grand theory）的復興，當它在 1971 年出版時即倍受矚目，即便不同意其結論的人也都十分注意這本書。就它的領域與企圖心而言，它相對於在當今四個主流的自由主義政治思潮來說，是特別突出的。

當代政治學的第一項堅持是認為唯有「實證的」（empirical）的研究才是真正理性的或科學的研究途徑，無論是自由主義或者是其他的學說，都強調以不涉入任何特定評價的方式來描述與解釋政治

---

[8]M. Freeden, 《新自由主義：一種社會改革的意識形態》(*The New Liberalism: An Ideology of Social Reform*), Clarendon Press, Oxford 1978.

[9]B. Constant, 《政治文選》; A. Tocqueville, 《舊制度與法國大革命》(*The Old Regime and the French Revolution*) (trans. by S. Gilbert), Anchor, New York 1955.

[10]J. S. Mill, 〈論自由〉。

[11]J. Rawls, 《正義論》(*A Theory of Justice*), Oxford University Press, Oxford 1971.

系統[12]。第二個思潮是保守地將政治哲學視為概念意義的分析：政治哲學家不能夠做理念的論辯或批判現存的哲學；他們能做的只是對一般人所慣用的政治語言提出反思[13]。第三個趨勢則是因意識到，隨著1920及1930年代法西斯及共產黨政權興起而來的極權主義之反動。自由派哲學家，像是柏林（I. Berlin）、波柏（K. Popper）和海耶克（F. A. Hayek）[14]都紛紛以不同的方式攻擊那些把國家視為一個為共同目的而組織起來的集合的觀點[15]。與其說極權主義國家設立一連串的規則僅僅是為了市民自由及和平的共存，還不如說它其實是將法律視為一種達成社會共同目標的工具，例如：軍事的成功或繁盛。如此一來，它就無可避免地會去強制那些也許有別的興趣的成員，把他們當成達成集體目標的工具。這些思想家同樣也會對那種用以評價和建構社會與政治制度之人類理性的力量，感到質疑[16]。

---

[12] 請參考 S. M. Lipset, 《政治人》（*Political Man*）, Heinemann, London 1960. 而對於此觀點的批評可參見 A. Arblaster, 《西方自由主義的興衰》（*The Rise and Decline of Western Liberalism*）, Basil Blackwell, Oxford 1984.

[13] R. M. Hare, 《道德的語彙》（*The Language of Morals*）, Oxford University Press, Oxford 1952; T. D. Weldon, 《政治的詞彙》（*The Vocabulary of Politics*）, Penguin, Harmondsworth 1953.

[14] I. Berlin, 《自由四論》（*Four Essays on Liberty*）, Oxford University Press, Oxford 1969; K. Popper, 《開放社會及其敵人》（*The Open Society and Its Enemies*）, 3rd edn, Routledge & Kegan Paul, London 1957; K. Popper, 《歷史主義的貧困》（*The Poverty of Historicism*）, Routledge & Kegan Paul, London 1960; F. A. Hayek, 《自由的建構》（*The Constitution of Liberty*）, Rouledge & Kegan Paul, London 1960.

[15] 這種懷疑主義不僅是自由主義學者如是想，就連一些和自由主義不太相關的學者也持有同樣的看法。請參見 H. Arendt, 《人類境況》（*The Human Condition*）, Chicago University Press, Chicago 1958; M. Oakeshott, 《政治的理性主義》（*Rationalism in Politics*）, Methuen, London 1962.

[16] K. Popper, 《推測與反駁》（*Conjectures and Refutations*）, Routledge & Kegan Paul, London 1976, p.6.

第四個是羅爾斯自己本身在《正義論》非常謹慎採用的觀點，亦即社會福利的功利主義觀點。這個觀點宣稱對國家而言，統籌社會福利的最佳方式就是透過社會去追尋最大化幸福的政策；這種對人類理性力量的樂觀主義，使得他相信國家是可以做到這一點。當羅爾斯接觸到這種觀點時，（就像我們理應見到的）他就像那些反極權主義者一般，對於國家可能會為了其他的緣故而殺死或強制某些人的風險有所憂心：也許最大化社會福利的目標，並不能使我們去接受那種會犧牲社會與政治的自由，或者是社會中少數人的重要的利益。不過，他倒是同意功利主義者對於理性所持有的樂觀主義，並且相信對於社會正義的承諾並不必然會導致極權主義，因這兩者既是密切相關，也是可辯護的。至少，由對羅爾斯的理解他企圖將關於再分配的論爭與公民和政治自由的有力辯護結合在單一的理論設計中──已經帶來部分的衝擊。

如此一來，（正如許多評論家所認為的）羅爾斯為福利國家的自由主義提供了一種意識形態上的正當化理由，這種自由主義對於西方社會民主的混和式經濟是和善的。至於，當代的社會民主是否能夠復甦自由主義的個人主義及社會正義所要求的願景，恐怕還是個開放性的問題吧？

基　礎

羅爾斯的《正義論》是在問：一群被放置在想像之「原初情境」（original position）中的人會形成什麼樣的公正的社會組織原則呢？這些原初情境中的主體置身於「無知之幕」（veil of ignorance）之後：也就是說，他們並不知道這個社會的細部安排遵循的將是哪些原則（無論它是否為資本主義者、平均土權論者、還是多元族裔論

者），也不能知道他們在其中的特殊社會與經濟地位（無論他們是否最後會變成勞動者、工廠所有者還是醫生），亦不能知道他們在這個社會中所具有的品味、利益及天賦才能到底是什麼（無論他們是懶惰的、有進取心的還是虔誠的）。同時，他們對於互相合作原則的深思熟慮，乃是自利的與理性的：譬如每一個人都可以從他們所期待的過程中得到最佳的結果。無知之幕的設計在此是用來確保所得出之原則的公平性：譬如假使我不知道我正在切的蛋糕，哪一片才是要給我的話，那麼我就會盡我所能地試著把蛋糕切得一樣大。

然而，羅爾斯不僅將我們的財富與天賦等事實因素，排除在做出決定的過程之外，也排除了自我的「善的概念」（conception of the good）；也就是說，排除任何我所認為會使我自己或其他人能過一個有意義生活的觀點。這種「善的概念」的想法，包含了許多或多或少彼此相關的信念：譬如率性而為者和正經八百的人有不同的善的概念，而天主教徒和無神論者也有不同的善的概念等。當然，各種不同善的概念之內容都會改變，但羅爾斯認為我們都共享著一種興趣，即不管其內容為何，我們都會去「形塑、校正與理性追求」某些善的概念[17]。這顯示了羅爾斯理論中的一個基本之自由的前提：亦即我們每一人都具有著一種生活的導引，而且這生活導引是一個比我們任何特殊計畫與目標都還要來得更為基本的事實。重要的是，要記得一個深思熟慮者並不會去建構一個他們隨後便要加入的完美社會。他們因無知之幕而和真實的世界產生斷裂，但是他們又將在深思熟慮後，重新進入那個世界——他們被要求去思考，什麼樣的原理才應該被使用到他們重新進入的那個世界裡。

---

[17]J. Rawls, 《正義論》, pp.92-95, 407-416; J. Rawls, 《政治自由主義》(*Political Liberalism*), Colombia University Press, New York 1993, pp.19, 30,104.

羅爾斯主張，在原初情境中的人們，對他們的地位和能力一無所知，並且，他們不會受到任何特定善的概念的觸動，而是受到去形塑、追求與修正這些概念的興趣所激發。他們將會同意兩個正義的原則：

1. 每一個人對於最廣泛的體系下的平等基本自由權都擁有相等的權利，並且和其他所有在相似的自由體系下的人是相容的。
2. 社會與經濟的利益都是被安排的，所以他們都必須：
   （a）對所有在機會平等條件下的人都是開放的。
   （b）要讓處境最不利者有著最大的利益（此意指「差異原則」（difference principle））。

除此之外，這些原則的順序表現出他們的優先性。因此，平等自由的達成被認為是比追求廣大的社會與經濟利益較來得重要的；而且機會的均等被認為是比處境最不利者的利益要更為的有意義。

經由不同的途徑，所有的這些原則都是來自於下列這個事實——即在原初情境中的每個個體在他們從無知之幕後面進入真正的社會位置時，他們都希望能將遭遇困難的風險減至最低：「因為我並不知道我的社會位置」。羅爾斯主張每個深思熟慮的人都是理性的，「我會試著去安排事情，如此一來我才能盡我所能地將事情做好，即便最後我成為最不利者之一」。這就好像是我們所熟知的博奕理論（game theory）中的「小中取大」（maximin）策略：在我們不知道結果將會如何的情況下，我們會極大化由結果獲得利益的最小可能性，亦即，當我們註定只能得到最小塊的蛋糕時，就算那塊蛋糕不可能和所有人的一樣大，我們仍然會想要去確保它是盡可能地大。掌握這樣的想法，我們就可以瞭解到每一個深思熟慮的人何以能夠推出他們的結論。

第一，平等基本自由的原則是源自於熟慮者以下的想法：「我

希望沒有任何單一的善的概念在社會合作的原則下被信奉著，因為支配的概念（回到現實世界來看）結果將不會成為我的信念；或者，它如果是我的，我後來可能也會開始質疑它。比較安全的做法是，希望事情可以這種方式來安排，也就是，無論我所支持的善的概念是什麼，我都可以自由地如此地做，或者如果我希望的話，我還可以去改變它」。這些基本自由的「平等」表現出一個顯明的事實，即熟慮者渴望去避免風險，而這將會引導他們希望能避免有錢有勢的人的享受，要以犧牲窮困弱勢者為代價。

平等自由權的達成優先於社會經濟利益的獲取，這個想法表達了羅爾斯的主張，也就是當熟慮者被轉換到現實的情境時，他們不會希望為了確保更多的財富而去犧牲自由：因為自由在對每個人追求他本身的目標以及在引導他的生活上都是必要的，所以他們不會為了經濟利益而出賣自由[18]。這一點保證他們可以對抗以下的風險，即他們是否應該堅持那些和追求經濟成長不相容的善的概念，或者他們是否應該改變他們的想法，而來追求這種善的概念。

第二，配置社會與經濟利益，使它們可以在機會均等的體系下對所有人開放，並使處境最不利者獲得最大利益的原則，必須仰賴審慎參與決定的各造的深思熟慮。如果我不知道什麼將是我在這個社會上所能占據的位置，那麼當我在檢驗各種對社會與經濟利益分配的安排時，我就會將注意力放在那些最糟糕的事情上面，免得最後結果是我被歸在那個類別裡。

然而就像自由優先於經濟利益一樣，機會均等亦被認為是比處境最不利者的利益獲取要來得重要，這也就顯示了社會福利的目標不應凌駕於社會個別成員的自由之上。就像是要那個別的熟慮者為了經濟的福利，而犧牲他們本身對良善生活的想法是沒什麼意義的

---

[18]Rawls,《正義論》, pp.151-2, 542-548.

一樣，就算是當某個選擇出現時，熟慮者也不會願意為了最大化社會福利的目標而出賣機會均等的自由。羅爾斯說道：「要說明這點的另一個方法，是正義原則在社會的基本結構上，證明了人們之間不僅只是將他人視為手段，而是將他們自身也視為目的的存在。」[19]自由的優先性、機會的均等以及差異的原則，每一個都顯示出社會福利不應該去侵蝕公民的個人完整性。羅爾斯指出他的這個模型是延伸至洛克、盧梭與康德的契約論傳統：

> 平等的原初情境回應了在傳統社會契約論中所談的自然狀態。這個原初情境當然不是被設想為一個實際事務的歷史狀態，也較不是一個文化的原初條件。它被理解為一個純粹假設的環境條件，以使得我們能夠發展一個特定的正義概念[20]。

　　這個假設的契約實際上到底建立了什麼？批評羅爾斯的人就指出，他們並無法瞭解原初情境中極端無知的深思者，他們所做出的決定如何能強加任何盲目的力量於現實中的人們身上。試想，我在一個由差異原則統治的社會裡要比我在其他制度下過得更不好。假如我在不知道差異原則會牴觸到我本身的利益時我會同意它，所以我應會支持它，這種說法似乎是有點奇怪的。同樣的，要說在你尚未意識到強烈的平等主義理想時，你會去選擇一個被差異原則支配的社會，而一旦你開始意識到那些理想時，它會提供一些基礎讓你去支持這種社會的說法，也是奇怪的。

　　自由派對此回答的一種方式保留了契約的策略，但卻是在一個

---

[19]*Ibid*., p.178.
[20]*Ibid*., p.12.

更實在的方式下重新運作[21]。在羅爾斯的建構中，原初情境裡的諸主體都是利己的，他們只對他們自己的生活與計畫感到興趣，只因為對其訊息之剝奪，以致使得這些原則卻反而是公平的。另一種看法則是（其基礎來自於休謨（Hume）的說法）將正義的諸原則理解為一種同意的結果，而這個共識是透過那些未被剝奪財富、能力與理想等相關資訊的自利之個體們協議而成的。這個方法碰到羅爾斯對於服從正義原則的問題時，有利於提供一個有效的回答：我們應該遵守正義的公約，因為它是著眼於我們的利益才這麼做的。這些以達成彼此互利互惠為基礎的原則，顯然比羅爾斯對義務的要求要來的微乎其微。羅爾斯所設計的契約，是為了要去達成那種沒有預先告知參與者相互協商的效力，所設計出來的原則，如此則這種彼此互利互惠之契約正能表現出這些差異。在這樣的契約之中，有錢或有勢的人的義務只源自於他們推測窮人有自交易中退出的這種脆弱性，而不是源自於他們認知到若他們以其他的方式來行動將會戕害到其他人的個人完整性。然而，對評論者言，這個方法顯現出一種令人不愉快的意涵，也就是說，那些非常弱勢或無生產性的人——那些無法在與他人交易中有效表達他們利益的人——將無法表現出他們的利益所在。這些憂慮亦被這樣的陳述、以及被使用這種方法的理論家給強化了，於是，弱勢者就必然會被置於正義的「柵欄」之外（beyond the pale）[22]，或者「如果個人的差異是十分巨大的時候」，那麼有權者也許會加諸「某些類似的東西在奴隸的契約之

---

[21]J. Buchanan, 《自由的限制：在無政府與利維坦之間》（*The Limits of Liberty : Between Anarchy and Leviathan*）, University of Chicago Press, Chicago 1975; D. Gauthier, 《共識的道德》（*Morals by Agreement*）, Oxford University Press, Oxford 1986; J. Narveson, 《自由主義的理念》（*The Libertarian Idea*）, Temple University Press, Philadelphia 1988.

[22]D. Gauthier, 《共識的道德》, p.268.

上」[23]。

這些對於「互利互惠」(mutual advantage)觀點的批評是在於強調《正義論》並非為一原初情境的利己主義，而毋寧是想要透過無知之幕來達成模式的公平性：諸原則都可以在沒有任何特殊設計之下來產生，而只是基於要求施為者給予其他人平等的考量來做，儘管他們是在其各自所持有的價值之認知和能力上來促進他們這種關係的[24]。從這個觀點來看，透過原初情境的狀態來作為一種假設性之契約的困難性是附帶的。因為這個基本宣稱在於，正義的原則是公民對於何為平等或公正之認定的直觀概念所要求的考量：就像我們已見到的，這包括著透過基本的自由，我們可以來認知到他們的「歧異性」(separateness)以及建構其不平等的效果，以致能把這些不利的因素壓抑到那最大的可能程度。

辯　論

放任自由主義與再分配

彷彿某些奇怪的事情總會發生一樣。自由主義最初是種宣稱贊成自由市場的哲學，而它到現在似乎變成了一個為了確保最不利者的利益而干涉的理論基礎。相應這種論述，被理解為放任自由主義（這種理論支持許多和自由主義相同的基本原則）的政治思想，其反

---

[23]J. Buchanan, 《自由的限制》, pp.59-60.
[24]W. Kymlicka, 《當代政治哲學》(*Contemporary Political Philosophy*), Oxford University Press, Oxford 1990, p.69.

對自由主義在分配正義上的持論，它覺得這些議論的研究途徑與財產權、市場與國家介入的議題毫不相關。

　　放任自由主義有許多的流派。其中一個是在強調利用國家介入再分配資源上的危險。自由市場被視為一對財貨生產與分配的廣泛有效手段；以任何具有野心的方式介入它，無異是殺雞取卵。對其他人來說，再分配的承諾違反了自由主義對有限國家的主張，而且也會將人群引至奴隸的道路上：財產權的受腐蝕將永遠會導致公民與政治自由的解體。

　　放任自由主義的核心是一個道德的爭辯，其要旨在於它嘗試去結合個人自由與國家對財富的再分配這本身是矛盾的：所謂「私人財產是個人自由的具現」[25]，應正確地理解為，財富再分配的具體表現就是為了他人的利益而強制使用某些公民的資產。舉例來說，就是拿一個公民的私人收入去資助另一個人的福利津貼。於是，這個立場的某些擁護者即認為，他們才是自由主義薪火的真正守衛者[26]。諾利克（R. Nozick）在《無政府、國家與烏托邦》（*Anarchy, State and Utopia*）一書中，即簡述了他的態度：

> 個人擁有各種權利，而且有些事物是任何人或團體都無法對他們做的（在不侵害他們權利的情況下）。這些權利是那麼的強大與難以達成，以至於他們才產生出一些可讓國家與其官員可以做的問題[27]。

---

[25]J. Gray, 《自由主義》（*Liberalism*）, Open University Press, Milton Keynes 1986, p.62.

[26]D. Conway, 《古典自由主義》（*Classical Liberalism*）, MacMillan, London 1995.

[27]R. Nozick, 《無政府、國家與烏托邦》（*Anarchy, State and Utopia*）, Basic Books, New York 1974, p.x.

就像羅爾斯一樣，諾利克也堅持沒有任何個人可以在為了達成他人目標的情況下被犧牲：他也說「每個人都是目的，而不僅是手段而已」[28]。如果我被剝奪了形塑我自己生活的能力的話，那生活對我而言就沒什麼意義可言了。

　　諾利克對再分配原則的攻擊是在於其私有財產可以被合法地獲得與轉換的說法。如果我持有某些我有合法名義的財產的話——亦即，它的獲得並無侵犯到他人的基本權利，那麼主張將部分財產轉換給那些處境為最糟的人的這種合法性又是什麼呢？對放任自由主義者來說，在分配正義的名義下，自由主義無法充分強調自由的優先性，而部分公民被視為一種手段，他們的財富與能力被看成是社會共同資源的一部分，隨時可以用以謀求他人的利益。我們不會從一個視力完好的人身上，取一隻眼睛給一個瞎眼的人，也不會從受歡迎的人那裡，將其朋友重分配給孤獨的人[29]。然而，自由主義的社會正義，就似乎給予國家以這種方式來行動的資格，特別是當它具有保障財產權利的名義之特性。由另一方面來講，「最小限度」（minimal）國家的角色，就純粹限制在確保公民的權利不受暴力與欺詐所侵害的範疇了。

　　堅持再分配之正當性的自由主義者在面對放任自由主義者的攻擊時，可能會提出幾種回應。他們也許會認為（就像諾利克承認的）要決定誰是實際上能夠被賦予權利資格的人是很困難的。諾利克認為，經由強制而來的財產獲取是不合法的；但是如果現有的財產持有是緣於過去的暴力使用（例如祖先所遺留的），那麼他們現在還是正當的嗎？諾利克的回答是暗示，為了讓他的觀點獲得一致性地應用，一個大規模的「矯正」（rectification）的確是需要的；但在什麼

---

[28]*Ibid.*, pp.30-31.
[29]Cf. *ibid.*, pp.206-7.

界限上著手進行卻是不清不楚。不管是什麼例子，都會產生財產權最初是怎樣地被獲得的這個問題：譬如，如果我讚揚一個美而無主的風景，它會變成我的嗎？如果不會，那麼我必須做些什麼才能使它變成我的呢？我們也許會認為把它和移轉部分身體器官或情感作為類比是無效的，因為經濟物質的所有權和前者相較之下，在道德上是屬於較不重要的一類。自由主義者同時可能會認為（就像我們先前摘述密爾所說的部分），最極端的貧窮將和徵稅一樣，都是剝奪有意義的生活的一種有效方式，而諾利克由他的前提所導出的結論並不必然那麼簡單容易。最後，如果徵稅是強制的，那麼這種最小限度的國家又要如何被促成呢？諾利克似乎過份誇大了他的說法。

一個更為複雜的方法是海耶克的。他主張社會過程與個人活動太過複雜，以至於不能藉由任何單一的社會施為者或政治力量來組織，而且若想要嘗試這麼做，便可能導致那些被假定具有理性的或正當的目標，但卻又是強制性的並且通常是極不利的負擔被加在並不接受他們的個人身上。市場關係的一個關鍵性特徵是他們保留了涉入者的自由。他以消極的方式來理解自由，例如免於受到他人的強暴脅迫、如不會被迫去做不願做的事之類的。而就較寬廣的意義來談的話，他對於市場的主張具有兩個層次上的意涵。第一個層次是指，市場被認為是一個自然的秩序或「類目」（catallaxy），它是透過獨立的個人自由地追求他們的需要與利益彼此互動形成的。這個複雜的系統包括特定的個別權利與自由，而且即便它沒有經由任何人單一的意圖而產生，它也已經證明了一個普遍有效的方式，可以組織分歧的個人行動。海耶克倒置了個人自由在這個系統中的可能性，而對於社會行動者對此系統的控制有著過分熱切的企盼：

　　對於個人自由的主張主要是由於我們認知到，關於我們的
　　目標與福利的達成仰賴於許多龐雜的因素，而對此我們所

有人皆無可避免是無知的[30]。

只有經由市場中的個人自由所允許的試驗可能性，進步才有可能持續進行。

第二個論點同時回應了諾利克和羅爾斯的主張：即認為強制是一種惡，因為它僅僅將一個人視為手段。就像諾利克一樣，海耶克對何種情形可被稱為強制的定義是很嚴謹的：一個人只有在他的行動選擇被他人獨斷的意志所控制的狀況下，才叫做被強迫。對海耶克而言，「要錢還是要命？」這樣的脅迫才構成了強迫。反過來說，即使飢餓的威脅可能會逼使我去接受一個薪水很低的工作，但我的老闆並沒有強迫我，因為我可以選擇不接受他的工作，而這個選擇也不是他所創造的。市場通常是沒有強制性的，因為提供給個人的選擇並不是由某個人的意志所主導的。海耶克告訴我們，被徵召的士兵比那些無家可歸與貧困的流浪者還要沒有自由，因為前者的選擇多數都是由他人的意圖所決定的。

雖然市場是一個比指導性國家更為有效的避免強制的工具，但是當它有了本身無法矯正的危險性效果時，它還是需要被規制的。不同於諾利克，海耶克就接受了國家在提供基本公共財貨與緩和極端困境上所扮演的角色。此外，海耶克也主張，強制只能透過對該強制的威脅來消除：即藉由給予某施為者一個強制的獨占地位，則許多強制性的施為者所帶來的危險存在之機會就會減少了。然而這也需要一連串憲法上的安排，以便經由確保法治原則的一致性與可預測性來保護個人自由與限制國家的強制力。國家的範圍僅僅在於給予每個人最大可能的空間去做他喜歡但又不侵犯別人的事。與羅爾斯不同的是，海耶克主張在這個體系中產生的不平等並非不公正

---

[30]F. A. Hayek,《自由的建構》, p.29.

的，因為他們不是蓄意地被創造出來的，而是透過每個人在追求自己目標及計畫之下產生的非意料的結果。海耶克相信正義這個概念蘊涵相當基進的政治行動，例如貨幣的去國有化，以及避免職業工會所享有的法律與政治豁免權。

海耶克的批評者質疑他對自由、正義與強制的概念是不是太過於狹隘地定義了。「不正義」的概念只被應用於一個故意的行為後果上。那麼，在此處，就產生了如何判定這不作為之狀態的棘手問題（如果我可以在自己不付任何代價的情況下，拯救一個無罪的人，使其免於刑求而不為，我這樣的行為是否不正義？），以及關於非故意但可預見其結果的道德狀態方面的問題也會產生。如果後者並不包含於正義的概念的話，那麼我們就無法清楚地說明為什麼過失殺人（manslaughter）是種犯罪了。如果他們是在正義概念的範圍內的話，在一個不受限制的市場系統中的這種非意圖但可預見之選擇的減少，對窮人而言就可以被看成是一種強制了。

國家中立

關於當代自由主義者的第二種爭論是在於「國家中立原則」的問題。就像杜渥金（Dworkin）指出的：

國家中立原則的意涵是主張，法令的制定要在何謂良善生活的問題，或者什麼能賦予生命價值的問題上，保持中立。因為社會中公民的觀念（關於價值的）各不相同，如果政府偏愛一個觀念勝過另一個時，則政府對他們不會平等視之。這也許是因為官方相信某一種觀念在本質上較優越，或者是因為某一種觀念是由較多數且有勢力的團體所

持有的[31]。

　　法律絕不能以某種特定的關於良善生活的信念優於其他種為由，而偏袒其中任何一種，同時不一樣的信念也必須被給予同等的尊重。所以，舉例來說，一個自由主義的國家不應該以某種特定的宗教觀是真理或是它在道德上比其他公民所擁有的世界觀優越為理由，而助長某一個特定的宗教觀點。然而，中立性原則也隱含了一些可能阻礙自由主義的腳步的因素。舉例來說，徵稅應該被用來支持某些文化活動的想法，開始被排除了。就算某些公民發現他們的美好生活（至少是部分的生活）都是在賭博，而其他人則都沈醉在戲劇裡，中立性的國家也不應該以公共的資金來支援後者而非前者的活動；但是，當然這亦是某些國家會做的事。同樣地，異性戀的一夫一妻制是屬於一種特定的善的概念，而並不是被所有的公民所共享；中立性的國家不應透過法律認可、租稅與津貼法等諸如此類的方式來支持這個以及其他的概念。因此，自由主義者不能僅僅以某種特定的良善生活的概念是一種較優越的概念為理由，就主張由國家來支持它。即便他們自己真的如此認為亦不得作此主張。

　　為什麼任何自由主義者都會贊成像這樣的一種自我否定（self-denial）之論述呢？這樣做的一個理由是基於下述的信仰：「基本自由派的洞見即在於，關於良善生活的理念有其無法避免的爭論，以及，如此便需要去從它們當中抽離出政治法則[32]」。這只是把我們的考量，和任何我們可以達成且對所有人來說都是可接受的價值概念（而這永遠都會有爭論的）予以隔開罷了；而且也只有在被我所接受

---

[31]R. Dworkin, 《論原則問題》（*A Matter of Principle*）, Oxford University Press, Oxford 1985, p.191.

[32]C. Larmore, 《道德複雜性的模型》（*Patterns of Moral Complexity*）, Cambridge University Press, Cambridge 1987, pp.129-30.

的原則統治的情況下，我才沒有受到強制；同上，也只有這樣我才可以當作一個達成他人利益的工具[33]。舉例來說，在最近的研究中，羅爾斯即主張他的正義論必須被理解為在民主社會中，眾多善的概念之間的一種「交疊共識」（overlapping consensus），它們聚焦於他的原則上，但對其他原則未必同意。

這種理論的困難在於決定什麼是可被接受的共同道德指標。去克服異議與達成一般可接受之規則的需要，是不會自己主動導向自由主義的方向的。一個由兩種衝突且不寬容的宗教團體所組成的社會，應該要拋棄那種由國家所強加在所有人身上的這種或那種宗教，進而允許雙方來共同形塑及分享正式許可的宗教地位。這對於所涉入的團體而言是一種中立的解決之道，但卻不是自由主義式的，因為這其中沒有任何自由的意識：亦即那些希望屬於另一個宗教團體，或公然宣稱沒有宗教信仰的人，就都被排除在外了。

於是部分自由主義者拒斥了這種自由的規則必然要被所有人接受或贊成的想法。在此觀點上的中立性顯然只是個別的自由主義的理念，不能期望別的理論觀點也都贊同[34]。這一點是根據自由主義的信仰，認為每個人都具有形塑和追求善的概念的根本性關懷。如果國家懲罰追求善的概念之必要的生活方式，將會使這種關懷受到

---

[33]J. Rawls, 《政治自由主義》；T. Nagel, 〈道德衝突與政治正當性〉（Moral Conflict and Political Legitimacy），《哲學與公共事務》（*Philosophy and Public Affairs*），16, 1987; T. Nagel,《公平與偏袒》（*Equality and Partiality*），Oxford University Press, Oxford 1991.

[34]R. Dworkin, 〈自由主義社群〉（Liberal Community）收錄於 S. Avineri 及 A. de-Shalit 編之 《社群主義與個人主義》（*Communitarianism and Individualism*），Oxford University Press, Oxford 1992; R. Dworkin, 〈自由主義平等的基礎〉（The Foundations of Liberal Equality）收錄於 S. Darwall 編之《平等的自由》（*Equal Freedom: Selected Tanner Lectures on Human Values*），University of Michigan Press, Ann Arbor 1995; J. Waldron, 《自由主義的權利》。

傷害。無論我們的概念是什麼，它只能在尊重他人也同樣擁有此種自由的態度下才能被追求，而且確實我們也可能藉此來改變我們的心智。因此，顯然這種無害的善的概念，是藉由自由主義對個人及其利益的理解所形塑出來的。部分主張可能無法服膺這種規範：如果我將我對善的概念付諸實行的時候（我被我的宗教真理或特定性經驗的惡所說服時），那為什麼我應該要為了使其和自由權利相符合而從中退出呢？故而，「中立性」只能應用在那些已然與自由主義相符的善的概念上，而它似乎也因此成為一個比它外表所見更為狹隘的理念。這隱含的意義是「自由主義將必須承認它有著比它通常所假想的還要更多的敵人（真正的敵人——是那些將在自由主義所安排的秩序下持續存在的人）」[35]。這也因此，自由主義國家的原則必須要被所有受它統治的人們接受的想法，將必須被拋棄了。

並不是所有的自由主義者都已發現中立性概念的魅力或其一貫性[36]。對此而言，自由權利表現出並且界定了一個良善生活的特殊形式，其中主要的德性是個人的自主性：「人們需要一些關於人性的善、人類繁榮的概念，而這些概念是以一種促成而非阻礙這種繁榮的公共生活形式出現的」[37]。因此，自由主義國家在選擇哪些生活形式才有價值自主，哪些則沒有的問題上，是不應該保持中立的；它應該要鼓勵那些值得的選擇，並阻止那些「邪惡的」或「無意義的」選擇[38]。然而，此一形式的自由主義的擁護者所堅持的自

---

[35]Waldron, *ibid.*, p.57.

[36]J. Finnis, 《自然法與自然權利》（*Natural Law and Natural Right*），Clarendon Press, Oxford 1980; J. Raz, 《自由的道德性》（*The Morality of Freedom*），Clarendon Press, Oxford 1986; W. Galston, 《自由主義的目的》（*Liberal Purposes*），Cambridge University Press, Cambridge 1989.

[37]Finnis 1980, *op. cit.* p.220.

[38]J. Raz, 《自由的道德性》, p.133.

主性之價值，是必須在「競爭多元主義」（competitive pluralism）的狀態下，寬容各種分歧與衝突的生活方式，以提供自主的個人一連串豐富的有意義的選擇。

挑　戰

　　本書許多其他的部分，皆在探討那些清楚地批判自由主義的觀點；而在本章中討論到的幾位學者，都已經被證明皆是在嘗試一種和他們的前輩一樣的目標。社群主義者指責自由主義有過份的個人主義傾向，而且忽略了較廣泛集體關係的重要性。女性主義者爭論說，它把隨著女性的社會地位以及特殊的道德感而引發的議題都忽略掉了。社會主義者認為，自由主義者太過於喜好自由市場、掩飾了市場關係的強制性及其未經檢驗運作的負面影響。保守主義者則質疑，自由主義者認為憲法與政治的拙劣修補可以增加自由與正義的信念是太過樂觀了，而且他們對於層級制與權威也都表現出一種不成熟的敵意。在此我們不可能討論所有相關的論點及反證，但是有兩項一般值得注意的問題倒是可以提出來。首先，並沒有一個簡單明確的自由主義可用來辯護或受攻擊：這不僅是說此一理念拒絕任何個別的表述對它的定義，並且告訴我們，許多自由主義的思想家也都將其批評者的想法整合進他們的自由主義之中了。舉例來說，海耶克對於文明化之斷裂的保守偏見是非常敏感的；而杜渥金與其他學者則似乎認可一種對市場進行干預的平等主義，其主張就如同社會主義形式那樣地政治基進[39]。

---

[39]Cf. W. Kymlicka,《當代政治哲學》, pp.85-90.

其次是指出，某些對於自由主義的批評常常是不明確的，「搞不清楚他們是在摧毀自由主義，抑或是在豐富它」[40]。亦即，他們宣稱自由主義的價值都是令人摒棄的，但是他們卻又同時攻擊自由主義所承諾的社會秩序並沒有落實那些相同的自由主義價值[41]。舉例來說，當自由主義者被指控忽略了種族歧視而可能會影響個人自由時，批評者可能又認為個人的自由是不重要的；但這只能說它的假設過於簡單，自由主義者對於影響自由的因素（意指種族）只是不夠敏感罷了，而不能說這個價值本身是沒有意義的。自由主義所遭致的批評似乎常是來自於一些立場相互矛盾的攻擊，即自由主義原則既是不被接受的，同時又被認為它的實行在自由社會體系與願景之下尚未令人滿意。因此，對自由主義的批評常常還是終結了那些乍聽之下疑似的自由主義。

由於當代自由主義的抽象化，來自任何派別的批評都會甚感困難。在本章中其想法和主張受到檢驗的學者們，一般而言對於將其所能應用到社會的，都只給予較少的考量（至少在理論層次上）。有關如何廣泛地分享自由主義的觀點，或者如何使得自主性的理想和現代社會與經濟的條件相配合的討論是非常少的。如果在每個例子中的探究都是負面的話，那麼這套信念似乎就注定被認為是衰老過氣或是父權主義的了。那些提出雄心萬丈的再分配理想的自由主義者，也必須決定他們所倚賴的經濟成長，一般而言，是否能和那些以正義原則為基礎的計畫相配合[42]。這並不是說，問這些問題的本

---

[40]J. Dunn, 《西方政治理論的未來面貌》（*Western Political Theory in the Face of the Future*），Cambridge University Press, Cambridge 1978, p.28.

[41] 自由主義者通常被批評的是，他們忽略了必須經由公共連帶來支持的這些價值，或者性別或種族歧視要如何在自由被抑制的情況下建構特定的方式。

[42]Cf. W. Connolly, 〈正當性的困境〉（The Dilemma of Legitimacy），收錄於W. Connolly編之《國家的正當性》（*The Legitimacy of the State*），Basil Blackwell, Oxford 1984.

身是在貶抑自由主義，或者說原則上，它們無法獲得滿意地回答；而是他們需要將當代自由主義哲學與對現代社會、經濟與政治條件的理解，更進一步地整合起來。

　　儘管這樣的關注，自由主義者為了去考量國際的分配正義[43]、文化上少數人的權利[44]，及民族自決（self-determination）與分離等問題[45]，還是自信地擴展了他們論述的可接受範圍，而去討論超越民族國家中的公民自由與分配正義的自由權利。我之前提過的那種對於人類理性的樂觀主義，鼓舞了許多當代的自由主義，因此這種擴張應該不至於太令人吃驚。我也已經嘗試主張它內在的衝突已使得自由主義陣營分裂了，或是由於內在的多樣性使得它更豐富了。本章的意圖即在引導人們對於這種多變性的注意，以及提供一些思考這些問題的方法。

---

[43]C. Beitz, 《政治理論與國際關係》（*Political Theory and International Relations*）, Princeton University Press, Princeton 1979; J. Rawls, 〈諸民法〉（The Law of Peoples）, 收錄於 S. Shute 與 S. Hurley 編之《論人類權利：1993 年牛津大赦講詞》（*On Human Rights: The Oxford Amnesty Lectures 1993*）, Basic Books, New York 1993.

[44]W. Kymlicka, 《多元文化的公民權利》（*Multicultural Citizenship*）, Clarendon Press, Oxford 1995.

[45]A. Buchanan, 《分離：政治分離的道德性——從Fort Sumter 到Quebec》（*Secession: The Morality of Political Divorce from Fort Sumter to Quebec*）, Westview, Boulder 1991; D. Gauthier, 〈崩潰：關於分離的評論〉（Breaking Up: an Essay on Secession）, 《加拿大哲學期刊》（*Canadian Journal of Philosophy*）, 1994; P. Lehning 編之《分離的理論》（*Theories of Secession*）, Routledge, London 1997.

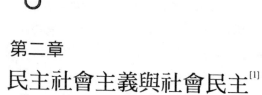

第二章

民主社會主義與社會民主[1]

Tony Fitzpatrick

[1]我要感謝 Chris Pierson 和 Alison Assiter 對本章早期構想的諸多意見。

導　言

　　許多人都堅信二十世紀末四分之一的年代裡發生的一些事件，寫下了左派政治思想的墓誌銘[2]。對某些人來說，東歐共產主義的崩解以及西方社會民主的保守主義抬頭，都證明了左派消亡的趨向。歷史的終結已經來臨了，而自由民主的資本主義成為各種社會運轉軌道所必須遵循的重心。有些人更進一步認為，那種區分左—右的政治光譜，已不再能反應出當代政治態度的真實性了。基進政治也許依然存在，但它也不會再回過頭來指向左派這一邊了。

　　這樣的批判是可以成立的嗎？我們現在所生活的世界，難道真是個「左派」只能代表一個過氣的歷史運動，而不再有任何意義的世界了嗎？如果真是如此，那這是不是意味著未來將會被各式各樣的右派思想所掌控，還是說現在這個世界已是個後意識形態（post-ideological）的世界呢？或者，換個角度來看，關於左派消亡的傳言或許還言之過早？本章將試著來說明這些問題。

　　接下來的部分，我將試著勾勒出民主社會主義與社會民主的一些主要特徵，而這些就是本章所提到的非馬克思主義（non-Marxist）、非革命左派（non-revolutionary Left）的主流運動。因此，「左派」這個名詞一般來說，同時意指民主社會主義與社會民主。本章也將看看幾個對於民主社會主義與社會民主的主要批判，以及左翼思想

---

[2] 當然這是新右派（the New Right）的想法；而且雖然它現在是在後柴契爾主義的偽裝之下，John Gray 還是堅信即便是新的，溫和的社會民主也都是多餘的。見 J. Gray,《終局：晚期現代政治思想的問題》（*Endgames: Questions in Late Modern Political Thought*）, Polity, Cambridge 1997, pp.11-50.

死亡之宣告是否確實是言之過早了。最後我將檢驗幾個民主社會主義與社會民主針對這些批判的回應。

歷史與理論

我們都太過輕易地將社會主義等同於革命，並將社會民主等同於改革主義了。然而，任何這樣的等同，對於一個具有影響力的政治傳統來說，都是一種背叛：即使是一個認知到代議民主的價值並接受其限制的非革命社會主義，也在尋求那種比社會民主還更為基進與更為烏托邦的情境。如此一來，沒有任何一篇關於非馬克思左派的文章，可以在完全不參照民主社會主義以及社會民主的情況下進行。

因此，我計畫要談的是，根據對私有資本的批判與策略，來歸納民主社會主義與社會民主的特徵。站在左派的立場，如果不是全部的話，也有許多私有資本體系的影響要被反對，例如：社會不平等與剝削。然而，左派在對於這些被反對的事務該如何對症下藥的問題上，是從未有過共識存在的。

民主社會主義的特徵在於對私人資本採取反對的立場，雖然對歷史唯物論及馬克思主義的經濟分析保持懷疑的態度，社會主義者仍然嘗試去對抗與限制私人資本的運作，例如：他們透過總罷工，或提倡產業民主和工人控制等。所以，社會主義者所構想出來的是一個明確的，非資本主義的社會─經濟體系。

此外，社會民主的另一特徵是採取「同化主義」（assimilationist）的立場來看待私人資本。社會民主和民主社會主義的批判共有同樣的成分，但它更加地懷疑那一種基進遠景的可能性。由於如此，他們在沒有任何明確的社會主義體系可以達到的基礎上（至少短期內

是不可能達成的），尋求一種與資本主義調合的方式。因此，社會民主論者主張藉由保障工人權利、以全民就業的混合經濟來建立的福利國家等方式，來創造一個「社會化的資本主義」（socialised capitalism）。

所以，民主社會主義者及社會民主論者兩者均同意議會民主的可欲性及必要性，但是前者為了能夠達成社會主義體系，所以他們企圖抑制資本的自由活動與運作，而後者則是為了社會化的資本主義，希望增進流動性與勞工的權利。

我們必須對一種過於僵化的區分有所警覺。許多民主社會主義者同時是社會民主論者，因為他們也接受溫和的政治策略在短期內的必要性；而許多社會民主論者同時是民主社會主義者，因為他們也接受一種明確的社會主義社會與經濟在長期發展下的可能性。然而，我認為我們可以循著，民主社會主義與社會民主在本世紀中的演化四階段來辨認他們[3]。

第一個階段是從1889年到1917年，大略來說就是第二國際時期（Second International）——它是一個企圖以全球為基礎，將所有社會主義政黨聯合起來的歷史組織體。在那個時候，民主社會主義與社會民主常常被交互混用著。這是因為，從同時由意識形態與組織的觀點來看，左派依然是在形塑的過程中，而且這兩個用詞還沒有被固定下來，也因此它們經常在沒有做太多區別的狀況下被使用。伯恩斯坦（E. Bernstein）——是最具影響力的社會主義者之一，他就將社會民主視為是透過社會主義的轉化，所產生的資本主義逐漸崩解

---

[3] 雖然最初我並不想在這四個階段上加諸太嚴格的年代，不過 Donald Sassoon 在其最近的社會主義通史中，倒是提供了一些這種時期劃分出現的證據。見 D. Sassoon,《社會主義百年史：二十世紀的西歐左派》(*One Hundred Years of Socialism: the West European Left in the Twentieth Century*), I. B. Taurus, London 1996.

的階段[4]。然而，隨著第一次世界大戰以及布爾什維克革命的發生，第二國際分裂了，而民主社會主義與社會民主也開始在一些意義與內含上有所分歧。

第二個階段是從第一個階段的結束開始到1970年代。這期間，社會民主被許多人視為是一種走向明確的社會主義目標較溫和的手段[5]。例如：費邊漸進主義（Fabian gradualism）即結合了這種手段一目的的概念，而成為這個階段早期的一個縮影。然而，隨著福利國家的建立、傳統自由放任經濟的衰退、國家所有權的提出與成人普選權的產生，這些即便不是一種全新形式的社會主義社會，至少真正的社會化資本主義似乎開始被視為一個可以達成的現實情境。

因此，我們將第三個階段定義為第二次世界大戰到1980年代。許多人不再那麼重視社會主義作為社會民主改革主義的目標，而視之為它的「象徵動機」（symbolic motivation）：它不是個要被實現的理想，而是個用來激勵人的理念[6]。對克羅斯連（T. Crosland）而言，去奢望混合式經濟已經太浪費時間了；他相信左派應該藉由社會化資本主義，也就是在資產階級喪失其支配地位的情況下，來達成機會平等[7]。

正如我們所見到的，第二個階段和第三個階段在很大的程度上是重疊的，三十年或者更久，特別是英國工黨，它經歷了許多介於

---

[4]E. Bernstein,《演化的社會主義：一種批判與主張》(*Evolutionary Socialism: a Criticism and Affirmation*), Schocken Books, New York 1961.

[5]Sassoon觀察到左派政府輕易地就將焦點放在社會主義的遠景上，在某個程度上他們常常比他們所能夠且應該的樣子還要不夠進步；見Sassoon,《社會主義百年史：二十世紀的西歐左派》, pp.58-9.

[6]*Ibid*, pp.134, 166, 197-99, 240-47.

[7]A. Crosland,《社會主義的未來》(*The Future of Socialism*), Jonathan Cape, London 1956.

那些將社會主義理解為一個社會與歷史目標的人，以及那些將其理解為僅是一種象徵性理念的人之間，所引起的一連串內戰。我們並不想主張說這樣的辯論與爭執已完全凋零了，因此我們現在還是要來定義第四個階段[8]。

第四個階段是從1970年代開始，這個時期的特徵與其說它是一種理念的喪失，不如說是一種自信的缺乏：新右派的獲勝、議會政治的受挫、福利危機的出現、凱因斯經濟學的退位以及計畫經濟的崩解等，所有的這些因素都迫使左派只能處於防守的地位，並且同時引起了那些致力於重省反思和重新建構的人們之間的危機感[9]。然而無論社會主義是作為一種目標，抑或是一種動機，它都曾經同時為了一種聲音和一些選民奮鬥過；而社會民主也曾接受過許多新右派的看法[10]。那麼，究竟什麼是左派呢？

讓我們從以下三個標題，根據左派基本的原則、價值與批判來思考這個問題吧！

社會與人類本質

在此有一個錯誤概念是要避免的，那就是認為左派是反個人主

---

[8]Sassoon, pp.733-35.

[9]E. J. Hobsbawm, 《勞工的前進終止了嗎？》(*The Forward March of Labour Halted?*)，New Left Books, London 1981; G. Kitching, 《再省社會主義：一個更佳實踐的理論》(*Rethinking Socialism: a Theory for a Better Practice*)，Methuen& Co, London 1983; T. Wright, 《社會主義：理論與實踐》(*Socialisms: Theories and Practices*)，Oxford University Press, Oxford 1987; R. Blackburn (ed.)，《沒落之後：共產主義的失敗與社會主義的未來》(*After the Fall: the Failure of Communism and the Future of Socialism*)，Verso, London 1991.

[10]就像Berki所擔心的；見R. N. Berki, 《社會主義》(*Socialism*)，Dent, London 1975, p.38.

義的。

　　社會常常要不是以全體論式的概念，就是以個人主義式的概念
來被看待，而許多人總以為左派支持前者，右派支持後者。特別是
新右派，他們很快地便控訴左派對於個人自由有著政治上與經濟上
的敵意。的確，由於對資本主義的懷疑，或是說全然的反對，使得
左派的歷史和那些本身接受此一特質的人混在一起，也因此採取反
個人主義的態度。然而，雖然左派有反個人主義的部分，但是右派
也有其不成熟的自由放任傾向。然而事實上，左派和右派皆同時對
於社會與人類本質，做出兼具全體論式與個人主義式的解釋[11]。但
差別只在於他們如何去進行解釋而已。

　　右派是傾向於反歷史或者反唯物論的，它把焦點集中在人性的
不完美上，而忽視了政治與經濟的脈絡。自由放任的右派目前所採
取的是人類本質與社會互動的形式，而且將這些形式解釋為普遍的
與自然的，亦即，非歷史的與非社會建構的；保守主義的右派在他
們的分析中是比較傾向歷史的，但為解釋社會發展，它重視文化面
向更勝於物質因素。相對地，左派相信透過我們社會環境的改變，
我們就可以改善人類本質，即使那並不表示我們會達到一個完美的
理想。因此，為了做到這一點，我們就需要一種研究途徑，而可以
用來辨明並幫助我們矯正在社會環境中所發現的不正義與不完美。

　　所以，基本上，左派對於物質因素在人類本質及其社會脈絡中
的交互作用，所給予的是一種歷史性的解讀。由此可發展出兩個重
點。首先，左派的規劃即是一種解放與釋放，因為現存的社會環境
受到資本主義的力量所形塑，被認為是在抑制人類潛能的。其次，

[11] R. Keat, 〈自由的權利與社會主義〉（Liberal Rights and Socialism），收錄於K.
　　Graham編之《當代政治哲學》（*Contemporary Political Philosophy*），
　　Cambridge University Press, Cambridge 1982.

這種規劃必然隱含了一種致力於夷平所有不正當的不平等與權力關係的共同精神氣質（ethos）。

平等主義的社會正義

新右派通常將自由與平等視為互斥的：倘若我們擁有其中一個多一點，則在另一個上，我們就擁有較少。因此，除非平等被定義為一種純粹形式上的意涵，例如：法律之前人人平等，否則新右派仍將對之保持極大的敵意。現在也有許多右派訴諸於社會正義的概念，但他們通常是運用社會凝聚或穩定這類詞彙，而非平等。相反的，左派則主張某種或另一種形式的社會平等主義[12]。這些正是，當我們在思考什麼樣的環境對人類福祉才是必要的問題時，將會產生的差異。

民主社會主義者與社會民主論者都反對，由資本主義自由市場所產生的各種不平等的來源、形式、程度與影響。不平等的來源乃是起於資本集中於私人的手裡。這種集中意指大部分的個人都只能進入對他們極為不利的勞動市場中。所以那些最根本地生產社會財富的人，卻以薪資的形式，得到比他們應得的更少的回報。因此，不平等以一種剝削的形式呈現出來。但是資本主義並不只是產生了一種不平等的不正當形式，而且還造成許多令人厭惡的不平等的地位等級。許多人將貧窮與失業歸咎於資本主義，因為資本主義必須維持失業的狀態，以降低薪資增加資本的回流。因此資本主義社會財富的增長，乃是以持續地生產令人無法接受的不平等而來的。而這些不平等具有許多負面的效應：如貧窮所引發的健康惡化、高死

---

[12] 關於不同的觀點，請見 B. Barry，《自由與正義：政治理論文選II》（*Liberty and Justice: Essays in Political Theory 2*)，Clarendon Press, Oxford 1989.

亡率與犯罪事件等。

　　以此來解釋何以左派會反對不平等是過分單純化的（不只是因為它並沒有區別不平等和貧窮），但是它確實抓住了一種左派的基本直覺：即在個人自由與社會平等相互增援的環境中，社會的公正是存在的[13]。

　　然而，在這個觀點上，民主社會主義者與社會民主論者就開始分道揚鑣了。前者相信為了根除不平等的來源，全面地重新建構資本主義是必要的；後者則主張資本主義已經經驗過這種變革，而這種舉措既是不必要又是反生產的。民主社會主義者相信剝削是資本主義固有的特質，反之，社會民主論者是逐漸地減少凡事皆言剝削的情形。近年來，雙方都訴諸於羅爾斯的「差異原則」（請參閱本書當代自由主義該章），來批判自由市場所產生的不平等。但是社會民主論者傾向單純地訴願於機會平等，亦即「起跑點」（starting-gate）上的平等，也就是競爭者在社會競賽開始時，在起跑線上是平等的，而且他們都遵從相同的規則。然而，社會主義者則堅持忽略結果的平等，亦即「終點線」（finishing-line）上的平等，是既前後矛盾也過於天真的；因為除非競爭者的處境能在比賽結束後被平等化，否則下一場比賽將無法體現機會平等的原則。儘管有著這些差異，民主社會主義者和社會民主論者，同樣都是傳統地訴諸於國家主義的解決方式來面對社會問題。

---

[13]R. Plant,《平等、市場與新右派》（*Equality, Markets and the New Right*），Fabian Tract 494, London 1984; B. Crick, 《社會主義》（*Socialism*），Open University Press, Milton Keynes 1987, pp.84-108; J. Franklin 編之《平等》（*Equality*），IPPR, London 1997.

國家與市場

　　身為左派的一份子總是認為區分政治權力和經濟權力是太過天真的想法；因為那些能夠動用最大經濟資源的人，必定也最能夠控制政治過程與政治事務。因此左派同意那種因資本主義國家之故而被稱為「經濟菁英」（economic elitist）的說法，因為資本主義國家的行動看起來大部分都是著眼於經濟上聲望與權力的利益。就某些面向看來，這和馬克思主義者堅持現存國家是資本累積之工具的說法相類似，然而非馬克思主義的左派，回避了那種對「統治階級」（ruling class）的界定以及階級衝突是社會發展的動力的概念。所以，非馬克思主義左派不只相信承繼著政治菁英論而來的經濟菁英論，而且認為國家具有某種轉變的可能性，在不經革命的情況下成為一個完全多元與民主的制度。

　　傳統上，民主社會主義者與社會民主論者都認為勞動階級是社會進步的主要動力，而這種進步的演變是來自於，透過勞工在產業與政治領域中獲得具有代表性的權力而來的。藉由組成同業工會與勞工政黨，勞工運動因此能夠挑戰資產階級菁英的霸權：其結果是國家將會確保全體的權利與利益，而且市場會被改革成替適當的民主目標來服務。所以，雖然社會主義者與社會民主論者在對私人資本的態度上有所不同，但是他們都廣泛地支持以國家主義作為資本主義市場問題的解決之道；這種解決之道有採行國家所有權、管理與控制，及福利國家等[14]。簡言之，他們將國家視為一個潛在地對資本主義與自由市場的「反制的力量」（countervailing force）。

---

[14]C. Boggs, 《社會主義的傳統：從危機到衰退》（*The Socialist Tradition: from Crisis to Decline*）, Routledge, London 1995.

那麼，這些是從對左派的批判、價值與策略的觀點來描述它的基本立場，而這個立場所受到的攻擊從未少於過去二十年來所受到的。

批　判

在思考「左派」究竟是不是一個多餘的名詞之前，有三個和民主社會主義及社會民主有關的批判值得注意，即女性主義、生態主義及後現代主義。新右派批判主義將不會在此處理，因為它們會在本書的其他部分處理到。

雖然許多的女性主義思想多半都是同情左派的，或者至少她們沒有明顯的敵意，但民主社會主義者與社會民主論者均同時被指控他們在智識上仍保留勞動的性別分工、忽視性別作為社會關係的重要性，以及持續以男性利益與活動的領域作為公共領域的概念。簡言之，左派受批判的地方在於他們相對上極少挑戰女性受壓迫的父權根源，不論是迷亂地專注於職場問題（過去一直是由男性宰制），或是透過男性就業模式來定義公民關係之社會權利等；舉例來說，建構一個關注點圍繞在失業救濟上的福利國家，其主要基礎在於以薪資為主的國家保險。另外也經常被質疑的是，左派的平等主義太常忽略女性的認同差異以及需要，而且它的解放觀念，等同於那種隨所有權與控制的特殊模式而來的壓迫，而非性別關係。因為如此，那些受男性所支配的同業工會與勞工政黨已被控訴，他們在認知與促進那種非屬特定階級的女性利益上做得太少了。

生態主義思想也是對左派有所批判的觀點之一。除了少數例外，社會主義者與社會民主論者皆採取一種人類中心式的倫理觀，這種倫理將自然視為一種依據人類潛在無窮的需要與欲望而受操控

的物質來源。生態主義者指責左派始終保持一個對可以改善生活水準的目標之理解，此乃基於對工業與經濟之關懷，並且是忽視後物質主義（post-materialist）之價值、態度與實踐的。民主社會主義者嘗試藉由宣稱自己在經濟上是更有效且更溫和地發展來「戰勝」（outbid）資本主義；社會民主則是將經濟成長視為分配正義的前決條件，以此適應資本主義。據此，左派仍舊是陷入了全然自由平等的論述之中，這種論述是無法認知到人類並「不是」萬物的尺度的。

生態論者特別不喜歡那種左派的國家主義論。在很多面向上，他們同意國家可以作為一個達成特定目標的有效工具；但是在其他面向上，左派的國家主義卻促成了去個人化的科層體系與行政管理的社會，這種社會透過監督與溫和的控制形式來組織其本身。簡言之，生態主義思想常和左派同樣有著對正義與參與的關注，但他們卻希望能以生物中心論或生態中心論的倫理為考量，根本地修正這些概念的意義。

後現代理論也對左翼思想提出許多質疑。根據李歐塔（Lyotard）的說法，後現代時期的特色是對所有巨型的描述，以及對所有以單一意識形態系統來描述與解釋世界的嘗試，深感懷疑[15]。因此，民主社會主義與社會民主都被指責為：他們企圖無論在何地，或者也無論在何時，都是為所有人說話，是一種欺騙。

除此之外，這樣一種普遍性的敘述方式，具有將他們既無法承認也不能含括的不同價值和生活方式邊緣化與「恐怖化」（terrorising）的效力。這些巨型論述預設了所謂本質性的存在——如上帝、歷

---

[15] J-F. Lyotard，《後現代情境：一個基於知識的報告》（*The Postmodern Condition: a Report on Knowledge*），Manchester University Press, Manchester 1984.

史、人類本質、理性等——這些東西都被定義為現實性的根據或基礎。更有甚者，後現代主義者認為，這樣的「論述」建構了那些本質本身，代表它們自己的根本原則，並利用它們以某種形式強加階層與區分於這個世界上。以左派的詞彙來說，通常是勞動或是理性動機的生產被界定為「人類存在」（human being）的本質。結果，勞動階級被理解為是社會進步與正義的主要動力，是未來社會的「擔綱者」（bearer）。這種十足的普遍主義與本質主義，被後現代主義者斥之為危險且多餘的。這些主張同樣也被用來挑戰其他的意識形態，包括女性主義與生態主義，但是就這方面來說，左派是被批判得最嚴重的[16]。

在我們繼續討論之前，我們也許也可以問問，持續去編組一套環繞左—右概念光譜的政治辯論是不是可能與可欲的。首先，要摒除那些堅持「左派」不再代表任何當代的價值，只剩下資本主義的各種變項要思考的說法，似乎才是合理的。這些主張本身就是一種意識形態的策略，因為在水面上打擊你的對手最有效方法就是說服你自己，以及其他人，甚至是你的對手，說他們的船正在沈沒了。正如同想像在過去的二十年中，沒有任何針對民主社會主義以及社會民主之挑戰存在，是件很天真的事；同樣地，去假裝說左派已經自政治版圖中消失，也是太過單純的說法。如果僅僅因為右派的存在不能沒有左派的話，那麼民主社會主義和社會民主就能留存：左派的墓誌銘通常包含著一種氣息，這種氣息正如同左翼思想不死之特質的可怕預告。

其次，那些左—右光譜已經全然不再有價值的主張，究竟意味

---

[16]P. Beilharz，《後現代的社會主義：浪漫主義、城市與國家》（*Postmodern Socialism: Romanticism, City and the State*），Melbourne University Press, Carlton 1994.

著什麼呢？是說這個光譜僅僅只是過去時代的歷史遺跡嗎？還是說，現今的基進政治思想必須超越過去舊有的類屬呢？

　　從各方面來看，左一右光譜的死亡宣告，是件同時具有高度原創性以及高度保守性的說法。它的原創性是在於它認知到新的政治行動者與新的想法已經產生了，它經歷過一段漫長的路程去推翻一個簡單的左一右之分，如新興社會運動即是一例[17]。然而其中毋寧也有一種保守的心態隱藏在這墓誌銘之後。那些堅持要參照這光譜的人，被指責是仍舊執著於某些不能用於描繪當代現實的東西。換言之，政治概念的工作是在反映或再現世界的「外在」（out there），而由於世界的外在改變了，所以我們的概念也必然如此。不過這個「表徵的模式」（model of representation）本身是高度的單面向與過於單純化的。沒有什麼可以使左一右光譜能夠表徵所有的事物，或者完全不能表徵任何事物；毋寧說它一直是，並且仍然繼續是一種方便與「片面」的理解與形塑世界的方式。所以，明智的保守主義者並不是那些繼續參照該光譜的人，而是那些以行動具體地放棄它的人。然而正是那些全然放棄參照左一右光譜的人，會被指責是太過嚴肅地看待這個問題了。

晚近的發展

　　左派自從1980年代早期開始所從事的重構計畫，可以下列四個

---

[17] 這些事情很快就被那些認為光譜仍有其價值的人所接受。請參考T. Fitzpatrick,〈後現代主義、福利與基進政治〉（Postmodernism, Welfare and Radical Politics），《社會政策期刊》（Journal of Social Policy），vol.25, no.3, 1996, pp.303-30; 亦可見 N. Bobbio, 《左與右——一個政治區分的重要性》（Left and Right. The Significance of a Political Distinction），Polity, Cambridge 1996.

標題來做一簡略的摘述。

多元論的社會主義

社會主義常常在實踐上接受多元主義，卻不必然在原則上承認它。他們總是經常想像，一旦資本主義被超越或至少是達到根本的人性化的話，一種可欲的多樣化的生活方式與認同才能真正地被達成。但是，根據盧斯坦（M. Rustin）基進左派進程的說法：

> ……現在必須同時是個尋求一般定義下之社會權利與義務的普遍主義者，也是個認知到社會價值既是無可避免而又可欲的多樣性的多元主義者[18]。

因此，左派比它過去還要更能接納「差異多元性」（plurality of differences）之需求，而這也至少表現出某些因應後現代主義者之批判的調整。

左派的多元主義隱含著一種動力與空間的多元。就像我們前面已經指出的，勞動階級傳統上被認為是進步改革的原動力。不論社會主義或社會民主的未來都是著眼於勞工的最佳利益，而正因為體認到這一點，勞工遲早會為了此一未來而動員起來。但是這些日子以來，我們很少再發現那些堅持只有勞動階級才應該被視為進步改革的原動力的說法了。左派自從承認中產階級、女性、少數族裔社群、殘障者、男同性戀與女同性戀者，以及更廣泛的社會與反對運動的利益，都是不能被化約為勞動階級利益的變化而已，已經有很

---

[18]M. Rustin,《獻給多元論的社會主義》（*For a Pluralist Socialism*），Verso, London 1985; 亦可見 M. Walzer,《正義諸領域：為多元主義與平等辯護》（*Spheres of Justice: a Defence of Pluralism and Equality* ），Blackwell, Oxford 1983.

長一段時間了。

然而，這類利益的全然的複雜性，正意味著沒有任何現成的政治計畫而可以涵蓋它本身。社會民主論者已經愈來愈注意中產階級，包括他們的價值與願望，以及他們的選票。民主社會主義者則是將它的範圍，由那些仍然視勞動階級為左派規劃之基礎的人，擴展到那些堅持左派必須包含各種階級、抗議與社會運動的人，以及那些認為談論這些活動彷彿它們的身分與利益已事先預定了是一種誤導的人[19]。但是，無論這些人是如何的意見不同，一般說來，左派目前都已承認這些多樣的動力與行動者的存在與必要了。

同樣的，它的「空間」概念也隨著動因多元化被發現而變得更多元了。儘管民主社會主義者與社會民主論者，通常為了某些好的理由，而偏愛以國家主義作為對資本主義自由市場問題的解決之道。然而，雖然拋棄掉國家作為一個「反制的力量」（countervailing force）的想法是太過天真了，但是在最近二十年，他們對於市民社會開始有了較多的強調[20]。

包比歐（N. Bobbio）即曾經將政治權力定義為，從個人被視為單獨的公民擴展到——

---

[19] 關於階級的分析，可見 E. Meiksins Wood,《從階級中撤退：一個新而「真正的」社會主義》（*The Retreat from Class: a New 'True' Socialism*），Verso, London 1986; 嘗試去連結階級與社會運動的部分可參見 M. Harrington,《社會主義：過去與未來》（*Socialism: Past and Future*），Pluto Press, London 1993; 關於後結構主義分析的部分請參見 E. Laclau & C. Mouffe,《霸權和社會主義的策略》（*Hegemony and Socialist Strategy*），Verso, London 1985.

[20] J. Keane 主編《市民社會與國家：新興歐洲觀點》（*Civil Society and the State: New European Perspectives*），Verso, London 1988; J. Keane,《民主與市民社會》（*Democracy and Civil Society*），Verso, London 1988; H. Wainwright,《為新左派辯論》（*Arguing for a New Left*），Blackwell, Oxford 1994; P. Hirst,《結社民主》（*Associative Democracy*），Polity, Cambridge 1994; J. Cohen & J. Rogers,《結社與民主》（*Associations and Democracy*），Verso, London 1995.

……社會關係的領域，在這領域中，個人是以他們所具有
的各種職能，以及他們在特定立場中所扮演的角色，來被
看待的[21]。

　　或者，換句話說，擴展到半公共結社（semi-public associations）
的市民社會中，例如：利益團體、社會性社團、宗教組織等。於是
很多人開始將市民社會看成是一個自由結社的空間，而比較不是像
右派所言的那樣，是一個以市場為基礎的契約與消費之空間，或者
也不若國家主義的左派所言，是一個政治消費者與顧客的空間。許
多重點與詮釋的差異是明顯地存在著，但是目前一個多元的市民社
會對於左翼的思考來說是相當重要的[22]。

　　在此，一個聯貫的要素是指意含平等自主性的公民權
（citizenship）之概念：公民是指那些負有普遍權利與義務的人，而這
些權利與義務給予那存在各種重疊的、複雜的結社之市民社會中的
多樣性，一種表達的力量[23]。這種對於公民權的關切也同時解釋
了，何以目前在左派中會發現有愈來愈支持選舉與憲政改革的情形
——而這在過去向來被視為是真正基進改革的一種悖離。

　　所以，鑑於以前總把進步的未來，想像成有包含著政治共識與
和諧的看法，動力與空間的多元主義告訴左派一個值得奮鬥的未
來，精確地說，是因為他們現在已經體認到，為了正義、平等與自
主性而奮鬥是一個無止盡的過程。多元主義的社會主義就是面對那

---

[21]N. Bobbio,《民主的未來》（*The Future of Democracy*），Polity, Cambridge
1987, p.54.

[22] 關於不同的看法，請參考 A. Levine,《為社會主義辯論：理論的考量》
（*Arguing for Socialism: Theoretical Considerations*），Routledge & Kegan Paul
Ltd., London 1984.

[23] 見 David Held 的相關研究，例如《民主與全球性秩序》（*Democracy and the
Global Order*），Polity, Cambridge 1995.

種在未來的信仰上所產生的衝突與矛盾而奮鬥的，在某些方面來看，它更是超越了過去的衝突與矛盾。

生態社會主義

雖然許多左派人士已經變得可以接受生態學觀點，但是生態學的案例卻絕對不是被毫無批判地接受。因為生態學家太過急切地去譴責資本主義與社會主義的生產模式，而且也太過單純地去表明他們本身是「超越左派與右派」的。根據韋斯頓（Weston）的說法，隱藏在所有環境問題背後的其實是貧窮的問題，無論它是物質的或是社會的[24]。而且，因為貧窮是經濟損益的一體兩面，因此是資本主義，而非工業主義或其他因素，造成環境惡化的根源。不過，韋斯頓的確是誇大了這一點；許多的左翼思想在談到無限制成長的優點上，「已經」接受了資本主義的主張。儘管如此，在經過了十多年的今日，為了找尋非工業的策略與理想，極左派的傳統已經受到非常廣泛的重新檢驗。其目的在於發展一種適合於二十一世紀的紅綠相間的社會生態學（Red-Green social ecology）[25]。

生態的社會主義已開始暗示了隨之而來的社會生態學[26]。首先，它的環境主義概念仍然是個寬廣的人道主義概念，雖然它也涉

---

[24]J. Weston 編之《紅與綠：新興的環境政治學》（*Red and Green: the New Politics of the Environment*），Pluto Press, London 1986.

[25]R. Bahro,《社會主義與生存》（*Socialism and Survival*），Heretic Books, London 1982; M. Ryle,《生態學與生存》（*Ecology and Survival*），Radius, London 1988; T. Benton,《自然的關係：生態學、動物權利與社會正義》（*Natural Relations: Ecology, Animal Rights and Social Justice*），Verso, London 1993.

[26]D. Pepper,《生態社會主義：從深度生態學到社會正義》（*Eco-socialism: from Deep Ecology to Social Justice*），Routledge, London 1993, pp.232-35.

及企圖去推翻「人類中心論對生物中心論」（anthropocentrism versus biocentrism）的爭辯（參見有關綠色政治思想的篇章）。而生態主義的修正人道主義，正是一種試著避免過度強調人類或自然的理論。

其次，這種社會生態學意味著我們不應該放棄關於資本所有權的問題[27]。在最壞的情況下，生態主義者會將這些問題視為是毫無關聯的——這種態度會導引某些人，在沒有任何東西可以轉移我們追求特定之綠色目標的基礎上，主動地去「支持」資本主義。

但是根據生態社會主義者看來，被生產的「東西」是無法和擁有生產工具的人分開的。資本主義不能披上綠色的外表，乃是因為它的底線永遠是資本的積累，除了最微小的限制之外，它反對一切對市場交換之運作的限制。確實，當右派考慮到綠色思想時，他們不是為那些以供給與需求來解決生態問題的方法辯護，就是強調某些生態動機的保守特質[28]。根據生態社會主義的看法，綠色思想者必須遠離以左派來界定自己更甚於右派，因為其中會牽涉到關於所有權認定上難以抉擇的困難。

其三，然左派也必須同時轉變「它的」位置，並且認知到用工業與國家主義來解決資本主義的生產問題，是既不適當也不可欲的。這部分意謂著，它已從被淹沒的左翼思想中，恢復了那種無政府主義或烏托邦本質的傳統[29]。舉例來說，高斯（A. Gorz）即舉出早期那種以廢除薪資勞工為目標的社會運動為例，對比於那個常不

---

[27] 請參見刊於《資本主義、自然、社會主義》（*Capitalism, Nature, Socialism*）期刊中之相關文章.

[28] T. Fitzpatrick, 〈對社會福利而言的生態思想意涵〉（The Implications of Ecological Thought for Social Welfare），《批判的社會政策》（*Critical Social Policy*）, no.54, 1998, pp.5-26.

[29] 見 B. Frankel, 《後工業的烏托邦：一個批判的評價》（*The Post-Industrial Utopians: a Critical Assessment*）, Polity, Cambridge 1987.

加批判就接受「職業倫理」(employment ethic)的工業化勞工運動。對高斯來說,他要把個人從正式經濟工作中的許多必然性裡解放出來,而這正是左派計畫必須重新建立的核心[30]。

一言以蔽之,生態社會主義的計畫是種調合環境維護性與社會正義的嘗試。

市場社會主義

關於市場社會主義的辯論要回溯到1920年代,當時某些社會主義者即主張生產、分派與分配的市場調節,可以結合生產工具普遍的共同所有權,使得市場與計畫經濟兩者的好處都可以發揮效用。隨後這個辯論消退且沉寂了超過四十年。然而,隨著社會民主在其智性上的疲憊,以及國家計畫經濟明顯的失敗,市場社會主義的理論又開始再度受到矚目。在它最晚近的敘述中,國家在行動上扮演著相對較微不足道的角色,而目前較主要的重點乃是在賦予勞工所有權與控制權的面向上。由政府建立一個全面性的投資計畫,但是經濟活動則要在公司間競爭的基礎上開始——這個競爭既是一種對於消費的競爭,也是一種透過公共銀行之利潤率競爭而來的投資資金的競爭[31]。關於這種市場社會主義形式隨後而來的論述,現在已

---

[30]A. Gorz,《經濟理性批判》(*Critique of Economic Reason*),Verso, London 1989; A. Gorz,《資本主義、社會主義、生態學》(*Capitalism, Socialism, Ecology*),Verso, London 1994.

[31]A. Buchanan,《倫理、效率與市場》(*Ethics, Efficiency and the Market*),Clarendon, Oxford 1985.

經非常多了[32]。

市場社會主義就三個基本的理由來說，被認為是可欲的。首先，有人認為它具體化左派長期以來想把自由民主之計畫帶進社會與工業領域中的目標。它在不須創造那種令人厭惡之程度的社會不平等下，保障了個人自由與政治平等。第二，市場的社會主義蘊涵了許多（但非全部）生產性資財的公共所有權，而毋須舊蘇聯那種缺乏效率的國家科層制度。第三，隨著勞工所有權與控制權開始扮

---

[32] 市場社會主義的支持者有：R. A. Dahl,《經濟民主的序幕》(*A Preface to Economic Democracy*), Polity, Cambridge 1985; J. Le Grand & S. Estrin 編之《市場社會主義》(*Market Socialism*), Clarendon, Oxford 1989; D. Miller,《市場、國家與社群：市場社會主義的理論基礎》(*Market, State and Community: Theoretical Foundations of Market Socialism*), Clarendon, Oxford 1989; H. Breitenbach, T. Burden & D. Coates,《可行的社會主義之特徵》(*Features of a Viable Socialism*), Harvester Wheatsheaf, Hemel Hempstead 1990; A. Nove,《重回可行社會主義的經濟學》(*The Economics of Feasible Socialism Revisited*), 2nd, Allen & Unwin, London 1991; J. Roemer,《社會主義的未來》(*A Future for Socialism*), Verso, London 1994.
關於左派的反對者有：
E. Mandel,〈社會主義計畫之辯護〉(In Defence of Socialist Planning),《新左派評論》, no.159, 1986, pp.5-37; E. Mandel,〈市場社會主義的迷思〉(The Myth of Market Socialism),《新左派評論》, no.169, 1988, pp.108-20; P. Devine,《民主與經濟計畫》(*Democracy and Economic Planning*), Polity, Cambridge 1988.
關於右派的反對者有：
A. De Jasay,《市場社會主義》(*Market Socialism*), IEA, London 1990; J. Gray,《市場制度的道德基礎》(*The Moral Foundations of Market Institutions*), IEA, London 1992.
關於一般的評論：
C. Pierson,《共產主義之後的社會主義：新興市場社會主義》(*Socialism After Communism: the New Market Socialism*), Polity, Cambridge 1995; J. Roemer, 收錄於 E. O. Wright 編之《平等的分享：創造市場社會主義的運作》(*Equal Shares: Making Market Socialism Work*), Verso, London 1996。

演較重要的角色，市場社會主義體系的特色便比較不會是剝削與疏離的。

　　然而，還是有幾個主要的批判。葛雷（J. Gray）就觀察到工人並不會單純地想要有一個合作式經濟，因為如果他們想要的話，那個合作經濟早就存在很久了[33]。但是，一個相反的主張是認為，這是因資本主義自由市場的本質所造成的，其本質是指投資的決定係由支持利潤取向的公司所做成的。合作常是不可欲的，這僅僅是因為資本主義經濟的運作使得它成為不可欲求[34]。

　　另一種反對意見堅持市場社會主義的經濟將是不穩定的：這種公共投資銀行若不是會引爆它內在的破裂而導向國家中央集權體系，就是會在它們真正地達到自主與競爭時，這些銀行最後卻變成私有物（private body），意即市場社會主義會退回到市場資本主義。然而，這個主張似乎是根據右派舊有的「非黑即白」（black and white）的邏輯，也就是說，安於資本主義市場之外唯一的選擇，就是（快速地）走向奴隸之路[35]。

　　不過，最後這一點是更具殺傷力的。很少有研究指出，市場社會主義經濟是否具有環境維護性。一方面，市場社會主義在擴大地方分權與參與的主張上和綠色政治的要求是一致的，然而它真的能和生態主義思想的非工業關懷調和嗎？或許假設市場社會主義和綠色經濟能夠結合起來，我們就不應該認為前者是一個全有或全無地、斷然地現存社會關係與市場實踐之改革。但是如果就這個例子

---

[33]J. Gary,《市場制度的道德基礎》。

[34]J. Elster,〈從這裡到那裡，或者：如果合作的所有權是可欲的，為何只有少數的合作經濟是存在的呢?〉（From here to there, or: If Co-operative Ownership is Desirable, why are there so few Co-operatives?），《社會哲學與政策》（Social Philosophy and Policy），vol.6, no.2, 1989, pp.93-111.

[35]比較R. Unger 的《虛假的必然性》（False Necessity），Cambridge University Press, Cambridge 1987.

來看，我們可以在一開始就說什麼是明確的市場「社會主義」嗎？

基進實用主義

結合基進主義與實用主義似乎是矛盾的。基進主義係傾向以意識形態的觀點來思考，並嘗試根據特定的理念來改造社會；實用主義則傾向被視為是對社會現實性的理念調適。但是「基進實用主義」（radical pragmatism）這個詞彙則企圖包含這兩種意義。

首先，它意指著一種使基進主義更加實用的計畫。舉例來說，有些人認為左派的特徵傳統上關注的是終極狀態、是從事未來藍圖的設計，然而現在需要的是，關注這個變遷本身之過程的「生產性政治」（generative politics）[36]。簡言之，左派必須接受一種反烏托邦式的基進主義。第二，「基進實用主義」意指一個使實用主義更基進的嘗試，例如嘗試根據一組新的意識形態價值，重新界定政治版圖。新右派在這個意義上是基進實用主義者，而且許多左派人士也希望盡力趕上他們的成果。

所以，基本上基進實用主義並未特別隱含一組價值、政策與目的，而是作為一種改革策略性的想法。在這個策略性的想法中，有三種「傾向」（tendencies）需要被界定出來。第一，具有一種對左派重新定位的自由主義傾向，特別是以自由、選擇與機會的個人主義價值觀來看的。自由被宣稱為一項歷史悠久的左翼美德，就其意義來看，它必須同時包含一種對社會的相互依賴，而非新右派的那種激進個人主義。這種自由主義的傾向同時被政治人物與學者給連結了起來，而後者中亦有些人正在尋求建構一個左派自由主義的立場

---

[36]D. Miliband 編之《重新發現左派》（*Reinventing the Left*），Polity, Cambridge 1994, pp.5-6.

（Left-libertarian position）[37]。

社群主義的傾向也同時產生了。於此，政治人物和學者都希望左派多去利用「社群」的概念，而非以「平等」或「社會」來作為煽動的概念[38]。這意味著企圖在不必接受單純地自由放任的經濟與社會互動形式的情況下，讓左派和它過去的國家主義與平等主義保持距離[39]。葉茨爾利（A. Etzioni）的看法已成了一股重要的影響力，並且也同時是老生常談了，他強調要把公民的義務與責任視為由社會權利與資格推論出的當然結果[40]。只是，這種對社群的強調不是過於保守，就是對其反身性過於強調。

社群被定義為一種具同質性的、事先設定的一套社會關係，而且它通常也是個座落在一特定地理位置上的團體。以此方式所定義的社群的政治，傾向於導出對傳統、秩序與階層的辯護；而這種辯護經常對左派思想是懷有敵意的[41]。但是也有一種視社群為動態的

---

[37]R. Hattersley,《選擇自由：民主社會主義的未來》（*Choose Freedom: the Future for Democratic Socialism*），Joseph, London 1987; M. Meacher,《擴散權力：社會主義復興的關鍵》（*Diffusing Power: the Key to Socialist Revival*），Pluto Press, London 1992; H. Steiner,《論權利》（*An Essay on Rights*），Blackwell, Oxford 1994; P. Van Parijs,《對全體而言的真正自由：什麼（如果有任何事物）可以正當化資本主義》（*Real Freedom for All: What (if anything) Can Justify Capitalism?*），Oxford University Press, Oxford 1995.

[38]關於一個理論的考量請參考 D. Miller〈在什麼意義下社會主義必須是個社群主義〉（In What Sense must Socialism be Communitarian?），《社會哲學與政策》,vol.6, no.2, 1989, pp.51-73.

[39]近來，保管賭注的想法在這個方面已經有很大的影響力了；請參見 G. Kelly, D. Kelly & A. Gamble編之《保管賭注人的資本主義》（*Stakeholder Capitalism*），Macmillan, London 1997; 亦可見W. Hutton,《我們所在的國家》（*The State We're In*）,2nd, Vintage, London 1996.

[40]A. Etzioni,《社群的精神》（*The Spirit of Community*），Fontana, London 1995.

[41]D. Selbourne,《責任的原則》（*The Principle of Duty*），Sinclair-Stevenson, London 1994; 而關於保守社群主義的批判可參見 Z. Bauman,《後現代性與其不滿》（*Postmodernity and its Discontents*），Polity, Cambridge 1997.

結社形式的反身性定義，這種形式是沒有固定的認同或利益的設定的。舉例來說，紀登士（A. Giddens）即指出當代社會處於一種後傳統的秩序中，在其中沒有任何東西，例如權威或制度，可以逃避對話、辯論與批判的力量[42]。

第三個傾向也許可以視為是一種包含自由主義與反身性社群主義觀點的嘗試。基進民主主義者說，在不確定的年代中，我們留下來的唯一的確定性就是民主的可欲求性。所以，基進民主主義者是那些為了鼓勵我們普遍接受衝突與多元主義，而認為在社會組織與政治認同的每個面向上都有必要將民主滲透進去的人，而這種訴求也可以稱為是一種「差異的平等」（equality of differences）[43]。在此，這個嘗試又是將左派定義為一種變遷的過程，而不是根據特定的社會與政治對象來定義的。因此，基進民主既是自由主義的，因為它強調授權與解放的政治；它也是社群主義的，因為它認為個人的自我意義與福利是依據我們所形塑與被形塑之相對穩定的社會脈絡而來的。

結　論

以上的每一種表述方式，都試圖將前面摘錄的批判放在第三個

---

[42]U. Beck, A. Giddens, S. Lash,《反身的現代性：在現代社會秩序中的政治學傳統及美學》（*Reflexive Modernisation: Politics Traditions and Aesthetics in the Modern Social Order*）, Polity, Cambridge 1994.

[43]C. Mouffe 編之《基進民主的諸面向》（*Dimensions of Radical Democracy*）, Verso, London 1993; C. Mouffe,《政治的回復》（*The Return of the Political*）, Verso, London 1994; E. Laclau, 《解放》（*Emancipation(s)*）,Verso, London 1996.

部分當中。然而,這其中會有一個遺漏。譬如說,當有某些東西被
視為和社會主義的女性主義是一致的時候,我很難肯定一個明確的
女性主義的社會主義是不是可以說它已經產生了[44]。但是在這個例
子中究竟是否如此,亦或其意義為何,這都不是我們這裡所要去討
論的。

　　傳統上來講,當左派預期「它的」烏托邦會在未來形成之際,
右派在過去就已經發現了它的烏托邦了。近來,這個狀況已稍微被
翻轉過來了:即右派已變得更往未來看去,並且意欲在現今建構資
本主義的烏托邦;而左派卻面臨了一種若非失落在過去的黃金時
代,即是在今日的瑣事中迷失自己的危機。今天,左派的任務最終
是要拋棄掉這種衰微與崩解的詞彙,以至於不只是要再創新它本
身,而且還要再創造更寬廣的社會[45]。對一個懷疑的年代而言,不
只是社會主義,就連左派也必須要去形塑一個比我們所受到犬儒主
義、對政府的不滿、缺乏安全感與短視淺見之困擾,還要更少的時
代。

---

[44]Z. Eisenstein,《資本主義父權制與社會主義女性主義的案例》(*Capitalist
Patriarchy and the Case for Socialist Feminism*), Monthly Review Press, New
York 1979; L. Segal & H. Wainwright,《超越分裂:女性主義與社會主義的創
造》(*Beyond the Fragments: Feminism and the Making of Socialism*),
Newcastle Socialist Centre, Newcastle 1979; L. Segal,《是未來的女性嗎?》(*Is
the Future Female?*), Virago, London 1987; N. Fraser,《任性的實踐:當代社
會理論中的權利、論述與性別》(*Unruly Practices: Power, Discourse and
Gender in Contemporary Social Theory*), Polity, Oxford 1989; D. Haraway,《猿
猴、受控機體、女人:本質的重新發現》(*Simians, Cyborgs and Women: the
Reinvention of Nature*), Free Association Books, London 1991.

[45]R. Miliband,《一個懷疑的年代中的社會主義》(*Socialism for a Sceptical
Age*), Polity, Cambridge 1994.

第三章
新右派

Mike Harris

新右派代表了一種「新的」社會、政治與經濟的計畫。除了那些關於國家規模與市場角色的問題之外，它還激起了公民權與認同（identity）的問題。因此，它與保守主義之間已發展出了一種複雜的關係。但是這個詞彙本身是有許多爭議的。它暗示著新右派既不特別「新」，也不完全「右」，而且由於它在政治思想的範圍上，呈現出過於分歧而不一致，以至於無法作為一個單一的運動。的確，有許多和新右派扯上關係的人都拒斥了這個詞彙。為了保持這種分歧與不一致，本章將指認出四個在新右派之內概要的思想要素：即新自由主義、公共選擇論、新保守主義與自由放任主義。本章將會一一地就其本身的概念來研究，而且還會探討他們之間的相似與矛盾之處。

　　這些要素代表了一種回應於1970年代與其後之變遷的政治與經濟狀況的現代且基進的計畫，而且他們有一個共同的攻擊焦點，即針對社會民主福利國家的「危機」。因此，它超越了僅僅以新的語彙來代表舊觀念，與將他們應用於新的議題上。就像根伯（A. Gamble）所指出的：「新右派寧願作為保守派，但他們卻被迫成為基進份子。」[1]他們必須指認出現存的狀態如何能夠被改革以使自由市場之規則、制度與文化的重建成為可能。所以它不僅僅是個試圖重回十九世紀之自由與保守價值的一種嘗試而已。新右派所表現的毋寧是種「再造」當代社會的嘗試。這種基進主義的目的——新的市場秩序——可能會被描述為「大型的市場再轉型」（great market re-transformation）。這有助於解釋這些新右派中之不同的思想要素，是以何種方式，並以何種理由而被連結起來的。特別是它提示了一個

---

[1]A. Gamble,《自由的經濟與強大的國家：柴契爾主義的政治學》（*The Free Economy and the Strong State, The Politics of Thatcherism*），Macmillan, London 1988, p.32.

・54・ 當代新政治思想

對權威的欲望與不平等間的重要連結。這也意味著在新右派與保守主義之間的關係，可被再加以檢視。

歷史的根源

　　新右派從來不是一種在傳統意義上的政治運動，但是卻從最早期的階段開始，就已經有了一個相當清楚的組織形式[2]。這個形式正好是從第二世界大戰前，以及1938年在巴黎，為了結合圍繞著瓦勒特・利帕曼（W. Lippmann）在《美好社會》（*The Good Society*）一書中的論證的一些學界人士所舉辦的研討會而開始的。參與這個研討會的人包括有阿宏（R. Aron）、海耶克及米塞斯（L. Mises）。所有的人都很關心自由主義在歐洲的明顯衰微，而且都自當時的集體主義的（collectivist）價值中覺醒過來。蒙特裴倫學會（成立於1947年）──一個新自由派學者的國際協會，從此茁生。

　　海耶克在1930年代的研究，是他反對由日增的凱因斯（Keynes）追隨者所提出的中央計畫（central planning）的開始。在《走向奴役之路》（*The Road to Serfdom*）[3]一書中──一本精心策劃的普及書籍，海耶克主張在極權主義（totalitarianism）／社會主義（這兩者對海耶克而言，沒有什麼實質的差異）與自由主義的社會之間沒有任

---

[2] 關於新右派思想智庫的發展與影響請參考 R. Cockett，《思考那些不能思考的東西、智庫與經濟的反革命，1931-1983》（*Thinking the Unthinkable, Think-Tanks, and the Economic Counter-Revolution, 1931-1983*），Harper Collins, London 1994; A. Seldon 編之《當代的英國智庫》（*Think-Tanks in Contemporary Britain*），Frank Cass, London 1996.

[3] F. A. Hayek，《走向奴役之路》（*The Road to Serfdom*），Routledge and Kegan Paul, London 1944.

何可能的「中間路線」（middle way）存在。同時，波柏的《開放社會與其敵人》（*The Open Society and its Enemies*）[4]（這本書也同樣地將自由主義放在對抗極權主義的位置），使得新自由主義之新右派的智識基礎由此確立。

許多新右派的想法都是在「智庫」（think-tanks）與個人之間的會議中發展起來的。在英國有三個主要的組織。從1950年代中葉開始，經濟事務協會（Institute for Economic Affairs, IEA）對於有限政府與市場在技術上的優越性，有著深刻的執著。從1970年代中葉開始，由柴契爾（M. Thatcher）及約瑟夫（K. Joseph）所成立的政策研究中心（Centre for Policy Studies, CPS）則試圖連結經濟自由主義與權威、秩序以及責任等傳統的保守主義主題。以及接下來的亞當斯密學會（Adam Smith Institute, ASI）發展了一個公共選擇影響的政治分析，以及一個政府改革的整全計畫。

這些組織都由許多其他的團體共同參與而成的，包括沙里斯布里團體（Salisbury Group）、保守哲學團體（Conservative Philosophy Group）、保守家庭促倡會（Conservative Family Campaign）、保守政治中心（the Conservative Political Centre），全國自由協會（the National Association for Freedom，其後成為自由協會，Freedom Association），以及衝突研究機構（the Institute for the Study of Conflict）。除此之外，還有設立較久的各種保守主義的協會，例如：星期一俱樂部（Monday Club）及沙勒斯登團體（Selsdon Group）。

另外值得注意的是包威爾（E. Powell）對新右派思想之公開宣傳的重要性。雖然通常與其對移民問題之觀點有關，但更重要的是其

---

[4]K. Popper,《開放社會與其敵人》（*The Open Society and Its Enemies*），Routledge and Kegan Paul, London 1962.

「包威爾主義」的發展。這種新自由主義經濟（有限國家、去國有化與反統合主義的混合），反對普遍福利權利、人民主義與保守的文化傳統主義的混合，形成了柴契爾觀念晚期發展的架構。就像他所主張的：

> 無論保守黨所代表的是什麼，除非它是資本主義的政黨，
> 否則它在當代世界便沒有任何的功能，同時它對於現代的
> 英國也就沒有置喙的餘地[5]。

藉由許多西方民主國家所分享的特定社會、政治與經濟條件的促成，新右派方在1970年代開始產生重要的影響力。它的突破性發展，乃是立基於其日增的對於諸如通貨膨脹、工會抗爭、漸增的福利支出、國家專賣，對於市場中自由消費者選擇的否定，以及傳統社會與道德價值崩解等問題已造成危機的公開議論。

新右派之成功掌握權力的政治脈絡，乃是希斯（Heath）政府的「失敗」，以及接下來由保守黨內外的一群少數份子靠著新右派的理念而再創新其思想與統治能力。的確，政策研究中心的創立就是為了去達成這種情況。接下來，在布坎南（Buchannan）與杜拉克（Tullock）的《同意的計算》（*The Calculus of Consent*）[6]一書出版之後，公共選擇理論已經開始發展，並且亦被英國及美國評論者們所參考。

---

[5]E. Powell, 《自由與現實》（*Freedom and Reality*），Batsford, London 1969, p.10.

[6]J. M. Buchannan 與 G. Tullock, 《同意的計算》（*The Calculus of Consent*），University of Michigan Press, Michigan 1962.

哲學的面向

那麼，什麼是新右派的核心理念呢？雖然他們可能會對很多的解決方案不表同意，但是在簡介中提到的那四個新右派思想的要素倒是分享了三個共同的目標。他們均反對平等主義、集體主義以及諸如女性主義、反種族主義與同性戀權利等認同「新政治」（new politics）。但是，在提出新右派作為一個整體的目的之前，更深入地討論每一個要素仍是值得的。

新自由主義

新自由主義運用了個人自主性與財產權的「古典自由主義」傳統，以及對公私領域之間的明確區分（其中私領域占有優先性）。

新自由主義一直都把重心放在對「自由市場」的偏好上，不過自由主義政治經濟學的復興則又較其對市場競爭效率的主張要來得更進一步。市場現在被提議作為社會秩序的基礎。他們誘使每個人為了他們自身的利益，來運用他們獨一無二的知識與能力，但卻是以所謂的對整體社會有利的方式。「計畫」的經濟與社會無法在利用這些分散的資源上達到相同的效果。市場自由（特別是私有財產的所有權）被看成是政治與社會自由的最佳保證人。因此，歷經計畫的社會腐蝕了自由。所以此一被極大化於市場中的「自由權」（基本上，係為需要的滿足）才是社會安排與政策的裁決者。

國家的規定限制了市場過程的角色，而且，由於其財政乃是透過稅收來維持，它干預了最大可能的私有財產累積。國家破壞了兩個「自然」的管道（透過這兩個管道，個人的需求可以被適當地滿

足）：即私人市場與家庭。市場被認為是以「人類本質」的秉性、對個人責任與自我（與家庭）利益的內在需要來運作的，並不依賴於飄忽的利他主義與共同的責任。就其本身而言，一個擴張的國家並不會限制自利，它僅僅是將其轉換到存在著更多濫用的政治領域而已。社會失序與報酬的不公正分配亦會隨之而來。對新自由主義的學者而言，國家的適當角色在大政府的時代被模糊了。由國家所提供的產品與服務中，只有少數比例才是真正的「公共財」（public goods），例如像國防與安全[7]。

　　相反的，而且有點弔詭的是，社會整合應該要藉由在市場中對獨立的追求才能被促成。相互的尊重並不是藉由那種外在的相互依賴來創造的，而是經由彼此的獨立。這就是為什麼，自由（當然是參照市場來定義的）而不是「家父長式的作風」（paternalism），是責任的唯一起點。相對於社會主義的宣稱，市場並不會腐蝕自由，反而是一個在其中自由被鼓勵與運用的場域。

　　新自由主義者特別痛恨那種將正義與個人權利，變得和福利理念有著強烈關聯的模式。一個福利安全網在不同的程度上也許是可被允許的，但是這種「社會正義」的理念已促使國家提供了許多缺乏效率且存在著差別的服務，並且也讓公民相信，只因為他們是共同體中的一員，他們有資格過著一定的生活水準。國家，不但不是市民權的保證人，它毋寧變成人民最大的威脅了。因此，由於再分配無法被合理化，不平等便可以得到證立。機會的平等（經由市場

---

[7] 根據傅利德曼的說法，在四個領域中，國家的行動是合法的——為了市場系統有效運作而產生之法律架構的保證者；在不會對市場有不利影響的情況下，由國家所提供的自然獨占；對市場供應而言過於昂貴或不實際的服務；以及對於那些無法假設其本身負有全部責任者的家父長式規定，例如心智障礙。請參見 M. Friedman,《資本主義與自由》(*Capitalism and Freedom*), University of Chicago Press, Chicago 1962.

社會可以得到最好的提供）無法與諸如平衡收入之結果平等共存[8]。

　　然而，除此之外，新自由主義者還暗示市場比政治或公共領域有著更多平等主義的可能性。因其創造財富的能力，它使得全體在不同的程度上受益。曾有人主張，在歷史上，資本主義其實是一直地在削弱不平等，而不是一種產生不平等的原動力。更進一步來說，市場卻是比政治過程（政治過程被諸如階級、契約與意識形態等文化與社會的阻礙給限制了）允許了更多的機會給予社會中的低下階層。企圖心與進取心是市場中成功的關建。因此市場的民主——一個真正的「人民主義式的民主」——是比政治的民主還能為一般民眾提供更多東西。因此，新自由主義的新右派只接受有限的，政治上的人民主權，因為他們認為市場提供了不受限制的主權。

公共選擇論

　　關於以上的觀點，新自由主義其實是受到了公共選擇論之分析對代議政治過程之批判的幫助。公共選擇論代表了以經濟方法進行政治學研究的應用。雖然它不必然關聯到右翼的計畫，但由於其強烈的個人主義與理性主義式的假設（公共選擇理論方在近來以「新」公共選擇理論的形式開始從這些假設中浮現），從歷史上來看它已變得和新自由主義的觀念有所關聯了。當新自由主義人士已試著去證明市場的選項是有效的時候，而新右派的公共選擇論卻已想要證明政府是無效的。

　　它的兩個最重要的擁護者，布坎南和杜拉克，他們於1960年代

---

[8]K. Joseph and J. Sumption,《平等》(*Equality*)，John Murray, London 1979.

末期，在維吉尼亞綜合科技大學（Virginia Polytechnic University）建立了公共選擇研究中心（the Center for the Study of Public Choice），縱使從1960年代早期開始，其論旨便已以「理性選擇」（rational choice）形式發展。雖然在理性選擇理論中的不同型態有許多的爭論，但是基本上人類還是被視為理性的動物，他們在所有環境中的行為都可以被解釋成為了滿足他們本身利益的持續性追求。公共選擇理論家將這樣的想法應用在政治上。本質上來看，公共選擇理論主張政客與官僚，以及選民和經濟行動者一樣，他們看起來永遠都是以一個自利的行為模式來行動的。並不存在著一個被孤立的公共領域，可供我們對社會議題作出公平與公正的決定。公共選擇論傾向去強調在政治中（和在市場中不同）的自利，如何地不會影響公共的利益。這些想法對於復興自由主義之政治經濟學的計畫而言，是一個有用的「切口」（cutting-edge）。雖然與新自由主義人士結盟的公共選擇論學者偏好去暗示他們並沒有批評民主的理念本身，而是批判將多數決規則提升至一種道德原則的錯誤，但他們卻允許右翼對於民主的矛盾情感以在智識上可尊敬的詞彙重現。

公共選擇論也許是複雜與經驗性的，但是評論者仍指向其對人類行為之特性的粗略描寫，以及因此而對政治文化、階級與權利之議題的忽略。公共選擇理論特別地被指責其忽略了大型私人組織如何地可能作為社會永久之權力中心的方式，就像它忽略了市場過程的失靈一樣。然而，公共選擇理論對於政治過程如何地無法適當地表達偏好之方式的抨擊則是十分的有力。

自由放任主義

區分新自由主義與自由放任主義是很重要的。雖然他們雙方都使用類似的語彙，但是自由放任主義不應僅僅被視為是新自由主義

論題的延伸，而應被視為是一個自成的基進學派。「右翼」的自由放任主義和新右派相當不同，因為它將絕對的個人自由權推進了家庭、國家內外安全和經濟等的關鍵領域中。由於此對於其理念的某些方面所造成的敵意，右翼的自由意志者在新右派中並不處於支配的地位，而只有少數幾個純粹的自由意志者比較引人注目。

在本質上，自由放任主義代表了「自由」凌駕「秩序」之上的勝利。它意謂著對於加諸個人之上的社會與法律拘束的絕對抵制。當然，對這種「絕對」個人自由的支持不是只有在這種右派的邊緣地帶上才被發現的。「左派」的自由放任主義以及無政府主義也都和「右派」的變形共享著許多的論題。但是在此所提到的思想家可能是被含括在新右派的範圍內，其原因有二：一是因為他們對無所限制之資本主義的強烈辯護，以及他們反對戰後之社會民主的論證。

對於私有財產的絕對權利被視為是根本的，因為它形成了自由契約與自由社會的基礎。諾齊克（R. Nozick）[9]主張，如果人們對於財產擁有先於社會的權利，則任何經過社會之再分配而來的正義原則，均將會戕害到公民的權利。正義的分配無論如何都是由自由交換所造成的。承認人們的「自我所有權」（self-ownership）（以及對財產所有權的絕對權利），對於將人視為平等來說是有決定性的。因此，自由放任主義的關鍵面向便是徹底減約的國家，以及租稅的廢止或至少相當程度的縮減[10]。對諾齊克來說，國家應該被限制在保護人們免受暴力、竊盜、欺騙和契約的實行等狹隘的功能上。最大

---

[9]R. Nozick,《無政府、國家與烏托邦》(*Anarchy, State and Utopia*), Basic Books, New York 1974.

[10]M. Rothbard,《為一個新的自由：自由主義宣言》(*For a New Liberty: The Libertarian Manifesto*), Collier Macmillan, London 1978.

的極限，也就是稱之為無政府—資本主義（anarcho-capitalist）方式，亦即是偏好完全沒有限制的私有財產和自由交換。

新右派的另外三個分支因素也都有著社會、政治與經濟的影響力。但真正的自由放任主義則沒有。無論其論證的有效性或其他方面到底為何，它都不會像其他新右派的分支一樣，與當代主流的政治爭論合流。這個破除因襲的學派，其中財產權的概念被推向頂點，構成了一組相當有力的觀念，但是結果也使其本身甚至脫離了那構成日常政治生活基礎的最一般性假設（而且也許是大部分人們基本的社會道德感）。

無論在自由放任主義主張中的問題及其矛盾為何，特別是，自由企業構成經濟自由的第一原則與假設，它的確抱持著完全接納人類多樣性的一個對自由的願景。因此，不像其他新右派的分支以及其他的政治意識形態，它採取了真正的多元主義作為其思考的起點。無論在其他左派與右派的意識形態中對政治與社會自由的許諾是什麼，他們傾向以一個對那些真正的自由放任主義者來說抵死不從的方式來對可能的未來社會提供了一致性的景象。

新保守主義

新保守主義是從古典政治哲學家史特勞斯（L. Strauss）及其追隨者的想法中所發展起來的，並且運用了諸如傅利德曼（Friedman）及海耶克等經濟自由主義者的想法。其主要有兩種形式：保守主義的「哲學」（philosophic）辯護（它宣稱和較早的保守主義思想傳統有其親近性），以及「新保守主義」（neo-conservatism）（較傾向社會學而較少哲學氣味），其主要源自美國。他們共享一個防止社會與政治權威被腐蝕的欲望，以及對回歸「傳統」道德和政治價值的需要。

哲學保守主義的主要靈感是歐克夏（M. Oakeshott）。這是他為對抗那種他稱之為「書本中之政治學」（politics of the book）的東西，其中行為的傳統已經被理性主義、意識形態與抽象的概念所取代了。他主張：

> 政治學不是建立一個永久堅固社會的科學，它是種在對既存傳統社會類型的探索中得知下一步要往哪裡去的技藝[11]。

歐克夏主張，要成為一個保守主義者就必須願意以一個特定的方式來思考與行動，偏好熟悉的勝過那些未知的，實際的勝過可能的。儘管對理性主義政治的拒斥，但我們仍然可以看到一個在這種形式的保守主義與新自由主義欲求一有限國家間的連結：

> ……政府的職務並不在將其他的信仰強加於其對象身上、不在指導或教育他們、不在以另一種方式使其更好或更快樂、不在指示他們方向、不在刺激他們行動、不在領導他們或統合他們的活動，以至於沒有任何衝突的時機會發生；政府的職務僅在於統治。這是一個特定且有限的活動，當它與其他的活動結合在一起時易於腐敗，而在這些的情況中時，是避無可避的[12]。

歐克夏所運用之傳統的近來表現顯得更為權威主義。他們的立論根據皆在於認為社會制度的權威，皆是源自於那些已建立、已知及已嘗試的安排當中，而且因此應該要和我們的忠誠相符合才是。

---

[11]M. Oakeshott,《政治中的理性主義與其他短文》（*Rationalism in Politics and Other Essays*），Methuen, London 1962, p.58.

[12]*Ibid*. pp.186-7.

國家在這種立論中，就是權威、忠誠與傳統這三個原則的具像化（embodiement）。公民是被視為一種國家的「從屬者」，就像兒童乃由於天生的必然性而與家庭緊密相連，而非透過任何如在自由主義之中所提到之相互同意的契約。除此之外，這些新保守主義者主張，社會並不為任何偉大的目的而服務，它只是以一種自然的形式存在著。因此，社會的紀律應該是保守主義關心的重點，而不是自由或平等的這種宏大的目標[13]。

諷刺的是，這意味著新保守主義在某種程度上，必須對新右派另一個主要分支的興起，即以個人主義與市場為訴求的新自由主義（它似乎在與新保守主義的關懷相衝突）有所還擊。因此雷特文（H. Letwin）強調「保守的個人主義」（conservative individualism）毋寧是將社會視為搖籃，而不是個體性的敵人。對於這類保守主義者而言，「真正的自由」存在於傳統權利與義務（被其屬民所尊重與遵行）的承續上[14]。由於自由主義對絕對與普遍自然權利的強調，自由主義與此形成對照，但卻不必然會與其處於完全對立的位置。

在美國，新保守主義著眼於三個特定的問題：傳統家庭結構的崩解；貧窮與「下層階級」（underclass）的問題；以及被認知到的「文化危機」。於此，他們的目標便是放在恢復工作與家庭的倫理上（吉爾德（Gilder）的研究最為顯著，對他而言，家庭是「偉大的教化者」[15]），而且他們對於資本主義可能有著又愛又恨的矛盾態度，

---

[13]M. Cowling 編之《保守主義文選》（*Conservative Essays*），Cassell, London 1978; R. Scruton, 《保守主義的意義》（*The Meaning of Conservatism*），second edition, Macmillan, London 1984.

[14]S. Letwin,〈論保守的個人主義〉（On Conservative Individualism）收錄於 M. Cowling 編之《保守主義文選》，Cassell, London 1978.

[15]G. Gilder, 《人類與婚姻》（*Men and Marriage*），Pelican, Louisiana 1986.

因為它有顛覆傳統的傾向[16]——它們的興趣乃在於對市民社會與政治文化的促倡，與其對社會秩序的價值。他們一直支持著特定的「中介結構」（mediating structures）：係那種來自介於個人與國家間的組織（家庭、鄰居、志願性組織、教會等）。這些看起來都是賦予公民身分的社會資源（或屬民性），而且助長了市民美德（例如：對於個人周遭的關心，以及對於援助社區的欲望）的發展，以及使得個人去認同更大的社會。

雖然他們已經接受了政府失靈的批評[17]，以及資本主義具有說服力的影響，但新保守主義者還是認為那猖獗的個人主義會摧毀有意義之社會存在所依賴的傳統實踐。然這可能不必然意味著一種擴張式的國家，但國家權威的首要性必須維持。新保守主義認為，透過無效率的福利措施，國家將會促成貧窮與「道德的衰微」（moral dysfunction），並因此腐蝕了社會秩序本身的先決條件。我們可以清楚看到的還是新保守主義對平等主義的拒斥，因為平等主義被視為是縱容的，而且是一種對社會層級的威脅。這亦與對於1960年代時所謂社會與性別解放的一種高度反感有所關聯。

---

[16]I. Kristol,《對資本主義的兩種歡呼》(*Two Cheers for Capitalism*)，Basic Boods, New York 1978.

[17]Nigel Ashford指出了這類失敗的六個因素——許多政策的非意圖性結果；知識的限制；衝突政策的追求；傳統解決問題制度與協調結構的解組；在擴張國家角色中，具有被授予利益之「新階級」(New Class) 的存在；政府欲改變人與社會本質能力的烏托邦觀點。請參見N. Ashford之〈新保守主義者〉(The Neo-Conservatives)，收錄於《政府與反對者》(*Government and Opposition*)，vol.16, no.3, pp.353-369,1981.

新右派內的共同論題

在新右派的幾個分支之間似乎存在著一些顯著的差異。「純粹」的新自由主義者可能會拒斥公共財需要一群有著崇高道德並且關懷社會的公民這樣一種概念，因為社會福利實際上是個別行動的一種非意圖結果。但新保守主義者則主張，除了市場的價值之外，必然還存在著一種價值的支柱來支撐適當的公民身分、社會道德、甚至是個人主義本身。確實，新保守主義的流派有時會關注於對自由經濟政策的分裂性政治後果提出其觀點[18]。

儘管有這種緊張性，在各個支派之間還是有重要的連結存在。雙方都在「不平等教」（religion of inequality）（如英國社會主義政治哲學家托尼（Tawney）如此稱之）的祭壇前膜拜。而且雙方也都同意維持一個不平等之體制的重要性：對新自由主義者而言是市場，對新保守主義者而言是社會階層化。新保守主義者對個人責任的強調聯合了新自由主義者對福利權的攻擊。新保守主義者已給予新自由主義者一個關於國格，以及責任與義務價值的概念，同時新自由主義者也教了新保守主義者有關一些市場的價值。雙方在抵抗女性主義及多元文化的議程上，都是反進步論者。雙方均看到了為這些與其他所威脅之社會秩序被政治化的危險。新自由主義者試圖委市場以決定的重任，而新保守主義者則對個人抱持了一種沈重的社會與特定文化的概念。

---

[18]D. King,《新權利、政治、市場與公民權》（*The New Right, Markets and Citizenship*），Macmillan, London 1987.

自由的保守主義

　　雖然少數新右派的思想家已明顯結合了這兩個主要支派的論題，不過海耶克的思想可說是「自由的保守主義」最具有融貫性以及延伸性的例子。雖然最終他暗示他並不是個保守主義者，因為他否認具有保守主義特色的計畫，即使用國家權力去保護瀕臨危險的道德傳統與社會層級，但是他確實運用了許多保守主義的論題。就此以及就其著作的範圍及連貫性而言，他也許是新右派最為重要的思想家，即使他不必然是最典型的一個。

　　對於傅利德曼以及被他所點醒的那些新自由主義之追隨者而言，國家權力的縮減是更大自由的基本條件，但是海耶克之原則所對準的目標，卻是國家獨占，因此，如果國家福利措施是在與民間提出的其他選項相互競爭的情況下來提供，那麼國家福利措施將是可接受的。和傅利德曼比起來，海耶克是一位較為深入地分析使一個自由社會秩序——「大社會」（Great Society）——之所以成立的本質之思想家，而且，在其讚譽者眼中，他已為那可與傳統協調之個人自由做了一個理性之外（non-rational）的辯護。

　　海耶克提示我們，人類的個體性就是一個傳統。自由社會的框架允許在生活中進行最大範圍的實驗，因此促進了引發變遷與進步的競爭。對一些保守主義者來說，海耶克的價值在於他指出了，為何在過去他們認為透過成功地掌握擴張主義國家，保守主義的價值便可以得到保護的想法是錯誤的。他認為他們的實用主義必定被代之以對自由的一種僵固且沒有彈性的許諾。傳統並不是個受人頂禮膜拜的神祇（但對某些保守主義者而言則是），但是在確保穩定性以及給予個人對周遭社會世界的知識上，它卻具有著關鍵的地位。社會主義的計畫失敗了，因為社會秩序是一個自發性的形成過程。它

絕不是被中央控管與被指導的：這無可避免地導致了其蝕落。

　　對海耶克來說，可能會存在著一般性的規則，但絕不存在絕對權利或預定的，符合正義的結果。普遍存在於現代國家（特別是福利國家）中的法律形式對個人自由造成了威脅，因為它是由虛假的概念所引導的，也就是在一個有普遍選舉權的年代，政府的憲法限制已經變得不必要了。就海耶克來看，「大社會」已不能在可欲求的目標上取得一致的意見（例如：福利國家所奉祀的「社會正義」模糊概念），而只能在手段上──法律之下的自由。

　　新自由主義與新保守主義論旨的一種相似的混合在英國（在此，新右派改革的主要承載者一直是保守黨）是特別是重要的。由於英國保守主義已無可改變地受到新自由主義的政治經濟學（其主張市場經濟需要並依賴著對社會有責任感的公民）之復甦所影響，因此「自由的保守主義」之進路是必要的。因此由市民所做的道德選擇，特別是對經濟獨立與道德限制而言，都不只是私我的而且還是公共關心的議題。個人也是個社會性的存有，必須被說服去肯認傳統與制度中的合法性，以及注意到社群之存在[19]。

---

[19]J. Gray,《市場制度的道德基礎》（*The Moral Foundations of Market Institutions*）, Institute of Economic Affairs, London 1992; R. Harris,《保守主義的社群──柴契爾主義的根源與其未來》（*The Conservative Community-The Roots of Thatcherism and its Future*）, Centre for Policy Studies, London 1989.

批評以及最近的發展

保守主義──一個「已死」的意識形態？

對新右派最強烈的批評之一，而且在過去幾年間這批評也日漸升高，就是認為它的所有理想都早已失效了，且這失效的部分原因又來自於它們本身的「成功」。當然保守主義比新右派有更為長久的歷史，並且在面對新的社會、政治與經濟情況下，也都一直調適良好，部分是由於它從來不宣稱是個教條式的意識形態的緣故。然而，這也已經暗示我們，無論它早期的地位是什麼，保守主義都沒有任何未來。

在此有兩個相互關聯的觀點。第一，傳統的保守主義在現代社會中根本沒有什麼收益。社會太複雜、太多元、太（全球）市場取向而且在本質上是自由主義式的，而無法容許對現存制度、慣例與傳統做出反理性主義的與道德主義的辯護。

第二，這也意味著，為了本身生存的利益，保守主義已被新右派的教條式與理想式之新自由主義給傳染了，不過這個代價太高了。當然，這不是一個新的批評，早在「單一民族」（One Nation）的保守主義立場時，這一批評就已經出現了[20]。新右派釋放了去傳

---

[20] 最顯著的例子可參見 I. Gilmour,《與教義共舞：柴契爾主義下的英國》（*Dancing With Dogma. Britain Under Thatcherism*）, Simon and Schuster, London 1992.

統化的勢力，而左派現今卻成了傳統的保守勢力[21]。後新右派的保守主義（Post-New Right conservatism）繼承了古典自由主義不穩定的特質：即自由市場沒有能力產生出一種社會與政治義務、忠誠與親近性的感覺。結果，這表示新自由主義已經挖空了保守主義的支撐基石，特別是在制度與公民社會上[22]。因此，回到傳統的保守主義已無可能。英國保守黨可能已經喪失一世代的選舉好運了。

新自由主義——一個自我毀滅的勢力？

這些論證是立基於認為新自由主義本來就是矛盾的想法。它對傳統是有敵意的，並且是掃除傳統的力量之一（透過市場力量和攫取性的個人主義（aggressive individualism）），但它又十分依賴對於傳統的堅持，這是由於為了提供新右派政府合法性，必須藉由保守主義關於國家、宗教、性別與家庭的訴求所致[23]。

因此，這就暗示了新右派已「被證明」是一個自我毀滅的設計了。它釋放出危險的去傳統化勢力，同時也經由破壞社會團結與穩定而扼殺了自己作為一種政治方案的機會。這個效應同時具有理論性（曾是更為教條與權威的命題）與實踐性意義（腐蝕那支撐英國保守黨之假設基礎，並加劇其內在的分裂）。作為近十年來的一種相關的當代意識形態團體，新右派可能曾經生成、曾經強烈地燃燒過，但是現在只剩餘燼可供人挑選了。

由於對公民社會與社會資本的概念（即悲嘆社群的腐蝕以及接

---

[21]A. Giddens, 《超越左派與右派——基進政治的未來》（*Beyond Left and Right - The Future of Radical Politics*）, Polity Press, Cambridge 1994.

[22]J. Gray, 《保守主義的毀滅》（*The Undoing of Conservatism*）, Social Market Foundation, London 1994.

[23]A. Giddens, 《超越左派與右派——基進政治學的未來》。

踵而來的混亂與犯罪問題）的研究旨趣日益成長，這種批評被更加
鼓舞了。這一現象與社群主義和公民共和主義思潮的復興有關，這
些想法被認為是新右派，特別是新自由主義一直以來所忽略的。

最近的發展

有兩個主要的理由可以解釋為什麼這些論點是不妥的。首先，
他們忽視了保守主義思想裡兩個最近的發展。第一個發展是一種
「軟化」（softening）——即試圖整合關於「自由市場」的信念與對社
群和社會凝聚的關懷，這也許是為了回應一項擔憂，亦即將自由市
場擺在明顯的第一位可能會伴隨著社會的分裂、衰退與失序。舉例
來說，威利茲（D. Willetts）在《公民的保守主義》一書中就主張應
嘗試將保守主義置於新自由主義與「傳統主義的社群主義」
（traditionalist communitarianism）之間[24]。真正有公德心的保守主義
必須擔負起對自由市場、有限政府與穩固制度的許諾；他論稱：

> 新自由主義者的問題在於他們沒有對制度、價值與紐帶
> （ties）進行任何的瞭解，只是單純地以個人經濟行為者的觀
> 點來思考，雖然這些制度、價值與紐帶本身並不是那麼地
> 好，卻是任何實際的自由市場能夠繁榮的必備要素[25]。

但是，這種形式的公民保守主義對市場的信任似乎仍遠勝於由
國家培養一些有利於社群生活的條件。政府的被動似乎是最重要

---

[24]D. Willetts,《公民保守主義》（*Civic Conservatism*），Social Market Foundation,
　　London 1994. 亦可見其《現代的保守主義》（*Modern Conservatism*），Penguin,
　　London 1992（特別是第七章的部分）。
[25]D. Willetts,《公民保守主義》, p.257.

的。如果社群是分裂的，公民保守主義就會建議採行一種明顯擴張市場交換的機制。

儘管如此，這種形式的保守主義缺乏一個有力的切口可使早期的新右派進入。它變得非常地描述性（descriptive），然而，新右派的力量就在於它看起來非常具有規範性（prescriptive）。但是它確實改善了新自由主義的假設，這個假設原本認為公民責任感的成長，只需要一個先決條件即可——對國家範圍及規模的削減。他們認知到「契約裡的非契約成分」（non-contractual element in contract），換句話說，市場制度依賴於那些沒有在經濟契約本身中言明的習慣與信任形式。這一現實化是很重要的：社會凝聚對於市場過程的繁榮是非常關鍵的，雖然批評家表示這個現實化已經來得太晚了。它也強調社會進步保守主義（socially progressive conservatism）已經崩潰了的想法：它不像右派，它無法提供一個可供深信的智識基礎、政治支持或一個有效的治理計畫。

第二條路線（即右派在1990年代所採用的）是更為「強硬」（hardline）的路線：即力勸對福利國家的持續改革、國家規模的進一步削減，以及更多權威性社會秩序措施的引進。這可從新自由主義的新右派對於保守主義政黨的政策的推動中得到見證。從其本身的觀點來看，新右派的議題幾乎不會結束，特別是關於國家的角色與規模方面。即便這些智庫現在備受挫折，他們依然十分主動與活躍。

不管是那一條路線發揮了更大的影響力，愈來愈多的意見相信新右派的方案，以及它的政治焦點——保守黨——是注定要失敗的。一般認為英國的政治會產生一個大型的變遷（sea-change），這在1997年的大選中就已經很明顯了。然而，這似乎是個極深的錯誤，就好比過去有人認為由於新右派的「教條主義」（dogmatism），此一意識形態不會在1960及1970年代得到廣泛的支持一樣。這個分

析誤解了過去幾十年來，理論與政治實踐間的連結，以及保守黨的問題如何關聯至（或肇因於）保守主義／新右派思想的引導。

目前對當代保守主義國家的批評，乃是對已陷入僵局的、受貪污所苦並筋疲力竭的政府，以及目前洩了氣的政黨之「政治現實」（political reality）的掌握。但是自從1992年開始，新右派思想與保守黨問題間的關係，一直是十分複雜並難以釐清的。即使目前某些評論承認由新右派引導之第二波的可能性，但是很少人會認為這是保守黨的生存路線。然而在不同程度上，導出這些結論的基礎在於過於粗略地看待保守黨的特徵，以及保守黨感受其統治意識形態的可行性的能力（這個錯誤早在柴契爾主義之前就造成了）。作為過去五年內一個重要的智識力量，新自由主義並沒有像這些批評所經常暗示的，已經崩解了。英國保守黨也許已經失去了權力，並且確實發現自己在將來的一段時間裡都不會獲得權力，但是這並不必然表示新右派已經失去了它對當代政治辯論的支配。

新右派的成功？

我們還有另一個理由來懷疑那預測新右派會在荒野中走上很長一段路的批判，也就是，從某個觀點來看，新右派的計畫可謂卓然有成。這個結論在伯藍尼（K. Polanyi）的《鉅變》（*The Great Transformation*）[26]一書中可以得到支持，尤其在這本書中包括了許多在經濟自由主義復甦脈絡下的相關主張。伯藍尼對於經濟自由主義作為一種政治的信條，以及對於工業社會本質的一種解釋作出了批判。他與經濟自由主義的爭論，集中在經濟是否應該優先於社會

---

[26]K. Polanyi, 《鉅變》（*The Great Transformation*）, Octagon, New York 1944.

與政治的議題上。他循著社會的歷史發展,並主張市場經濟對人類福祉的影響是非常重大的,以至於他們產生了許多要求改變,並最終導致了加諸於我們之上的規約與控制的政治活動。

伯藍尼的方法之價值係在於他認知到市場社會並不是自然的,而是被創造出來的,被國家所創造的。所謂「自由」的市場只是個制度性的結構,它不會自然而然地從人類的本質中茁生,但是它卻可以被計畫且被國家所支持。「經濟人」(Homo Economicus)是市場社會的一個產物,而不是反過來。一個市場社會不僅僅是說在其中,可以透過法律來防止對市場原則的抵制,或者說在其中自由市場的計畫是支配性的,而是說在這種社會中多數的制度與社會行動者的每日的行為乃是依市場原則而行,例如:個人主義、競爭與自利。這些不是既存的,而是社會建構。伯藍尼在所謂集體主義進程(以經濟自由主義為代價)一去不回的年代裡,發展了他的論題,但它卻是在「自由市場烏托邦主義」(liberal market utopianism)的年代中顯示出他的適當性。

因此,新自由主義市場的理想化隱藏了它更為權威化的趨勢:它的設計是藉由主張市場的不可或缺性,而將市場行為的「原則」(規則)加諸在我們身上。私有化並不是達成這一點的唯一途徑。認知到在關鍵制度中引進市場原則的不凡意義是很重要的:全民健保、英國廣播公司、學校、大學、住屋協會等。這個目的不只是要緩和私有化的方式與國家部門的縮減,而且它還是要從以下的方式中獲利,即「市場社會」的原則對於這些制度中的行為者起了作用,並確保那些對此一發展抱著批判態度的人亦必須適應。那些把國家的規模大小與其對於比方說健保與教育的持續性責任當作新右派「失敗」之證據的人,並不瞭解市場原則所加諸於這些制度裡之行為者之上的東西。這個發展基本上挑戰了新自由主義的自我形像,而且揭露了新右派的目的——巨大的市場再轉變(great market re-transformation）。它的設計不只是針對國家的權力、預算的規模以及適合一個更好社會的福利政策，而主要是針對他們思考的論題形式與方式。有時候，非常明確地，新保守主義可說是權威主義式的，它也時常這麼承認。而雖然因為新自由主義所尋求加諸的紀律——「市場」——是較為隱蔽而廣佈的，不過這卻使得它有了理由來對此有著更多的關注。

所以，歐克夏所說的有一半是對的，當他提及海耶克著名的《走向奴隸之路》一書時，指出：「一個能去抗拒所有計畫的計畫也許會比它所對立的計畫要來得好，但是它也定然屬於同樣的政治模式」[27]。在一種社會性的意義下，新自由主義表現的是一種「計畫」（planning）的形式，就好比在任何集體主義社會中的許多方式一樣都具有侵略性，但卻是那種保護「所有權」（property）（特別是既有的財產）的「計畫」。在這個面向中，從保守主義在歷史上對保護所有權的執著上來看[28]，新自由主義與「傳統的」保守主義間的區分似乎就沒有那麼堅固了。

因此，儘管有人評論新右派已死，但是就像伯藍尼所察覺的，其主要的設計——市場行為的加諸與邊緣化與其相對的思考——已被廣泛地達成了。雖然國家對於新自由主義者而言還是太大了，對新保守主義者而言又太不道德了，雖然社會對新自由主義而言還是不夠有企業家精神、不夠多元，對新保守主義者而言則不夠有道德凝聚，但是新右派仍卓然有成。就算有許多的枝枝節節仍然令其挫折，但是在很大的部分上，它已達到了它所欲求之現代社會秩序的架構。

---

[27]M. Oakeshott, 《政治中的理性主義與其他短文》, p.21.

[28]R. Nisbet, 《保守主義》（*Conservatism*）, Open University Press, Milton Keynes 1986.

結　論

新右派與保守主義仍是個支配性的意識形態。在國家社會主義崩解之後，他們尚未被任何強勁的對手對其進行有效地挑戰。就如同當恩（J. Dunn）所指出的，政治環境的新特徵是：

> ……對許多將來的世代（或甚至過往的世代）而言，任何對於它（資本主義）如何可以在被任何更具啟發性或更不令人沮喪之方式所取代的危險之下仍屹立不搖的系統性或廣為信任之概念的消逝。那些將在人類未來中被刪除的東西，幾乎是偶然地，但也仍然具有明顯的決定性地，將會是理性與相對具體之社會及政治期望的任何形式[29]。

不管是不是有人認為，在過去二十年來受新右派啟示的計畫已經對經濟與社會衰退產生了一種真正逆轉，或者只僅僅是造成了一種大破壞，新右派就其本身的觀點來看，它已經是一個重大的成功了。然而到底另一個政治上的希望在何處呢？新右派已改變了政治本身的性質了。

不論英國保守黨要面對的問題是什麼——尤其是選舉位置的弱勢、在公眾心目中的除魅（public disenchantment）與其本身策略上的兩難——它是不是真的就暗示了新右派霸權已至窮途末路了呢？由於在本書其他地方處理到的一些更新的意識形態，對新右派所提出的重要評論，在某個程度上，已經危及了保守主義思想的權威性

---

[29]J. Dunn, 《面對未來的西方政治理論》（*Western Political Theory in the Face of the Future*）, Cambridge University Press, Cambridge 1993, p.122.

與合法性，諷刺的是，他們也已經透過分化進步勢力，進而使右派保有在意識形態上對主流政治的支配，來強化右翼思想對國內政治的掌握。也許如果沒有當前的政黨政治，制度與社會的條件仍然會提供新右派思想一個支配性的地位。就其本身而論，遊戲根本還未進行到所謂當代保守主義的最後階段呢！

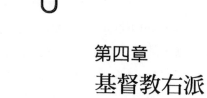

第四章

基督教右派

Martin Durham

導　言

　　在討論基督教右派時,我們其實是在檢驗一個更廣泛跨國際現象的特殊例子,也就是宗教的基本教義派。就像許多美國保守主義者就因為常與何梅尼(Ayatollah Khomeini)或海茲波拉(Hezbollah)相提並論而感到困擾一樣,基督教右派在堅持以傳統宗教信念來對抗現代性的瓦解因素上,當然也不是唯一的立場[1]。雖然它可以與其他運動相比較,但基督教右派還是有一些明顯的特徵;其中最重要的是,它是美國政治史上的產物。這並不會降低它的重要性:作為世界上具有支配性的優勢強權的其中一股勢力,基督教右派確實有其全球性的影響力,就算它本身並不是一種具有國際面向的運動。事實上,就某種意義而言,它確實因為涉入了許多美國宗教機構在海外從事的慈善工作,而出現在美國以外的地方 (例如在 1980年代對尼加拉瓜反抗軍(Nicaraguan contras)提供援助)[2]。也有許多的例子是一直與美國基督教右派組織有聯繫的其他國家的類似組織,或美國組織在當地設立了駐外附屬機構[3]。但是將焦點放在基督教右

---

[1] 見M. E. Marty 與 R. S. Appleby編之《各種基本教義派之檢討》(*Fundamentalisms Observed*), University of Chicago Press, Chicago 1991.

[2] 見 S. Diamond,《精神之戰:基督教右派的政治》(*Spiritual Warfare: The Politics of the Christian Right*), South End Press, Boston 1989, pp.17,109-10.

[3] 關於英國基督教右派一合法的組織分支,羅塞福研究所(Rutherford Institute)之建立,可參見〈宗教的正義〉(Religious Justice)載於《今日福音派》(*Evangelicals Now*), December 1995; 關於焦點放在家庭的加拿大分支可見D. Herman《通過的權利:為同性戀平等而戰》(*Rights of Passage: Struggles for Lesbian and Gay Equality*), University of Toronto Press, Toronto 1994; 關於現今美國福音派活動在第三世界的討論可參見 S. Brouwer, P. Gifford 和 S. D. Rose 編之《美國信仰的輸出:全球的基督教基本教義派》(*Exporting the American Gospel. Global Christian Fundamentalism*), Routledge, New York 1996.

派在美國的發展，對於我們瞭解這一個由三個特徵所界定的運動是相當重要的，這些特徵是：它起源於福音派社群；它的焦點是放在家庭價值與性道德的議題上；它將其承諾投入更廣泛的保守主義政治中。在其他國家中，如英國，這類活動具有前兩個特徵，而在法國則具有後兩個特徵[4]。但是美國的基督教右派則已經塑造出由以上三個特徵所結合而成的政治形式。

　　基督教右派在美國的形成，相對而言也算是一種相當晚近的發展。在福音派次文化（基督教右派完全起源於此）在1920及1930年代的組織，與當代的運動有明顯的不同。他們不僅將對家庭的關注附屬於其他問題上，甚至有些人也與歐洲的法西斯主義（fascism）有共同而明顯的類似性。在戰後各種運動上，不管在全面的政治，以及有時在家庭價值和道德的強調上，和今日的基督教右派有非常類似的地方。然而，它們最後證明無法挑起一個持續的群眾運動，而且從未使「維護家庭價值」（pro-family）的立場成為其訴求的切入點（cutting edge）。如此一來，基督教右派在1970年代晚期出現時，就自認為是一種「新」的政治運動。

運動的根源

　　當代美國政治如果缺乏一種清楚的宗教差異意義，就無法加以理解。在由三個主要集團（白人福音教派、天主教派和所謂主流新

---

[4] 關於英國的道德改革運動可見 M. Durham《性與政治：柴契爾時代的家庭與道德》（*Sex and Politics. The Family and Morality in the Thatcher Years*），Macmillan, 1991; 關於法國天主教家庭的運動可參見 C. Lesselier〈今日的天啟派〉（Apocalypse now），*WAF Journal*, Winter 1992-1993.

教教派）所構成的宗教版圖中，約有五分之一到四分之一的美國人是屬於白人福音教派，此外也有包含較著名的有黑人新教教派（black Protestants）、猶太教派（Jews），以及還有一些沒有宗教承諾的成長團體[5]等的其他一些較小的團體。福音派所主張的耶穌是上帝之子或虔誠信仰將會在天堂得到回報等某些核心信念，也可以在天主教教派、主流新教教派及黑人新教教派中發現到。但是從歷史角度來看，它是白人新教教派中自認為是福音教派、基本教義派或「重生派」（born again）的一個特殊部分。在瞭解到這一點之後，我們必須回到十九世紀末期及二十世紀初期，新教內部區分為相信聖經就是以文字說明的真理的人，以及認為聖經必須以現代學術來詮釋的一種生活指導方針兩派間的激烈爭議。前一個團體，也就是基本教義派，堅持他們所看到的聖經是上帝語言的基礎；而持後者觀點者，則宣稱這不再是基督教的教義。自此之後，此一論戰可使我們看到許多支持聖經就是以字面上之意義來說明（biblical literalism）的人，離開了新教主義所主導的教會，而尋求建立獨立教會。但其中也有一些異議人士仍然留在主流教會中。不過，在現代派較弱勢的美國南部的一般教會成員都較少具有現代意識，就像一直被稱為「為聖經而戰」（Battle over the Bible）的團體，直到最近才從大規模的南方浸信會（Southern Baptist Convention）內部分離出來[6]。

在第一次世界大戰之後，基本教義派的大多數精力都放在反對

---

[5]L. A. Kellstedt 與 J. C. Green，〈認識上帝的許多人：宗派偏好與政治行為〉（Knowing God's Many People: Denominational Preference and Political Behaviour）收錄於 D. C. Leege 與 L. A. Kellstedt 編之《美國政治中宗教因素的再發現》（Rediscovering the Religious Factor in American Politics），M. E. Sharpe, Armonk 1993, p.56.

[6]見 N. T. Ammerman，〈北美新教的基本教義派〉（North American Protestant Fundamentalism），收錄於 M. E. Marty 與 R. S. Appleby 編之《各種基本教義派之檢討》。

學校教授達爾文主義的議題上——這是一項仍持續賦予今日基督教右派活力的關注。但是如果基督教的保守派人士從過去到現在，都要求世界是由上帝所創的說法應該在學校裡被教授，那麼在這兩個時期的政治上就會變得少有聯繫了。基本教義派的興起是發生於大部分贊成種族隔離的白人教會中，而且早期運動可以從許多熱情支持三 K 黨（Ku Klux Klan，它在1920年代確實是個群眾性運動）的倡導者及其信眾的狂熱支持中找到充分的證明。由於強烈的反天主教與激烈的反對在性方面的不道德，三 K 黨這一派於20年代的後半期逐漸衰退，而且在1930年代與某些福音教派有關，並且在天主教教派中有著吸引力的極端右派已經更為衰退。就一般政治活動上而言，1930年代及之後的幾年間，白人福音派已經很少被注意到。許多投票者，已經與神學上的保守主義及政治上的保守主義沒有什麼特別關連，而且就某一個重要的部分而言，宗教信念已使得涉入政治變得沒有什麼意義。他們主張基督教徒的任務是在拯救靈魂，並在為下一個世界作準備，而不是被這種世俗的誘惑打亂了方向。

因為福音派本身在政治觀點上的差異，使得他們在神學立場上也有所不同，而且重要的是，在此廣泛的福音運動中正確地去評估現存三種團體的意涵。若用一種適當轉變的說法，他們原本是基本教義派，但由此以後，會出現一個重要的團體區分，而採取了堅持要和那「未被拯救的人」（the unsaved）區隔出來的這種觀點，而且他們在切割教義議題上的那種令人印象深刻的能力，也會對於耶穌為世界帶來神示的說法產生一種反效果。為了要從更世俗化的同儕中區分出來，他們在1942年組織了全國福音派協會（National Association of Evangelicals）。基本教義派仍然持續更細的團體區分作法，雖然在後來的某些情況下，他們也不得不修正立場而與不同於他們特殊傳統的其他教派合作。最後，在從基本教義派與現代主義派（modernists）之間的爭論中所導致的一項獨特發展，一個強調上

帝恩寵會展現在其追隨者身上的運動，也在二十世紀早期出現。這個被稱為聖靈降臨（the Pentecostals）的運動，強調以語言表達以及信仰治癒來作為「聖靈充滿」（Spirit-filled）經驗的核心，而且從二十世紀中葉開始，這種經驗就在卡里斯瑪運動（charismatic movement）形式的各種不同宗派中廣為散佈。這三種運動團體，以及許多南方浸信會的成員都可被界定為福音派的新教教派（evangelical Protestants）。然而，那並不表示他們都會如此看待自身與彼此，而且在其廣大但分散的潛在擁護者當中，許多已困擾著基督教右派的問題，也都必須以差異的角度來看待[7]。

運動的誕生

美國右派在1950年代晚期至1960年代早期之間，同時有兩個重要議題，也就是對種族隔離政策（segregation）的戰鬥以及與共產主義的鬥爭，而這其間福音派的參與都非常明顯。在南方，白人基督教派通常願意將對黑白隔離提升而加以正當化，而在國家的層次上，像「基督教反共產主義十字軍」（the Christian Anti-Communism Crusade）與「基督教十字軍」（the Christian Crusade）等團體一樣，而在右派對抗蘇聯的運動中扮演一大聲疾呼的角色。對基督教十字軍來說，反對性教育（就如其著名的小宣傳冊子「小紅帽就讀的學校中是否是教授露骨性愛的適當場所？」）便是個主要的議題，而且它也同樣在反對性意識和搖滾音樂的反叛的先鋒戰役，也在往後幾

---

[7]*Idid.*, D. M. Oldfield, 《右派與公正：基督教右派遭遇共和黨》（*The Right and the Righteous. The Christian Right Confronts the Republican Party*），Rowman and Littlefield, Lanham 1996, chapter1.

年被基督教右派所採行。但是這些早期的團體後來都戲劇性地衰微了，而直到1970年代，福音派基督教的實質政治動員才終於被完成[8]。

　　這常常被認為是對美國最高法院在1973年1月決議的一項直接反應，即它廢止了對墮胎管道實施限制的國家法律。然而這個決議卻成了全國性反墮胎運動的發跡，而且就關於什麼對生活來說看起來在道德上是對的而言，這亦是一股強勢的天主教運動。在福音派大規模涉入政治之前又過了好幾年，他們也主張反墮胎，但該主張已不再是促使他們投入動員的議題了。反而，我們必須將福音派視為幾十年來不只在數量而且在資源上都有成長的次文化，他們有自己的學校與學院，還有從雜誌、書籍出版到廣播與電視的各種媒體。為能從更廣泛的文化中贏得人民的支持，同時也尋求使本身在那種文化中保障自己的這種境況，在1970年代卻變得愈來愈困難。墮胎的合法化、色情文學的散佈、同性戀運動的興起，女性角色在社會中的轉變等，以上每一項對一個相信聖經確立了男性與女性、社會與性意識的正確關係的社群而言，都是一種傷害。許多團體因反對女性主義致力於確保一個平等權利的憲法修正案（Equal Rights Amendment to the Constitution）而建立起來，同樣地，也出現許多反對地方性同性戀權利法令的組織。不過，這是後來都引發全國性運動的兩種發展形式。首先，國家被認為已經逐漸涉入。在1960年代早期，最高法院反對在公立學校中舉行禱告的規定並沒有造成廣泛的反對聲浪。然而，在1970年代晚期，國稅局（Internal Revenue Service）對宗教機構所進行稅收調查，以及政府關切基督教學校在教育上是否不適當或種族隔離情形，因而控告許多過度強勢的福音教派菁英，而抨擊一個他們所企圖形塑的隔離世界。第二，關於導

---

[8]*Idid.*, pp.89-95.

致福音教派對是否涉入政治而猶豫不決的情形，保守派活躍份子已成功說服他們應該如此[9]。

對許多社會運動的學者而言，若要動員群眾，則你不僅需要議題與資源，而且還需要領導者，或者是他們有時候描述的企業家[10]。基督教右派這三項全都具備了。我們已經觸及到他們的議題與資源這兩項了，但所謂的企業家呢？我們在此處已看到來自於福音派次文化之內外不尋常的菁英結合。在這種社群之中，宗教廣播以及所謂的「超級教會」（superchurches）兩者的突發性成長，已經給予了特定傳道士一個明顯的群眾支持而且重要的是奉獻者的基礎；然而有些人並不願意涉入其他人更狂熱的政治活動中。這個轉變對出現在1970年代早期的保守主義團體——新右派而言，它已經不太可能再像它原來的樣子了。就像是維里屈（P. Weyrich）及維格里（R. Viguerie）這樣的人，沒有一個是屬於福音派，在1964年高華德（B. Goldwater）競選總統失敗時便被擊垮的保守主義，如果要再次取得勝利，只能採用已經引起多數美國人注目的議題而已。這些議題都部分涉及到反對槍枝管制。但其中許多新右派相信對保守主義有利的議題，特別是在反墮胎與同性戀權利上，都涉及到性意識的問題。當這類全面的性議題被「維護家庭價值」（pro-family）這種名詞所限制時，那接下來可能就會與小孩子在學校教些什麼，或者他們在電視上可能會看到什麼的問題結合在一起。新右派本身已證明了在接下來的幾年中會過於僵化，而且其中許多核心部分持續活躍，它本身也就無法整合了。不過就其後代——基督教右派來說，後來

---

[9] 見 N. T. Ammerman,〈北美新教的基本教義派〉，收於 M. E. Marty 與 R. S. Appleby 編之《各種基本教義派之檢討》, chapter 2.

[10] 見 S. Bruce,《新基督教右派的興衰：美國的保守派新教政治1978-1988》（*The Rise and Fall of the New Christian Right. Conservative Protestant Politics in America*, 1978-1988）, Claredon Press, Oxford 1988, pp.20-21.

證明更可能如此[11]。

信仰、家庭與政體

就像我們接下來會進一步討論的，基督教右派經歷了至少包括其領導階層之類的重要變遷。在早期，如果像法威爾（J. Falwell）及拉黑（T. LaHaye）這種基本教義派份子特別卓越的話，那麼該運動的第二個十年中就已經看到了羅勃遜（P. Robertson）———一個具有個人魅力的宗教領袖，與道柏森（J. Dobson）———福音派的興起了[12]。但在這些多樣性當中，基督教右派已經將信仰與政體之間關係的特殊觀點下結合了。為了最佳地掌握這個關係，我們必須檢視這種運動的世界觀中四個核心元素：公民權、家庭、國家與世俗主義。

公民權

在建構基督教右派時，某些福音派持續反對涉入政治的態度，一直是個特別的障礙。法威爾自己在1960年代中期就是透過主張基督教徒的唯一任務就是「為這個世界傳道」（preach the Word）來回

---

[11]M. Durham,〈家庭，道德與新右派〉(Family, Morality and the New Right),《國會事務》(*Parliamentary Affairs*), Spring 1985; M. Durham,〈墮胎與美國的道德政治〉(Abortion and the Politics of Morality in the USA),《國會事務》, April 1994.

[12]見 M. Moen,《基督教右派的轉化》(*The Transformation of the Christian Right*), University of Alabama Press, Tuscaloosa 1992; D. M. Oldfield,《右派與公正：基督教右派遭遇共和黨》。

應公民權運動（civil rights movement）[13]。這有時被簡單認為是對白人特權的捍衛，但重要的是，要注意到法威爾不只是將其主張運用到黑人對平等的要求上，他也將其涉入反共產主義的運動中。不過隨後，他卻認為他較早期的發言只是一種「虛假的預言」（false prophecy）罷了。與其說避免涉入政治，不如說他現在相信「作為一個教徒，我的責任是要將聖經的真理應用在每一個政府的作為上」。在我們宣稱應該讓凱撒的歸凱撒，上帝的歸上帝時，也許耶穌現在只能被視為是對人類困境，以及生活在上帝與人類同一時空下的一種參考而已。當這兩個世界間出現衝突時，第一個世界應被優先考慮。當人類的法律是錯誤的時候，「我們必須不屈不撓地去改變它」。

　　然而，在反對那些持續堅持虔誠信仰和政治不相容的主張者的說法時，基督教右派在解釋其政治計畫的目的時，就已經非常不清楚了。就某種程度而言，就像我們之前已經建議的，它部分是以一個整軍備戰之社群的捍衛而提出來討論的。舉例來說，拉黑談到資源的問題，「上帝已給予我們……有了它我們便和基督徒家園分離了」的想法來抗拒該攻擊。迄今，基督教徒仍然忽視政治行動，但是將參與選舉當作是在實踐「協助我們脫離家庭的良好公民權」（good citizenship that helps to insulate the home）。

　　然而從事政治活動並不只是為了保障一個反對國家侵入的次文化。拉黑宣稱，美國必須帶回傳統道德價值與位於權威地位的公道。同樣地，對法威爾來說，基督教徒已經開始瞭解到政府的作為會影響到他們的生活，而且他們所反對的政策可能會在投票中被挑

---

[13]P. D. Young,《上帝的威脅：對傳教士與政治的本土回應》（*God's Bullies. Native Reflections on Preachers and Politics*）, Holt, Rinehart and Winston, New York 1982, pp.310-13.

戰。但是他也主張，已經被動員的基督教徒的任務是要去引導著美國「回歸基礎、回歸價值、回歸聖經的道德性」[14]。

在這兩種不同觀點的緊張關係中，保障了一塊被圍繞起來的領地，並且再度宣示了一個擁護上帝的國家文化，但仍然有明顯混淆的空間。就這種運動的自由派反對者看來，它試圖將一種具有單一性的宗教加諸在一個多元社會中，而以神權取代民主。但是對於展現了一種稱為基督教再建構主義（Christian Reconstructionism）的某些人來說，基督教右派的問題正是他們逐漸無法遵循信仰應該主導整個世界的上帝指令的邏輯行事。他們認為舊約（Old Testament）之中包含一個基督社會秩序創建的詳細指引，在其中，同性戀者、姦夫——以及無藥可救的叛逆小孩！——都將受到主的懲罰[15]。

基督教公民權運動在概念上的模稜兩可，有一種額外的複雜度。到目前為止，我們已經說明了基督教右派的福音教派之根源，但就如同我們之前已經提過的，福音教派只限於少數的美國人民。此派的領導階層是在其所處社群成形與塑造的，但是他們仍尋求超越該社群。藉由喚醒共同道德的概念或共享的猶太基督教價值，基督教右派試著將白人福音教派與天主教派、正統的猶太教及其他教

---

[14]F. Fitzgerald，《山上之城：當代美國文化之旅》（*Cities on a Hill. A Journey through Contemporary American Cultures*），Picador, London 1987, p.170; J. Falwell，《旅行的力量》（*Strength for the Journey*），Simon and Schuster, New York 1987, pp.337, 343-4; J. Falwell，《基本教義派現象》（*Fundamentalist Phenomenon*），Doubleday, Garden City 1981, pp.194-5; J. Falwell，《聽，美國！》（*Listen, America!*），Bantam Books 1980, p.17; T. LaHaye，《為家庭而戰》（*The Battle for the Family*），Fleming H. Revell, Old Tappan 1982, pp.206, 224-25; T. LaHaye，《為心靈而戰》（*The Battle for the Mind*），Fleming H. Revell, Old Tappan 1980, p.10.

[15]S. Diamond，《精神之戰：基督教右派的政治》，pp.135-39; N.T. Ammerman，〈北美新教的基本教義派〉，pp.49-54.

派結合在一起。在這麼做的時候,它經歷了一種否認福音教派堅信的持續風險,即透過堅定其信仰以及單獨地,他們就可以得救的必然主張。在這個意義下,基督教右派因為也包含了非福音教派份子,所以就不能被視為福音教派社群的政治表達。

進一步來說,基督教右派並未包含所有的福音教派。舉例來說,在1970年代早期,為人所熟知的芝加哥福音教派社會關懷宣言(Chicago Declaration of Evangelical Social Concern)的簽署人,便極力主張基督教徒已無法證明「上帝對於蒙受社會惡習者的愛」、或宣示「祂對一個不公正美國社會的正義」。雖然在福音教派光譜的另一端,仍有那些相信與假上帝的信徒聯合就是背叛真正信仰的嚴格基本教義派[16]。基督教右派比任何一種教派都要來得有影響力,但是其在政治目的上的模稜兩可——無論它意圖去參與或是去統治——都因為無法為所有福音教派辯解,以及它成功地伸展入其他宗教的傳統而加深了。

國　家

基督教右派的許多措詞都與一種回歸美國的概念有關,同時在重新掌握其界定精義以及回到早期較無宗教意味的時代都是如此。這種許諾接著又與美國特殊性的通常信念相互連結。因此,對羅勃遜來說,上帝承諾古代以色列人如果持續信仰,那麼上帝將使其富強。他主張這對美國而言也是如此。

---

[16]M. Cromartie,〈修補這個世界〉(Fixing the World)載於《今日基督教》(*Christianity Today*), 27 April 1992; S. Bruce,《新基督教右派的興衰:美國的保守派新教政治1978-1988》, p.173.

我們已經比所有最富足的帝國還要富有。我們也已經比任何巨人擁有更大的軍事力量。我們已超越了世界上的所有國家。

這是因為那些人已經——

發現在這塊土地上立有神聖的契約，他們都是上帝的子民，這裡是個基督教的國度。

然而今日，面臨國家的非道德性，上帝已經背棄我們：美國輸了越戰、陷入經濟蕭條，而且他們的孩子迷失在毒品與疾病當中。現在上帝已經保留他全部的審判。但是如果基督教徒沒有贏得勝利，那麼「這個曾經值得驕傲，充分被祝福的基督教國度」將會崩解[17]。

家　庭

　　基督教右派的核心議題就是「維護家庭價值」政治這個概念。因此，根據拉黑在1980年代一開始所寫的著作，他認為一場戰爭已經展開，而陷入危急關頭的事情就是「傳統家庭」（the traditional family）。墮胎的合法化已經造成了「未出世嬰兒」的「大量謀殺」，舊金山已變得「像Sodom與Gomorrah」一樣了，而且「未婚生子的青少年」（unmarried teens）則鼓勵了性行為。國家陷入戰爭中的意象幾

---

[17] P. Robertson, 《潮流的轉向：自由主義的式微與一般直覺派的興起》（*The Turning Tide. The Fall of Liberalism and The Rise of Common Sense*），World Dallas 1993, pp.292-303.而關於美國是上帝所選擇的國度，這方面更多的討論可參見M. Lienesch, 《救贖美國：新基督教右派中的信仰與政治》（*Redeeming America. Piety and Politics in the New Christian Right*），University of North Carolina Press, Chapel Hill 1993, chapters 4-5.

乎是在道柏森將美國描述為正面臨「為人民的心靈與精神」的鬥爭一種新內戰的大約十年後顯現出來。再次強調的是，就是教會與家庭被視為不屈不撓的堅持者，而且與其說這場武器之戰，不如說是場論述之戰（a war of discourse）。在這項衝突中──

> 敵視家庭、信仰與傳統的勢力似乎有其內在路線。因為控
> 制了大部分的主要溝通工具，他們能夠隨時地操控文字及
> 其意義，為了提升現代主義的議題。

像美德這種字眼就被價值這樣的字眼所取代（當然我們一直認為他們是有關係的）。同性戀不再被認為是異常的與新的語彙，同性戀恐懼症（homophobia），適合於「用來定位任何反對同性戀權利議題的人……透過語義上的變遷，常態被放在被捍衛的地位。」道柏森宣稱針對文化的戰爭中，所有最重要的戰場都涉及學校課程的議題，因為這些可以用來控制決定國家未來的年輕人。這在英國顯然已經太遲了：「對他們而言，內戰結束了。傳統主義者輸了」。而現在，美國猶太──基督教價值備受攻擊。道柏森警告我們，如果家庭崩潰了，那麼「國家的心臟地帶就會廣泛地掀起文化革命」[18]。

家庭正面臨攻擊的信念必然引起這樣一個問題：家庭正被誰攻擊？這部分答案是女性主義。因此，對法威爾來說，女性主義者相信「上帝在創造兩個不同人種時便已犯下一個錯誤」。他們拒絕接受男性與女性應該在社會中扮演不同角色的說法。女性要成為妻子與母親，而男性則是家庭的首腦，並給予「妻子榮耀，就像推她們進入易崩解的船一樣」。

---

[18] T. LaHaye,《為家庭而戰》, pp.32, 49; J. Dobson 與 G. L. Bauer,《在危機中的小孩：為我們孩子的心與精神而戰》（*Children At Risk. The Battle for the Hearts and Minds of Our Kids*）, Word, Dallas 1990, pp.19-20, 35-36, 43-44, 217-23.

但是女性主義只是攻擊家庭的一個來源而已。另一種則是同性戀，這是一種「對上帝的背叛」，這對法威爾來說代表了第二種對神聖角色分派的拒斥。在家庭之中，男性必須主導，而女性必須服從，是「上帝創造萬物的秩序」，而同性戀女性主義者一樣，反對這類秩序[19]。

世俗主義

但是，攻擊家庭價值的最終來源不是女性主義就是同性戀運動。在拉黑的思考中，這個攻擊是由那些背棄上帝與絕對道德性的人所挑起。他宣稱對教會與家庭宣戰就是世俗的人道主義者，而且也是「滲透到我們文化的最重要制度中」，直到他們已經開始主導美國為止。同樣的，對道柏森而言，傳統主義者相信聖經中所說的婚前貞節與忠誠，但他們的對手卻反對上帝，並依照他們「看起來」是對的事情來界定權利。就是後者的價值現在支配了社會的權力核心，而且如果基督教徒無法捍衛「他們祖先交到他們手中的信仰與價值」，那麼「無道德、無神論的官僚與教育家」將會獲得勝利[20]。

之前，我們提及道柏森企圖「提升現代主義式議程」的作法。基督教右派在很多方面可以被視為，不只是在延續早期的「為聖經而戰」，而且現在還從事甚至更古老的戰爭。對道柏森而言，十九世紀是「一個是知識狂熱的時代」，這個時代帶來了——

三個主要的人物：馬克思（Karl Marx）、達爾文（Charles

---

[19]J. Falwell, 《聽，美國！》, pp.130-31, 157-59.

[20]T. LaHaye, 《為家庭而戰》, pp.32-33, 43; J. Dobson 與 G. L. Bauer, 《在危機中的小孩：為我們孩子的心與精神而戰》, pp.20-22, 41.

Darwin），以及佛洛依德（Sigmund Freud）……他們獻身於揭穿聖經的假面具，轉而反對超自然，並教授他們本身的理性主義式理論，而認為人與所有動物界中的生物都只是盲目演化的產物。

他認為不可避免的結果是一場凶殘的蘇聯革命，就像「想要把上帝從祂的寶座上拉下來，並在祂的原有位置上為理性加冕」啟蒙運動的有害想法，導致了「法國大革命的恐怖」一樣。對拉黑來說，人道主義的邪惡甚至可以進一步回溯到文藝復興時期對人的讚頌，甚至可以回溯到阿奎那（Thomas Aquinas）及其對古希臘思想的崇拜，這些思想在十三世紀都曾給予一種對人類理性能力的信任會勝過聖經天啟的這種想法一種新生命[21]。

基督教右派可以視為一種專注於與其他社會運動對抗的社會運動。在一較廣泛的意義下，它自認為是在擁護一種長久以來都在和一個日漸強大的世俗對手爭戰的宗教世界觀。然而，對某些人來說，這個主張仍然可以更進一步加以說明。如果美國的道德衰退是因為敵人的陰謀所致，那麼它隨後就必須要和所有最偉大敵人的無休止鬥爭連結在一起。當他們被帶離現世時，而被留下來的人會遭受到一種可怕的苦難，這個時刻還是會到來（而且會很快，多數的福音派成員都這樣認為）。一個可怕的暴君，也就是反基督的人，在一個激烈戰爭——世界末日（Armageddon）——來臨之前，會統轄世界上所有的國家，但邪惡的力量將會被克服，而耶穌會再度回來統治信徒。在這樣一個劇本中，反基督教陰謀者的作為必須在天啟神示中被看到。在運動的早期，在拉黑的作品中這是特別明顯，而

---

[21]P. Robertson,《新千禧年》（*New Millennium*）, Word, Milton Keynes 1990, pp.10-11, 50; T. LaHaye, 《為家庭而戰》, pp.28-30.

在1990年代羅勃遜已經極力倡導「第五欄」（fifth column）這種人文主義觀點，將這個朝向「單一世界政府」（one world government）的作法作為路西佛古老計畫（Lucifer's age-old plan）的一部分[22]。

基督教右派與共和黨

幾個1970年代末期出現的基督教右派組織中，最重要的是法威爾的道德多數派（Moral Majority）。道德多數派激烈地反對女性主義以及同性戀運動，它將本身視為一捍衛傳統家庭價值，但不會只將自己限制在這個關注點上。它主張一種強勢的捍衛政策才是唯一能使美國免於「無神論共產主義」（godless Communism）的方式，而且捍衛自由的關鍵部分就是保護以色列不受阿拉伯國家的攻擊。進一步來說，自由企業被視為已「在箴言書中清楚地勾勒出來」（clearly outlined in the Book of Proverbs），雖然道德多數派並沒有對此（或法威爾對福利支出之譴責）有如對性別政治和外交政策一樣給予同樣的關注[23]。基督教右派廣泛被讚揚其動員相當數量的選民投票給雷根（Reagan）和其他共和黨員，但他們自己卻發現1980年代是個令人沮喪的時期。雖然大部分與更廣泛的保守派運動共同的議題都（至少部分地）被達成了，但其所對墮胎或性教育這類議題的特定關注，卻仍然在共和黨的政治議程中遠遠不受重視。

---

[22]T. LaHaye，《每個人都應該瞭解的同性戀真相》（*What Everyone Should Know About Homosexuality*），Tyndale House, Wheaton 1978, pp.203-204; P. Robertson《新千禧年》，pp.136, 13; P. Robertson，《新世界秩序》（*The New World Order*），Word, Dallas, 1991, pp.252-56, 92, 37.

[23]J. Falwell，《基本教義派現象》，pp.189-90, 212-16; J. Falwell，《聽，美國！》，pp.12,11.

因此，由於相信上帝曾告訴過他要親自實踐，所以羅柏遜（在1988年挑戰布希（G. Bush）爭取該黨總統候選人的提名。他被擊敗了，甚至並未得到基督教右派許多的支持（在此，雖然對競選能力的關注是最重要的，但是在羅勃遜個人魅力的信念與法威爾基本教義派間的緊張關係也是很重要）。而且這與福音派社群中關於性關係及財政醜聞，以及法威爾決定解散道德多數派並將重心放在聖職上的這類事相互一致，羅勃遜的失敗使基督教右派似乎陷入混亂，而其中某些錯誤導致最終的衰退。

然而它其實導致了基督教聯盟的興起。由羅勃遜所建立，但是在一個前共和黨學生活躍份子——里德（R. Reed）的日常領導之下，這個新興組織已成為1992年共和黨年會中黨內的一支主要勢力。與早先的發展潮流相比，在1990年代的基督教右派，是由許多有重要策略（及神學）差異的組織所組成。但是在1980年代，基督教右派還不是共和黨內的主要組成部分。而在近幾年來，這已經開始轉變了，以至於一個估計宣稱它是十八個國家政黨中的主導勢力，同時也是其他十三個國家政黨中的其中一個重要勢力（純粹由數字來看，1995年基督教聯盟宣稱擁有一千六百萬個成員）。但是這若沒有某些妥協不可能被達成，而且運動的未來一直是某些爭論的問題[24]。

1992年共和黨年會產生了一個受到基督教右派關懷議題所強烈影響的黨綱。想要從強烈反墮胎立場上轉移的企圖遭到挫敗，而同性戀權利的合法化受到公然抨擊而且同性戀婚姻也遭到反對。但結

---

[24]M. Durham,〈墮胎與美國的道德政治〉; M. Durham,〈通往勝利之路？美國右派與柯林頓政府〉（The Road to Victory? The American Right and the Clinton Administration）載於《國會事務》, April 1996; D. M. Oldfield,《右派與公正：基督教右派遭遇共和黨》。

果不是布希而是柯林頓（B. Clinton）贏得選舉。對這個挫敗的一種回應，是重新檢討什麼才是「維護家庭」策略可能涉及的事項，而且在次年，里德發表了一篇文章，其中主張不要再將重心不成比例地放在墮胎與同性戀這類議題上，該運動必須發展一個更廣泛的議題，而討論如稅收、犯罪與政府浪費的議題。他宣稱，福音教派與天主教教派的最主要關懷不在於「制定法律以對付他人在信仰上的罪惡，而在於保障家庭的健康、福利與財政安全」[25]。

在接下來的幾個月中，基督教聯盟支持了一些並未全心反墮胎的共和黨候選人；而且當共和黨的領袖提出「與美國締約」（Contract With America）的議題成功地企圖為許多該黨的國會議員呈現一個全國性的政綱，儘管該契約省略了任何有關如墮胎或同性戀權利的議題，但基督教聯盟還是使其本身風光了一下。並在忠誠地支持金瑞契（Newt Gingrich）的策略過了新共和黨國會的第一個百日之後，基督教聯盟確實在「與美國家庭締約」（Contract With The American Family）的形式中，提出其本身的各種明確政策。但是它強調，這應該被視為十項建議，而非十誡（Ten Commandments），而且它所建議的墮胎（不像同性戀權利）所顯示出來的，是一項對墮胎的限制，而不是一種禁令[26]。

這個方式引來其他地方的基督教右派的攻擊砲火。其中一個團

---

[25]Oldfield, *ibid.*, chapter 6; D. Balz 與 R. Brownstein, 《大聲扣門：抗議政治與共和黨的復興》（*Storming the Gates. Protest Politics and the Republican Revival*）, Little, Brown and Co., Boston 1996, chapter 7; R. Reed, 〈拋出一更廣的網絡〉（Casting A Wider Net）載於《美國基督徒》（*Christian American*）, July-August 1993.

[26] 《和美國家庭訂約》（*Contract with the American Family*）, Moorings, Nashville 1995, p.xi; M. Durham, 〈通往勝利之路？美國右派與柯林頓政府〉, 載於《國會事務》。

體——基督教行動網絡（Christian Action Network），已經批評早先要求更廣泛議程的訴求，更提出了一個與里德相對立的契約。更重要的是，道柏森的強調將焦點放在家庭上組織，以及一個聯盟團體——家庭研究協會（Family Research Council），日益憂慮運動可能在共和黨政客手中崩潰的危險。有著超過兩百萬的郵寄名單，這個聯盟讓基督教聯盟的主導地位，以及里德與道柏森仍然堅持的共和黨策略造成一個真正的威脅，家庭研究協會的領導者，道柏森及包爾（Gary Bauer）更為清楚地表示，如果共和黨沒有優先考量其關注點的話，那麼他們將會轉而支持第三黨[27]。

對基督教右派的反對

除了內部差異外，基督教右派也必須面對來自外部的反彈。就像「追求美國方式」（People for the American Way）的這類團體，已經被建立起來以號召來反對它，而且各種長期建立的組織，如美國公民自由同盟（American Civil Liberties Union）也同樣很活躍。女性主義與男同性戀組織已經被動員來反對一種尋求將他們從1960年代以來已取得的成就撤回之運動。猶太組織已經對羅勃遜及其他主張反閃族主義（anti-semitism）的基督教右派領導者提出控訴，而主流新教教派與天主教教派的領導者（以及某些福音主義者）也將其描述為無情地走向貧窮的運動，而且領頭的民主黨人士則指責它使共

---

[27]W. L. Anderson,〈前進的基督教戰士？〉(Onward Christian Soldiers?) 載於《理性》(Reason)，January 1994; J. H. Birnbaum,〈根據瑞福所言的福音〉(The Gospel According to Ralph) 載於《時代》雜誌 (Time)，15 May 1995; C. Curtis,〈提出一個契約〉(Putting Out a Contract) 載於《今日基督教》，17 July 1995.

和黨表現像「上帝本身的政黨」（God's Own Party）。這個關聯到基督教右派對手的議題，同時涉及到各種權利以及美國經驗本身的性質。他們主張基督教右派會危及到自由，而且無法符合在兩百多年前權力法案所確立的政教分離原則（the separation of religion and the state）[28]。

如何來評價這些論點呢？基督教右派不相信有墮胎或同性戀的權利，而且其活躍份子也質疑任何有權做他們看來在道德上錯誤的事情的價值。就像他們自認為的一樣，他們反對當代自由主義。但是他們是在尋求將一個宗教道德加諸在一個世俗國家之上嗎？基督教右派反對憲法在信仰與政治間以一道牆區隔開來的宣稱。根據里德的說法，即使有最好倡導者，當宗教保守派所要求的只是「彈丸之地」（place at the table）時，他們一直都被不公平地抨擊了。他認為美國憲法第一條修正案從未意圖否認信徒參與政治的權利。他們的目標只是要有更安全街道、已改善的學校以及更強化家庭的地方。「美國看起來會更像它前兩個世紀存在時一樣」；但是他又接著說，在某一方面它有著很重要的差異：美國白人福音教派曾經一度支持奴隸與種族隔離政策。他們現在應該打破過去的種種，並且「建立一個包含美國充分種族多樣性的真正包容的運動」[29]。對它的對手而言，如果這樣的語義應該被視為一種措詞而非真正的寬容，

---

[28] 見 D. Cantor,《宗教右派：對美國的寬容與多元主義的攻擊》(*The Religious Right. The Assault on Tolerance and Pluralism in America*)，Anti-Defamation League, New York, 1994; R. Boston,《美國最危險的人？羅勃遜與基督教聯盟的興起》(*The Most Dangerous Man in America? Pat Robertson and the Rise of the Christian Coalition*)，Prometheus Books, Amherst 1996.

[29] R. Reed,《革命之後：基督教聯盟如何影響美國》(*After the Revolution. How the Christian Coalition is Impacting America*)，Word, Dallas, 1996, pp.40, 75-80, 28-32, 37, 236, 241.

則重新定位基督教右派的嘗試便只是里德擴展運動基礎野心的一種手段。當然也就會引起基督教右派是否可以被視為一種捍衛性運動，或者只是一種想成為宗教霸權的質疑。

結論：勝利或考驗？

從基督教右派發跡的幾年中，它已變成了一種廣泛而且更重要的是一種精緻的運動。在共和黨中運用可觀的影響力，而成為共和黨政客考量的一個核心，這從基督教聯盟每年所舉辦的「邁向勝利之路」（Road to Victory）會議上的表現可以得到很好的證明[30]。但是它並非是一個聯合的運動，而且甚至要從共和黨行列中明顯退出的可能性也很少，里德對於妥協及重新思考「維護家庭價值」政治意義的意願並不必然與其追隨者的觀點一致[31]。無論現行策略持續與否都非常不清楚。但是這個運動將不會就此消失。因為它並不是一般的保守主義。福音派以其特有的語言及自我界定的關注涉入政治。某些人或許會被同化到傳統政治中，而且有些人也許將會從混亂中脫身而出，再一次等待主的救贖而將政治留給惡魔撒旦。但是現在他們都已經被動員，這個自稱為上帝軍隊的運動將不會輕易地遠離已被它所深深影響的政治過程[32]。

---

[30] 見〈總統候選人出席會議記錄〉（Presidential candidates address conference attendees）載於《美國基督徒》，October 1995.

[31] 見 Anderson〈前進的基督教戰士？〉；C. Wilcox,《前進的基督教戰士？美國政治的宗教右派》（*Onward, Christian Soldiers? The religious Right in American Politics*），Westview Press, Boulder 1996, p.139.

[32] 見〈上帝軍隊對戰爭的計畫〉（God's Army Plans for War），《蒙大拿基督教》（*Montana Christian*），January-February 1992.

第五章
伊斯蘭教的政治思想

Phil Marfleet

導言：上帝與變遷

　　1985年在北倫敦出現了一些不尋常的塗鴉景象。在路邊招牌與火車站裡的牆壁上出現大批文字在宣示著「討伐異教徒！」（JIHAD！）。在幾年前，阿拉伯這個詞語只要外在於穆斯林社群就沒有什麼影響力了，甚至在此，它也只是從屬於其意義與脈絡有關的爭論當中。然而，在1980年代中葉，伊斯蘭的行動實踐主義（activism）成了一股茁生的力量。伊朗的革命已經暗示了我們，宗教可能會以其新興的能量注入第三世界的政治當中，而且「討伐異教徒」將廣泛地被詮釋為一種政治的鬥爭或甚至是一種反世俗權威的戰爭。當穆斯林的行動實踐人士挑戰了跨越中東的國家結構，且將他們的影響力散佈至非洲與亞洲時，我們會得到的一個訊息是「政治的」伊斯蘭可能有著一個全球性的擴張取向。參與行動實踐的浪潮開始在歐洲與北美快速地成長起來，特別是在城市的年輕人，激起媒體的挑釁旨趣、焦慮以及通常帶有很大敵意的：「反穆斯林恐慌」（anti-muslim panic）[1]。然與此敵意所相應的，伊斯蘭行動實踐主義似乎也在蓬勃發展。在1990年代早期，它已經變成在西方的穆斯林社群中的一個強大吸引力中心了，而且它正從更廣大的社會中吸收它的皈依者。然而，到底什麼才是導致這種反應的政治本質呢？而且今日之行動實踐運動的地位又是什麼呢？

　　自從1979年伊朗革命發生以來，一種新的伊斯蘭政治的思想開

---

[1] 關於美國的反應可見J. Esposito,《伊斯蘭的威脅：迷思或是真實？》(*The Islamic Threat: Myth or Reality?*）, Oxford University Press, New York 1992, chapter 6.

始散佈到全世界。這些都可以從宗教行動實踐主義或伊斯蘭主義[2]的政治得到確認，並且它們是經由一些基進變遷與強烈地強調政治行動的想法，而自主流的伊斯蘭思想中分化出來的。雖然伊斯蘭主義在一百年之前就發展了，而且在二十世紀當中也已對具伊斯蘭教勢力的地域有了深遠的影響，但是它較廣泛的衝擊其實是要歸於更為近期的發展。

在大部分以伊斯蘭教為支配性傳統的國家中，宗教的意念和制度都具有著一種保守的特質。就如同所有的幾個主要宗教一樣，他們傾向去支持現存的社會與政治安排，而且不鼓勵那些對此質疑的努力。但伊斯蘭主義挑戰了這種正統的說法。雖然它在意識形態上也有高度保守主義的面向，但是伊斯蘭的行動實踐主義一般說來，表現出一種對社會從屬部分的不安與不滿，他們對分享權力抱有熱望，或者說希望在政治系統中擁有一支配性的角色。因此伊斯蘭主義者的運動通常被指涉為「政治的」伊斯蘭之表現[3]。

伊斯蘭主義者通常高度地批判世俗的權威，以及那些穆斯林的統治者，他們相信這些人已和一般的宗教義理相妥協了。這樣的統治者常常被批評為不正義的，並批評他們和非伊斯蘭教（通常是指西方）的勢力合作，以及伊斯蘭法律（shari'a）[4]不正確的適用而助長了穆斯林國家間的分裂。由於對行動實踐的宣稱，經常都會被導

---

[2] 在此伊斯蘭主義這個名詞被用來意指一個被引導至基進變遷的行動主義政治，它是經由參考伊斯蘭傳統來定義的。不過它應該和制式的保守主義政治勢力區分開來，像是阿拉伯世界的君主政體，它是在宣稱一種禁止政治活動的宗教權威。

[3] N. Ayubi，《政治的伊斯蘭：阿拉伯世界中的宗教與政治》（*Political Islam: Religion and Politics in the Arab World*），Routledge, London 1991, chapter 1.

[4] Shari'a字面上是「方式」（way）的意思，它通常被定義為伊斯蘭的神聖法律。

向去反對上述那些統治者，以至於該政治系統會要求再結合入一種具備「真正的」伊斯蘭教義，或者說，這個政治系統其實理應被一個真正的伊斯蘭國家來取代。伊斯蘭政治思想因此著重在許多相互關聯的論題上：神聖高於俗世權威的主張；在上帝監督之下，對社會諧調的需求；穆斯林統一體的達成；以及積極為伊斯蘭主張來運作的義務，通常這些都和「討伐異教徒」（jihad意指苦幹或努力）有關。

　　儘管對多數的伊斯蘭主義運動而言，這些議題是為他們共同的背景。然而，就政治的策略來說，那些行動實踐主義者卻明顯地表現出不一致的現象。一方面，這些運動是將焦點放在改革上，亦即嘗試透過發展他們在國家結構上的影響力來產生轉變的改革。因此，在埃及、約旦及阿爾及利亞的穆斯林夥伴們已試著要去建構出國會的聯盟，如此便可為一個新的社會秩序立法。在土耳其，1996年組成政府的福利（Refah）政黨，也表現出這種潮流（大部分是以合法的改革為之）──一個指向那腐化的世俗權威之伊斯蘭漸進主義的目標。於此，對於再重塑這個合法結構的嘗試，其本身也是伊斯蘭教所要去奮鬥的焦點。

　　更多堅持著伊斯蘭主義思潮的人，已採取了一個暴動式的策略。因此，伊斯蘭團體（gama'at islamiyya）的軍隊，以及埃及的討伐異教徒組織才會試著要去從世俗的權威中奪回國家。對摧毀世俗結構與建構一既新又完全為伊斯蘭政治需求的強調，使得他們為了伊斯蘭領導者所帶領的穆斯林群眾革命而組織了起來──一種被看成是緬懷左派列寧式類型的架構[5]。有一種稍微類似的策略被伊朗的何梅尼及其支持者所遵循，也已經被阿爾及利亞中某些激進份子嘗

---

[5]O. Roy,《政治伊斯蘭的失敗》（*The Failure of Political Islam*），I. B. Tauris, London 1994, p.3.

試過了。所有這些基進運動的觀點都看到了這個義務，意即主張伊斯蘭教只會經由反抗不信仰者（kufr）的制度才能完全被滿足。在此「討伐異教徒」暗示了衝突，甚至暗示了戰爭。

漸進主義和基進主義的思潮在其他眾多的運動中，標示出了伊斯蘭政治光譜的對立極端。有些人在這些模式間改變他們的政治策略，就像是巴勒斯坦的伊斯蘭反抗運動（Islamic Resistance Movement, Hamas）[6]以及黎巴嫩的黑茲巴拉（Hezbollah），或者是如同那些沙烏地阿拉伯或利比亞的地下反對組織一樣而採追隨高度陰謀論軍事家的途徑。然而，這兩翼之間最基本的差異卻都在西方社會中引起了回響。舉例來看，在英國，那些行動實踐份子大部分都是被這兩種潮流所引出來的。穆斯林兄弟的青年回教團體（Muslim Brotherhood's Young Muslims）強調改變信仰與轉向（da'wah）及影響力的積累。而在基進主義這一翼來看，自由派政黨（Hizb al-Tahrir）以及僑民（Al Mujahirun）都強烈地抨擊世俗權威，而且還預示了一個更為創傷性的方式來對抗國家。

這種模式所隱含的是關聯於教派、團體、運動及政黨間的範圍與複雜性。對他們的特定特徵以及他們之間關係的瞭解，是需要將每一種都放在社會、政治與文化的脈絡下來看，並且要和主流的思潮來相比。事實上，這種分析常不易達成，絕大部分是因為西方媒體的傾向以及學術界，都將穆斯林行動實踐主義視為是一種未分化的領域所致，他們通常被掛上「基本教義派」的稱號。在此，宗教的行動實踐主義被視為是一種對原始信仰的偏好——一種基礎或本質價值的主張——，而且對於要透過運動來提升其政治觀點的這種

---

[6] 巴勒斯坦是個特殊的案例。此處伊斯蘭主義所反抗的是其行動主義者所認知之侵入伊斯蘭世界的力量。作為一種民族熱望的表達，Hamas和殖民時代的伊斯蘭有許多共有的東西，例如：巴納的回教兄弟團體。

考量來說，空間還是少了一點。

東方主義的問題

西方對伊斯蘭的敵意係有著長遠的記載。這種不可變性亦限制了他們對產生激進主義運動之伊斯蘭歷史與發展的瞭解。

經過了過去的二十年，東方主義的問題意識——有關「東方世界」（the East）的預設，它長期助長了一些觀點，即認為伊斯蘭是倒退了以及勢微了的想法[7]——開始成長起來了。東方主義不僅不認為伊斯蘭思想是一種可挑戰基督教歐洲啟蒙傳統的那種乖張且邪惡的力量，而且還認為穆斯林本身只是個伊斯蘭衝擊下——卑劣、暴力與「狂熱」——的承擔者罷了[8]。儘管對這種觀點之曲解效果的醒覺力已提升了，但是那些對伊斯蘭高度偏見的說法還是持續出現的。在1980年代，在許多被寫出來的書當中，少數的書名即例舉了這個問題：《神聖的憤怒》（*Sacred Rage*）、《聖潔的恐怖》（*Holy Terror*）、《聖潔的戰爭》（*Holy War*）與《伊斯蘭的短劍》（*The Dagger of Islam*）等，在在都表現出一種充滿暴力與威脅性的「基本教義派」的色彩，一種對一直以來就與西方國家畫上等號的「文明」之攻擊。

---

[7] 見 E. Said，《東方主義》（*Orientalism*），Penguin, London 1978; A. Hussain, R. Olson & J. Qureshi，《東方主義，伊斯蘭與伊斯蘭教派》（*Orientalism, Islam and Islamists*），Amana, Brattleboro 1984.

[8] 繆勒子爵（Viscount Milner），1890 年代英國在埃及殖民地的行政首長，藉由描述埃及人為「最溫順與脾氣最好」但「在宗教的緊握中，卻是最不寬容與最狂迷」的說法總結了這些觀點，見Viscount Milner，《英格蘭在埃及》（*England in Egypt*），Edward Arnold, London 1920, p.4.

當代伊斯蘭主義常被用來作為表現著全部的伊斯蘭。舉例來說，歐布里恩（C. C. O'Brien），一個歐洲的新聞記者及時事評論者，就曾說過：

「基本教義的」伊斯蘭是個以一種危險方式而使我們知覺遲緩的誤稱。它藉由暗示著還有一些其他種類的伊斯蘭來達到這一點，而這種方式可以很好地處理那些拒斥可蘭經的人。但事實上不是如此，……今天在回教世界中發生的事，不是那種被稱為回教基本教義派的偏差現象，而是伊斯蘭本身的一種復興——這是西方優位與西化之後回教菁英們所不再能夠抑制與控制的力量。討伐異教徒的呼聲已經回來了[9]。

在此觀點中所隱含為，伊斯蘭是場戰爭，而回教徒則是這種暴力所未加思考的擔綱者。事實上，這樣一種思考途徑會促使「我們」——一群預設自己有卓越理解能力的西方聽眾——去停止這類批判的能力，去拆卸掉回教徒與非回教徒間誤解的帳幕。以至於，要理解伊斯蘭傳統或對當代伊斯蘭運動有所瞭解，已變得不太可能了。

所以一種相當不同的思考途徑便是需要的，我們必須認知到宗教的理念與制度，就像其他許多的傳統與結構一樣，都是由人類所塑造與再塑造出來的。它是這種社會與政治行動者間的互動，而且那些限制他們生存的結構性因素是會讓宗教變得多樣且充滿彈性的。所以，伊斯蘭並不會比其他有關神聖或他世的概念叢結要來得更為僵死或基本。伊斯蘭行動實踐主義的茁生應可被理解為一種有著特定根源的運動，而且就某些方面來說，它確實是表現中東與西方社會關係的一種發展。

---

[9]C. C. O'Brien, 《獨立》（*Independent*），6 January 1995.

根 源

　　伊斯蘭的歷史充滿了宗派分裂與黨派之爭的色彩，在其中，信奉者的團體在他們擁有神聖權威或有著接近聖經知識與傳統的特殊能力的基礎上，來挑戰統治者與宗教的權威。舉例來說，伊斯蘭宗派的分裂在伊斯蘭最早的幾年中已有其來源[10]，並在西元第8世紀中已變得制度化了，這一直是所有宣稱合法權力行使的基礎。除此之外，伊斯蘭某些部分以救世主自居的特徵已鼓勵了圍繞著瑪迪（mahdi）這一號人物的動員——其正當統治係被認為是在預示末世的方式。在被伊斯蘭傳統影響的遍及各處的異議運動，已經圍繞在這種形態中組織了好幾個世紀。可以將伊斯蘭主義從這些叛亂中區分出來的方式是，它僅限於和現代世界有關之政治結構的涉入。就是這種政治的現代主義塑造了今日的宗教行動實踐主義。

　　「原型伊斯蘭教」（Proto-Islamists）首先出現在1860年代的埃及，是當年輕的烏雷瑪（'ulema）——宗教建制的成員——開始評論歐洲殖民主義對中東社會的衝擊時所開啟。他們痛陳著那些由面對歐洲優勢的地方統治者所採用的政策——一種「防衛」或「模仿」的國家主義，其實是在再製歐洲民族國家的結構。這樣的統治者一直被年長的烏雷瑪所強力支持，這些人的家庭常和那些在權力中心的人緊密連結起來，而且他們對後者的價值也都存放在權威裡，他們可以透過神聖化與褒揚國家的政策來傳遞。

　　事實上，模仿的國家主義只是在幫助加深歐洲的滲透。其中，

---

[10] 見回教社群中對誰繼承了先知領導的權威與權利之爭論。

最被負面影響的人是那些在區域城市經濟中心，以及永遠都和宗教建制緊密相連的商人及技工。這似乎對他們而言是表示著，地方社會的社會與政治之結構，甚至是伊斯蘭的制度都處於威脅之下。胡笙・歐馬沙非（Hussein al-Marsafi）是能夠明白說出他們的焦慮與憤怒的作家之一，他將埃及多數的情況都歸因於統治者、政府官員以及宗教的領導者，他相信這些人在歐洲的強力攻勢下都已經與之共謀了。他把他們像回教徒的行為和先知穆罕默德（Muhammed）及第一個烏瑪（umma）或說信徒社群的行為相對照。而主張埃及人應該重申「對所有其真理與純潔的信仰」，並驅離那些僅僅是利用宗教來服務他們本身利益的[11]。

　　這種朝向伊斯蘭／埃及國家主義的轉變是被伊斯蘭政治歷史中的原始形態——阿富汗尼（Jamal al-Dain al-Afghani）——所尖銳化的。阿富汗尼是十九世紀末期間，一個曾在埃及、印度、土耳斯與伊朗等地鼓動與組織的伊朗人，他開啟了泛伊斯蘭（pan-Islam）的想法，亦即一個全部都是由回教徒所組成的團體，他們能夠去抵抗歐洲的前進。

　　阿富汗尼並不會仇視歐洲的文化，但是他一般來說是拒斥西方政治結構的；特別是他敵視那些和民族國家有關的殖民活動，並痛恨烏瑪的分裂。穆生（Moazzam）評論道：

> 鑑於歐洲權勢者，特別是英國，不斷增加的政治滲透，阿富汗尼呼籲回教徒忘了他們內部的敵對狀況，不管是宗教上的還是政治上的，他要他們團結起來，共同去對抗外在的威脅。宣稱「除了伊斯蘭外，不存在任何一個穆斯林的

---

[11]J. M. Ahmed, 《埃及國家主義的智識起源》（*The Intellectual Origins of Egyptian Nationalism*）, Oxford University Press, London 1960, p.22.

國家」，他也提醒他的追隨者，統一與權力是伊斯蘭兩個最主要的支柱[12]。

阿富汗尼提到，與其說回教徒是在模仿歐洲的國家主義，還不如說他們應該再主張他們自己的價值，藉由動員那指涉先知的烏瑪而來確定那些圍繞統一伊斯蘭的原則。他邀集那些能夠堅持伊斯蘭法律的學者與資格適任的回教統治者來組成一個新興的領導群。多數的回教徒會支持他們去改造社會的奮鬥。安傑尼爾（Engineer）評論說：「他（阿富汗尼）要回教群眾將他們的命運放在自己的手中」[13]。

因此，阿富汗尼變成第一個在伊斯蘭傳統基礎上，而且是處於現代政治的脈絡下，來倡言政治行動的穆斯林領導者。雖然他假設在最初的階段，泛伊斯蘭的想法會在一個他所不信任的民族國家裡頭動員起來，他的泛伊斯蘭想法仍設想了一個持續增長的信徒團體[14]。到了十九世紀末，他的工作已經有了一個深遠的影響，特別是在埃及與伊朗的反殖民主義運動中最為明顯。然而，當這些運動集中了許多力量，泛伊斯蘭的元素亦被包含入了茁生的世俗國家主義潮流，並且也跨越了中東伊斯蘭主義而形成了一種邊緣潮流。到了第一次世界大戰以及埃及、伊朗與奧圖曼帝國（Ottoman Empire）的阿拉伯省份中大型反殖民之劇烈變動的末期，宗教的行動實踐主義

---

[12]A. Moazzam, 《Jamal al-Din al-Afghani: 一個回教的知識份子》（*Jamal al-Din al-Afghani: A Muslim Intellectual*）, Concept, New Delhi 1984, p.24.

[13]Asghar Ali Engineer, 《伊斯蘭的國家》（*The Islamic State*）, Vikas, New Delhi 1994, p.8.

[14]這個矛盾早已被幾個伊斯蘭運動的分析家注意到了，著名的有阿富汗尼的自傳, N. Keddie, 見 N. Keddie, 《Sayyid Jamal al-Din 'al-Afghani': 一個政治的傳記》（*Sayyid Jamal al-Din 'al-Afghani': A Political Biography*）, University of California Press, Berkeley 1972, p.64.

則幾乎在區域政治中沒有什麼重要性了。

大眾行動與漸進主義者途徑

　　賦予伊斯蘭主義新生命的其實是世俗國家主義的失敗。這在
1920年代的埃及最為明顯，在那裡，被英國割據勢力所包容的國家
主義政府被證明它亦不過只是個獨立的類型而已。當巴納（Hassan
al-Banna）在1928年建立了回教兄弟團體（the Society of the Muslim,
Muslim Brotherhood）後，他很快地又為大眾行動實踐主義的新興政
治，發現了一群廣大的觀眾。巴納是在阿富汗尼與其後來的門徒，
特別是阿伯達荷（Muhammed Abduh）與里達（Rashid Rida）的指導
下[15]，獲得了靈感，但是他本身的貢獻卻也是有其決定性的。實際
上，巴納將伊斯蘭主義投射到由現代國家所定義的政治競爭之範圍
內。他把回教兄弟團體建立成一個政黨，一個被建構成的社群組
織、貿易聯盟與專業協會、學校與慈善團體等之精細網絡的組織。
到了1940年代，它已經變成了這個區域內最大的參與者組織，估計
大概有五十萬的成員[16]，而且它亦主導了阿拉伯系國家中的反殖民
運動。
　　巴納的政治思想預期了今天多數的伊斯蘭政治。他攻擊「外部
的殖民主義」──歐洲權力在伊斯蘭區域中的統治──他相信這些

---

[15] 兩人都是salafiyya運動中的靈魂人物，這個運動將焦點放在「回復」到追隨
　　先知那一代「祖先」時的伊斯蘭，今salafiyya常常被視為一個usuliyya（根源）
　　的同義字，即當代阿拉伯語中所譯英文之「基本教義派」或法文中的
　　'Integrisme'.

[16] R. Mitchell, 《回教兄弟的社團》（*The Society of the Muslim Brothers*）, Oxford
　　University Press, London 1969, p.328.

只會為穆斯林國家帶來衰退與恥辱。他也攻擊「內部的殖民主義」他看到的是地方統治者與領導烏雷瑪的合作性角色。他主張，就是年長烏雷瑪的順服「支撐並維持了帝國主義」[17]。他認為，就是他們將回教的團結損毀得如此嚴重，以至於他們那虛弱政治結構會輕易地被殖民強權者所分裂。就如同巴納的夥伴葛查利（Muhammed al-Ghazali）所言，伊斯蘭的這些代表們，已經將他們為穆斯林大眾利益的說話機會給出賣了[18]。

就像反對那些在回教社會內外的異己勢力一樣，巴納也計畫了一個伊斯蘭的再主張：

> 我們相信伊斯蘭的規定以及它的教諭應是全包性的，含括了人們在此世與來世的事務。而那些認為教諭只關聯到精神或儀式層面的人對信仰都有所誤解，因為伊斯蘭是一種信念與一種儀式、是一個民族與一個民族性，是一個宗教與一個國家，是精神與行為，是神聖的聖經文字與權力……榮耀的可蘭經……認為這些事情都是伊斯蘭與其本質的核心……[19]

這確實是個對宗教「本質」主張的要求——基本原則。但是在這個觀點上，巴納堅持對「新」的伊斯蘭並沒有任何的要求。他主張：「高貴的可蘭經是本全包性的書籍，在其中上帝已經收集了信仰的基本原理、社會美德的基礎以及所有俗世的律法。[20]」因此，二十世紀的回教不應該嘗試回到十七世紀伊斯蘭的源頭；巴納認為那些主張這種觀點的人，是混淆了「伊斯蘭的歷史起點與伊斯蘭本

---

[17]*Ibid.*, p.213.

[18]*Ibid.*, p.213.

[19]*Ibid.*, p.233.

[20]*Ibid.*, p.234.

身的系統」[21]。

巴納在回教徒間要求「一個巨大的精神覺醒」[22]。他主張以一強大的集合力量，就有可能帶來一種「伊斯蘭的秩序」(al-nizam al-islami)。這只是被模糊地定義：有時候巴納指的是一個未來的「回教國家」；更常指的是被表現為一組法律原則的新政制。米契爾（Mitchell）觀察到：「伊斯蘭法律——它的履行或未被履行——在真正伊斯蘭秩序的定義中，是個決定性因素」[23]。

巴納認為，埃及是無法在一夜之間被「伊斯蘭化」的，而為了要能夠舖設好邁向最終目標之路，還有許多事情是需要被完成的。因此，回教兄弟團體活躍於反殖民鬥爭中，而且它也在追求政治、法律與行政管理上的改革。事實上，巴納主張，當回教徒試著引入法律的改革（為新秩序的基礎）時，他們得讓殖民國家受到一種不能抵抗的壓力。但是，兄弟團體卻被證明是無法取代世俗國家主義者的。儘管它蔑視政府，但在1940年代晚期，巴納還是嘗試和其領導的成員以及費拉克（Farug）國王，進行一連串折衷案的協商。然兄弟團體從未自這種不信任當中恢復過來，而這種狀況似乎早在它許多的支持者，以及在1952年混亂的埃及奪得權力的軍隊當中便已產生了。經過了下一個十年，兄弟團體面臨了激烈的鎮壓，而且再度變成一個邊緣的勢力。伊斯蘭的影響力縮小為跨越中東的範圍而已，就像一個區域似乎包含了一個世俗的變遷模式一樣。

巴納對宗教行動實踐主義者的晚近之世代有著巨大的影響。舉例來說，在1980年代，何梅尼的支持者便是經由兄弟團體來追溯「革命式」的伊斯蘭傳統[24]。巴納的重要性在於他對仍在阿富汗尼思

---

[21]*Ibid*., p.234.

[22]*Ibid*., p.234.

[23]*Ibid*., p.235.

[24]Hamid Algar,《伊斯蘭格命的源頭》(*The Roots of the Islamic Revolution*)，The Open Press, London 1983, p.5.

想中半形成的東西加以闡明：回教徒從事現代世界政治結構的想法應該有一個行動實踐主義者的面向。對阿富汗尼而言，泛伊斯蘭主義在概念上是種行動實踐主義，但是在傳道的層次上作本質性運作，對回教徒而言，基本上是透過教育來喚醒他們的任務的。對巴納來說，這種途徑透過完全地進入政治領域而被給予動力。雖然他強烈地反對在世俗模式上的政黨，他宣稱他們在國家中創造了「不統一」，而使得他們和伊斯蘭不相容，但是兄弟團體還是變成了實質上但非名義上的政黨，並且因為這個結構，其行動實踐主義被轉換了。當回教徒面臨了國家的暴力時，這樣的行動實踐主義是屬「討伐異教徒的」，它不僅僅只是宗教建制之「討伐異教徒」的個人運用或「內在鬥爭」，而且還是一場以殉難收場的為伊斯蘭而戰的戰役。事實上，這個新興且更有效力的宗教行動實踐主義不僅被形塑來反抗國家政治的架構，而且還在其中運作者。它對所有主要的「改革主義者」或「漸進主義者」的潮流來說，都仍然是個模型。

基進的轉變

然而，兄弟團體並未能帶來改變，而且在其部分醒悟的支持者當中，還發展了一個新的行動實踐主義。一種茁生於阿拉伯東部——巴勒斯坦、敘利亞、約旦及黎巴嫩——的潮流是環繞著巴勒斯坦知識份子拿貝漢尼（Taqi al-Din al-Nabahani）而形成的。他指明回教徒所面臨的核心問題在於回教國王地位的解構——原本中心在土耳其之奧圖曼帝國的政治結構，而且它直到二十世紀早期都還統治著多數的阿拉伯世界。自從七世紀開始，蘇尼（Sunni）世界中的政治權威已經將回教國王（khalifa）（哈利發——繼承者）的位子投放給先知了。在奧圖曼的統治之下，帝國之首 （sultan）也是屬於回教

國王的，但隨著被英國與法國夷平了帝國之後，伊斯蘭政治權威的不良結構終於被瓦解。拿貝漢尼尋求再建立回教國王的地位（khilafa），一個在真正能夠帶來回教命運復興的領導者所統率的伊斯蘭國家。他呈現出一種未來伊斯蘭系統的充分價值，並且在1952年建立了伊斯蘭自由黨（Hizb al-Tahrir al-Islami）來使這個構想成真。但是拿貝漢尼在中東的影響力卻是很短暫的，也許這是因為他的政治策略焦點是放在立刻要實現一個巨型泛伊斯蘭秩序。雖然他後來在西方國家中的回教徒間有了一個意想不到的影響力[25]，但是在阿拉伯世界中，現今的模式卻是由茁生於埃及的進一步基進行動實踐主義所設定的。埃及行動實踐主義者的新世代依恃的是意識形態的發展，這個發展曾在中東伊斯蘭核心地區以外之處發生過，而對意識形態發展的依賴，又特別是指印度回教學者的思想，其中最卓越的人是曼度迪（Abu'l-A'la Mawdudi）。

曼度迪所精緻化的兩個主要概念對阿拉伯的伊斯蘭主義者有著深遠的衝擊。第一個是原則的再重申，這個原則在伊斯蘭的傳統中有段很長的歷史，但是曼度迪又賦予它新的重要性：即伊斯蘭與非伊斯蘭間──非信徒的世界之間，一種普遍戰爭之主張的重要性。他主張這個鬥爭會使伊斯蘭獲得勝利，而且這個伊斯蘭國家的建立是能夠引進和伊斯蘭法律一致的改革。這其實是在建構巴納的「伊斯蘭秩序」──一個在先知的烏瑪模式的社會。曼度迪對傳統詮釋有新義的地方在於，確認現代國家是個解決信徒與非信徒間衝突的工具，他認為國家一旦伊斯蘭化了，那麼它本身便可以作為帶來普遍秩序的工具。

---

[25]Hizb al-Tahrir al-Islami 從1980年代開始在歐洲的青年回教徒中成長起來，並被英國的支持者命名為'Hizb ut-Tahrir'，它的影響力經由敵對的媒體而大幅加深。在1996年時，一個內在的分裂產生了Al Muhajirun（僑民之意）。

阿拉伯行動實踐主義者從曼度迪那裡吸收到的第二個主要概念是現代賈希利亞（譯按：jahiliyya意指在前伊斯蘭阿拉伯中的一種無知狀態）的想法。在主流的伊斯蘭傳統中，穆罕默德之前的阿拉伯社會是以其「無知」為特徵的：它是個賈希利（Jahili，或說未被啟蒙的秩序），而這個秩序早在過去就已透過先知傳達上帝對人類行為的指示來轉換過了。曼度迪主張當代社會的唯物主義、腐敗與無神論使它除了是個現代的賈希利亞以外，就什麼都不是了，它甚至是比前穆罕默德之無知的國家還要糟糕，這很明白地是因為它輕視那些包含在上帝訊息中的諸種原則。

　　這些概念為埃及的庫柏（Sayyid Qutb）（在過去五十年中，是蘇尼行動主義者間最有影響力的）所採用，而且他還給予其更進一步特定的意義。庫柏在巴納時代，曾經是兄弟團體的一個狂熱份子，但他也曾對兄弟團體裡面某些憐憫者的行為（這些人在1950年代早期，隨著軍隊有了權力）感到苦惱與心寒。曾被國家主義的政府因禁了十多年，庫特將它在獄中的時間用來發展一個新的行動實踐主義理論。他將埃及的社會描述成一個等於是野蠻主義的無知的國家：

> 顯而易見的是整個世界都沈浸在賈希利亞之中，並且即使
> 透過驚異的物質舒適、奢侈品以及高層次的發明，秩序的
> 邪惡性亦未被忽略或沖淡。賈希利亞組織所倚靠的基礎便
> 是對上帝在世間主權的反抗[26]。

　　庫柏認為那些獻身於清算賈希利亞以及引介新秩序的回教徒，其實應該可以算是一種對上帝的背叛。他們鬥爭的手段必定是討伐

---

[26]Sayyid Outb,《里程碑》（*Milestones*）, International Islamic Publishers, Karachi 1988, p.49.

異教徒用來反對輕視上帝意志者的手段。這種鬥爭，必然是個嚴密且有一致性的鬥爭，是被作為一種和邪惡國家來競爭的政治行動實踐主義，從而去尋求一種伊斯蘭國家來取而代之。已經投入的回教信徒應該準備「透過曾環繞整個世界的廣大賈希利亞之洋」來前進[27]。他們的報酬便是將賈希利亞轉換成修行（exercise）中對神虔敬的態度，而這個修行足以與先知對古時不信神的擊潰場景來相匹敵。

　　庫柏認為兄弟團體的策略是有缺陷的，因為它允許這世俗的國家去討伐異教徒。在諸多行動實踐主義者中產生一個領導者（vanguard），並以不同的方式來組織是必要的，這些行動實踐主義者均以孤立本身脫離賈希利社會的污染來開始一種為求改變的鬥爭。信眾的小團體理應從社會主流遷移到由和諧之行動實踐主義者所預示的新秩序中，藉此來讓他們本身遠離那些不敬神的影響。此一「領導者」則與先知的烏瑪，以及他們（指烏瑪）隨著其希吉拉（hijra）所做的遷移（這個遷移指的是原始伊斯蘭社群用以為基礎的穆罕默德以及第一代回教徒從麥加（Mecca）到密地那（Medina）之旅）有著密切的關係。

　　庫柏的基進主義明確地具有破壞性：他對國家本身進行爭論，而在這個意義上，他已被視為一個伊斯蘭的「革命家」。遵循著曼度迪，他籌劃了一個伊斯蘭的政體，並想透過正義的行動來使之成真，而這行動本身，是否定世俗結構的。在1960年代中葉的埃及開始進入了一個日益不穩定的時期時，世俗的權威遂很快地轉而反對他，1966年時，他已被指控想以外力顛覆政府，而被判有罪，並吊死在監獄中。

---

[27]*Ibid.*, p.51.

只有在他死後，庫柏的教諭才有充分的影響力。從1960年代晚期開始，埃及經驗到了一個政治混亂的十年，在這十年期間，他的追隨者試著實踐他的策略。在群人當中的佼佼者，有穆斯他法（Shukri Mustafa）——回教社團的創立者（Society of Muslims），以及菲洛克（Abd al-Salam Farag），其為1981年暗殺埃及總統沙達特（Anwar Sadat）之反異教組織的領導人物。「庫柏主義者」（Qutbist）的理論在這之後已緊密地和當代伊斯蘭主義連結在一起了。他們引導了討伐異教徒的組織以及埃及的伊斯蘭團體，在那裡，過去二十五年，國家都和伊斯蘭主義的地下組織進行沒有公開的內戰。他們也影響到了和阿爾及利亞FIS有關的基進思潮，而且也建立了巴勒斯坦伊斯蘭反異教徒組織（Palestinian Islamic Jihad）的教義[28]。雖然他們的影響力常被視為特定蘇尼傳統的產物，但這個影響力也已被領導伊斯蘭主要宗教爭論中的少數支派之堅信者，如何梅尼所承認[29]。

伊朗的典範

在1970年代期間，世俗國家主義開始隱退，而伊斯蘭主義則是在中東又把自己建立為最具動力的政治勢力。這個發展在西方卻受

---

[28] 關於阿爾及利亞，見 S. Labat〈伊斯蘭主義與伊斯蘭教派〉(Islamism and Islamists)，載於 J. Ruedy 編之《北非的伊斯蘭主義與世俗主義》(*Islamism and Secularism in North Africa*)，Macmillan, Basingstoke 1994; 於巴勒斯坦的經驗，請參見 Ziad Abu-Amr，《在西奈與加薩的伊斯蘭基本教義派》(*Islamic Fundamentalism in the West Bank and Gaza*)，Indiana University Press, Bloomington 1994.

[29] Khomeini，《伊斯蘭與革命》(*Islam and Revolution*)，Mizan, Berkeley 1981, p.365.

到相當的忽略，當時的西方正是「現代化」理論預測第三世界社會會朝向北美／歐洲模式發展的時候。在這些理論當中，宗教——或者至少非西方的宗教——僅被視為傳統主義的一種剩餘。特別的是，伊斯蘭被視為前現代迷信的一種不健全案例：其為一套概念的複合體，它已在許多不同的時期和歐洲理性主義競爭著，而最後只能被迫進入新的隱退狀態[30]。結果，那些多數對中東政治情勢的分析，甚至都沒能注意到伊斯蘭的進步。當其擴展到伊朗，這個首次由伊斯蘭教徒取得國家權力的國家時，同時當他們奮力地要去成為何梅尼現象的代名詞時，那些西方的分析家們都還不相信。

伊朗1979年發生的革命對埃及或其他地方的伊斯蘭主義者的促進而言，都已經證明具有其豐饒的基礎。快速的經濟變遷，大量的移民以及都市成長，已經使得巨大的社會不平等惡化了。當主張要反抗那種與強大之西方政權暴行相符應的極端之國家暴力時，一個廣泛的反對運動就開始茁生了。在較早的幾年，這樣的運動已經在世俗的基進影響力下產生，但是到了1970年代，隨著國家主義與共產主義思潮的大量式微，宗教領袖的一些派系亦迅速地竄紅了起來。其間能給予他們特定訴求力量的，就是他們在面對政權時的政見與非妥協性態度等這樣顯明的基進特質。

許多的分析均將伊斯蘭主要宗教爭論中少數支派的烏雷瑪視為歷史上一個國家的獨立派，而且還很好地和群眾的不滿密合在一起。事實上雖然有些伊朗教會聖職人員的派系（通常是在其較低的層級當中）已經和那些訴求改變的運動連結在一起了，但是較高級

---

[30] 簡化東方主義者的途徑，在1950年，代歷史學家Gustav von Grunebaum描述伊斯蘭為一面對西方「理性主義與實證主義精神」的「絕對防禦」。引述 D. Lerner,《傳統社會的死去：中東的現代化》(*The Passing of Traditional Society: Modernising the Middle East*)，Free Press, New York 1964, p.45.

的聖職人員長期以來卻和其聲望的結構緊密地一致化了。從1920年代伊朗帕拉維（Pahlavi）王朝的最初幾年開始，具優位的宗教人物都已經是政權的辯護者了。站在「寂靜主義」（quietism）的傳統立場來看，他們贊成國家的活動，即便是在政治混亂的期間。舉例來說，何梅尼本身不只是提供了最為沈默的政權批評，就觀察來看，甚且是帕拉維的管理所具有的長處，也是有政權總比沒有任何政權來得好[31]。一直到了1960年代，當沙哈（Shah）——伊朗君主統治者——的現代化計畫開始強烈地影響了那些和烏雷瑪有著最緊密連結的社會派系時，在何梅尼領導下之已完備的宗教派系，才宣稱它的獨立性以及轉向了反對的地位[32]。

在長期被放逐的期間，何梅尼發展了一個新的伊斯蘭主要宗教爭論中少數支派的基進主義。就和庫柏的例子一樣，庫柏也經驗了埃及囚獄中的那種內在放逐，這樣的發展似乎已經和從宗教建制中所孤立出來的個體相連結了起來。從1970年代早期開始，何梅尼開始將伊朗描繪成一個已掉入「叛國者、篡奪者及國外權力代理者」手中的國家，他並呼籲烏雷瑪和信眾去對抗這個沙哈[33]。他認為後者是不敬神的統治者（taghut），是伊斯蘭法律執行的障礙，而且也因此回教徒應要將反對它視為一種義務[34]。這樣的反對立場應該具

---

[31]Shaul Bakhash, 《阿亞托拉的統治》（*The Reign of the Ayatollahs*）, I. B. Tauris, London 1985, p.23.

[32]關於橫跨伊朗的政治基進主義，有一個漸進的運動，在其中伊斯蘭教派與世俗左派政治的聯合被嘗試著。回教「社會主義者」的角色，例如：Ali Shari'ati在創造一自由主義——左派思想上特別的重要，在這觀點中，伊斯蘭教派的想法得到廣泛的聽眾。見Ervand Abrahamian, 《基進的伊斯蘭》（*Radical Islam*）, I. B. Tauris, London 1989.

[33]Khomeini, 《伊斯蘭與革命》, p.50.

[34]有關伊斯蘭傳統中的權力討論，長久以來就集中在統治者有助於伊斯蘭法律執行與服從適用，或者是反對他們這樣的程度上。見Hamid Enayat, 《現代伊斯蘭政治思想》（*Modern Islamic Political Thought*）, Macmillan, Basingstoke 1982.

有高度的主動性：學者及回教的大眾應該要直接介入社會與政治的事務中，且唯有反宗教者才會反抗要這麼做的責任[35]。

何梅尼指出，反對政權的群眾運動是一種「神聖的反異教徒運動」（sacred jihad）[36]。它是直接地被引導至一個新政體的建立，一個「伊斯蘭的共和」。實際上，他主張儘管帕拉維國家那種不敬神的特質，它也可以被奪取來且被用來鍛造一個新的秩序。這是立基於伊斯蘭法律的嚴格應用，而關於這個的定義則是透過最年長的聖職人員的裁決來下的。即使在現代國家中，他主張主權是屬於像這樣的一個聖職人員的，而這是基於他對伊斯蘭傳統的知識長處，以及在法律執行上的專業知識。

在一個轉換成伊斯蘭秩序的民族國家中，何梅尼堅持所有回教徒都會欣然地承認這樣一個法學家的統治（vilayat-i faqih）：

> 法律與正義知識的兩個特質在今日無數的法學家身上呈現出來。如果他們集合在一起的話，他們可以在這世上建立一個普遍正義的政府。
>
> 如果一個擁有這兩種特質並可尊敬的人出現了，並建立了一個政府，那麼他在社會的行政管理上，將擁有像最高貴的傳訊者（先知）（在他們身上是有著和平與祝福）一樣的權威，而且所有的人都有義務去服從他[37]。

當蘇尼的諸思想家，著名的有庫柏，已經主張回教徒要追隨先知在討伐異教徒行動中的指引，而且要從事希吉拉，也就是模仿他從

---

[35]M. Moaddel，《伊朗革命的政治與意識形態》（*Politicsl and Ideology in the Iranian Revolution*），Columbia University Press, New York 1993, p.128.

[36]Khomeini，《伊斯蘭與革命》，p116.

[37]*Ibid*., p.62.

麥加放逐的經驗時，何梅尼採取了計畫中最為戲劇性的步驟，亦即一個聖職人員可以用許多可能和穆罕默德所喜歡的方式來統治。他認為在現代，上帝已經授予政府像先知在軍隊、行政、財政及福利事務上所持有相等權力與權威了，而且管理他們是高級聖職人員的義務，在他的角色裡就如同「國家的守護者」一樣[38]。

雖然這個作為法學家的統治之計畫在何梅尼直接的支持者中已相當為人所熟知了，但是在革命的期間，他在針對未來伊斯蘭共和上的公開發言所表現出來的，卻大不相同：即作為一個開放、參與的系統，其保證了它所有公民的權利。力勸伊朗大眾除去沙哈，何梅尼承諾在新的伊朗中，「弱者將會戰勝有權之人……被踐踏者將會把富者取而代之」[39]。這個明顯基進的圖象和那些強烈投入革命激昂事件是有很大的關聯，而且可能決定性地突顯了何梅尼在運動中的領導地位。他很快地控制了一個新的政府，在烏雷瑪的忠誠派系基礎上，執行了一個高度集中化的統治，而且他自己本身的權威就是法學家的統治。某些先前的支持者以及許多伊朗事件的分析家已把這種權力的上升，描述成一種在其執行過程與粗略的機巧主義中，都相當具有牆頭草的特性[40]。

何梅尼透過民族國家的神聖主張標示出伊斯蘭政治傳統和現代化結構的完全適應情形。民族國家變成上帝所意欲之人們在世界上行為的一種實現：它解決了回教徒之間的立即分裂，帶來了社會和諧，且為進一步信徒社群的團結締造了基礎。在此，民族國家本身只是個討伐異教徒的工具罷了。

---

[38]*Ibid.*, p.62.

[39]Engineer,《伊斯蘭的國家》(*The Islamic State*)，p.181.

[40]Zubaida寫道：「一個基本教義派的革命……受到後來變成它受害者的世俗民主勢力的全力支持而達成了。」Sami Zubaida,《人民與國家》(*The People and the State*)，Routledge, London 1989, p.60.

「全球性」的伊斯蘭

　　伊朗的事件有著極大的影響。他們在第三世界中是廣泛地被理解為一種對抗西方而能獲勝的暴動，就像是較早之前在阿爾及利亞或越南，國家主義運動的成就一樣，只不過與他們的區別僅是在於宗教面向上。似乎，伊斯蘭已授權給了伊朗的群眾，同時提供他們精神上的資源去引導鬥爭，以及提供一個非妥協性與成功的領導群。在這個階段上，是否要具有後革命國家的特質，在相較於其存在的事實下，便已不那麼重要了。

　　伊斯蘭教徒從何梅尼的勝利中取得了信心。在1979年及1982年間，他們發動了許多對沙烏地阿拉伯、阿爾巴尼亞、埃及和敘利亞的暴動攻擊，同時，在伊拉克、阿富汗、黎巴嫩、蘇丹以及所有北非的國家中，基進的思潮也都迅速地成長了起來。中東對贊成西方政權的想法特別感冒，以至於伊斯蘭主義已成功地奪取了反帝國主義的印信，這印信早期曾標示了世俗國家主義的運動。在同一時間，蘇聯的統治者也因伊斯蘭主義威脅到阿富汗的共產主義政權，以及透過伊朗事件在中亞顯著回教區域中的影響而感到恐慌。到了1980年代中期，由伊朗事件所刺激的狂熱主義——在西方與中非、南方與東南亞，以及歐洲與北美均已感受到。政治家與學者開始談論一個「全球性」的伊斯蘭：一個有著經濟、科技與其他統一過程相結合之普遍性任務的宗教，據說已經在一種世界性的層次上展開了[41]。

---

[41] 見 P. Beyer，《宗教與全球化》（*Religion and Globalization*），Sage, London 1994.

在西方，這個新的伊斯蘭影響對那些假設這不過是「外來」以及過時信仰之再主張的人士來說，已是個很大的衝擊。對某些歐洲與北美的回教徒來說，事實上，它在作為一種獨一無二能夠處理現代世界政治問題的傳統上，已具備了特殊的影響力。如同厄芬迪（Abdelwahab El-Affendi）所評論的，許多回教徒都將他們本身視為「人性的良知」（the conscience of humanity）——

> 這個角色已藉由共產主義的崩解而所強化了，儘管過去它在嘗試採取那樣的角色時曾遭到失敗。現在，這種穆斯林的聲音在一個高度同質化的世界裡，已成了唯一異議的聲音[42]。

這「穆斯林的聲音」可以變成一種抗議西方對第三世界宰制的聲音；同時，它也可以是一種作為對許多西方所具有回教背景的社群及傳統定居者所會面臨之狀況的抗議。在此，對每一位信徒來給予其空間的一個普遍性烏瑪的願景，已在一個可供區辨的脈絡中變得特別有效力，而這個區辨脈絡係表現在膚色、語言、出生地或宗教上，而將大部分人口中的少數族群給邊緣化了。因此，在西方伊斯蘭主義者已計畫把討伐異教徒作為一種政治的策略了——同時是一個對抗已意識到的帝國主義邪惡與對抗剝削、不正義及每日生活偏見的鬥爭[43]。

---

[42]Abdelwahab El-Affendi,《誰需要一個伊斯蘭的國家？》（*Who Needs an Islamic State?*），Grey Seal, London 1991, p.3.

[43]Hizb al-Tahrir al-Islam 已經做了格外的努力去連結在中東所認知到的「反帝國主義者」的衝突，這個活動是由伊斯蘭主義思潮和那些追求把不信仰者之國家類比為大不列顛的伊斯蘭教派所主導的。見 Hizb ut-Tahrir,《國際回教 Khilafah 會議議程》（*Programme of the International Muslim Khilafah Conferenc*e），London 1994.

批評與失敗

　　然而，由於伊朗革命在行動實踐主義者間所產生的希望，以及隨後1980年代伊斯蘭的進步並沒有被預期的實現。所以「何梅尼主義」（Khomeinism）並不像其支持者所預期的那樣被激發出來；確實，從伊朗政權在面對它本身人民的一些記載上看來，它已經和許多回教的行動實踐主義者相疏離了[44]。在1990年代間，和巴納傳統有關的以及透過回教團體來表現的漸進主義思潮，已經退回到他們的根據地，例如：埃及和阿爾及利亞，在庫柏或是何梅尼傳統中的基進人士，幾乎在大多數的地方都被暴力地鎮壓了，而且它其實也不像前十年那樣，那麼地具有影響力了。

　　這種式微的動力導致某些西方媒體的評論者暗指「基本教義派」可能已經過氣了。到了1990年代早期，伊斯蘭主義常常是被以一種血紅可怖的名詞來表現的：在美國，隨著伊斯蘭主義所正建構的一種全面性之外來入侵，報紙會有這樣的頭條，例如：「回教徒就要來了」附和著一個「世界大戰」的主題[45]。幾年之後，這樣的媒體渲染常會指向到伊斯蘭敗退的勝利主張中去了，甚至現在有愈來愈多的測量分析會問一些這類問題：舉例來說，在1996年，《華盛頓郵報》已在思考「近二十五年來之伊斯蘭軍事力量的擴增行動，是否已經開始減緩了」，若此，那麼這也就指出了像埃及這樣的國家也

---

[44] Azzam Tamini 編之《共享權力的伊斯蘭？》（*Power-Sharing Islam?*），Liberty, London 1993, p.8.

[45] 1990年11月19日的《國家評論》（*National Review*）頭條報導了伊斯蘭的「威脅」消息，即「回教徒來了！回教徒來了！」J. Esposito,《伊斯蘭的威脅：迷思或是真實？》，p.227.

已經證實地「戰勝」了那些基進人士[46]。

　　若要說這整個運動在某些意義上已被擊敗，是不明智的。在過去一百年來的幾個關鍵點上，它都曾被迫推到中東的政治邊緣地位去，但是卻也在幾次的戲劇性復原當中，達到了更高層次的動員效果。無論如何，似乎清楚的是伊斯蘭的政治已然通過了一個關鍵的時期。最近伊斯蘭的行動實踐主義者已看到了史無前例的機會去實現他們神聖政治的圖象，只是在一個國家接一個國家之後，他們已無能再保證他們的目標了。唯有伊朗，他們在群眾動員的基礎上，控制著取得了國家政權，明顯地實現了統一穆斯林之自我行動的想法。在遵循者中，除了蘇丹這個例子之外[47]，其他地方的運動均已證明是沒有效果的，甚至在面對最脆弱的世俗政權上，當權力的遠景變得迫切時，就似乎愈顯得猶豫與退縮。確實，群眾參與的層次愈高，運動動搖得也就愈厲害。例如：在1992年的阿爾及利亞，面對要以選舉多數為基礎才能取得權力的方式以及面對廣泛人民的支持，運動的領導階層開始變得麻痺了，它的策略變得不確定了。當軍隊隨之投機式的想要在世俗政權手中維持權力時，伊斯蘭主義者證明是無法面對這個挑戰的。

　　阿爾及利亞的案例指出了伊斯蘭政治裡的一個矛盾，這在阿富汗尼為其大伊斯蘭立下基礎時，就已經出現了。這一點同時存在於對民族國家的敵意與傾向當中。所有伊斯蘭思潮的社會核心已自社會的中間層之庶民引出來了，最佳的描述便是新興的小資產階級。這些專家與公務員被米契爾（Mitchell）定義為「茁生的回教中產階

---

[46] 《華盛頓郵報》（*Washington Post*），3 April 1996.

[47] 在蘇丹，回教兄弟團體追求一種形塑集團與聯盟的彎曲策略，以便贏得國家軍事政權的影響力。這甚至和兄弟團體主流的漸進主義策略是大不相同的。見 Abdelwahab El-Affendi，《Turabi's的革命：蘇丹的伊斯蘭與權力》（*Turabi's Revolution: Islam and Power in Sudan*），Grey Seal，London 1991.

級」[48]，本身都緊密地和現代資本主義結構以及國家結合在一起。因此，雖然他們可以表現出對那些獨占國家權力之世俗政治潮流的濃厚敵意，但是他們並不常去質疑國家本身。羅伯特在阿爾及利亞的案例中觀察到，當伊斯蘭人士在對僭取權力的質疑時，對基進的用語中所稱之要如何才能動員人們去支持一種「另一個伊斯蘭」的觀念，其實是要被修正的[49]。1992年時，他評論道：「我們並未找到一個不妥協、竭力對國家猛攻的革命伊斯蘭主義者」：

> ……在對這個國家及其派系不妥協的敵意和決定推翻它的意義上，阿爾及利亞伊斯蘭主義的主流從未對阿爾及利亞國家有過一種革命的態度。相反的，伊斯蘭運動卻一直尋求在阿爾及利亞國家的框架「裡頭」來提升它的動機，而且無論它的用語是已暗示了一種革命的雄心，但其實踐卻無可避免地辜負了這一點。因為這樣，這個彷彿真的、顯而易見在反對的伊斯蘭運動策略，一直都只是種聯盟策略。因此，當伊斯蘭解放陣線（FIS）的說詞宣稱實際的阿爾及利亞國家作為一個不敬神的國家（unetat impie）是透過阿爾及利亞解放陣線（FLN）竊賊（les voleurs du FLN）來運作，而且反對這種基進的伊斯蘭共和國圖象時，伊斯蘭共和國（dawla islamiyya）的實踐完全變成另一個問題了。完全沒有採用革命以及相應拒絕與實質國家做任何事之非妥協性實踐，伊斯蘭解放陣線持續地和國家某些最有

---

[48]R. Mitchell,《回教的兄弟社團》, p.329.

[49]H. Roberts,〈阿爾及利亞伊斯蘭主義策略中的空談政治與政治機會主義〉（Doctrinaire Politics and Political Opportunism in the Strategy of Algerian Islamism），收錄於John Ruedy編之《北非的伊斯蘭主義與世俗主義》,1994, p.127.

權力的部分來共同運作為一個不被認可的聯盟，以支持包括那些有經濟困境但又為伊斯蘭人士所支持著的候選人，而提供一些政策來為他們負起可能合理的責任[50]。

結果，當伊斯蘭解放陣線自對國家權力的競爭中退出後——就像巴納在1940年代所做的一樣——它許多的支持者便失去了方向且很快地醒悟了。伊斯蘭的群眾基礎腐蝕了，而且軍隊也強化了它對權力的控制。

伊朗的案例提供了一個在群眾動員條件下，直接挑戰國家權力的唯一案例。但是也僅止於此，羅伯特所稱之為「伊斯蘭共和的基進圖象」，在何梅尼之下，已證明是相當不同於經由革命運動所作的預測。就像羅伊（Roy）所觀察到的，何梅尼政權的特徵之一便在於它不願意修正固有的國家結構，即便是這些在先前被誹謗為不虔誠的表現[51]。確實，之後它便很快地放棄了一個立基於神聖原則上之新政策的想法，而所謂神聖的原則是偏好一種「伊斯蘭國家主義」[52]——即一種有著宗教色彩，建構在帕拉維國家基礎之上的資本主義。這提供了一個架構，在這個架構的周遭，政權本身的權力是可以以控制回教群眾之每日行為的觀點而來測量的。因此，像是飲食的事情、服裝、性關係以及文化的「確實性」定義等，就變成了是個全然重要性的事情了。

伊朗經驗係強調著在某種程度上，伊斯蘭的政治是有系統地將女性給邊緣化。為了這個緣故，西方也傾向把該運動的焦點放在這個議題上，有時候更以此來排除所有其他的事情，且常常結果是造成女性在伊斯蘭傳統的地位中是被錯誤地表現的。事實上，女性的

---

[50]*Ibid.*, p.127.

[51] O. Roy,《政治伊斯蘭的失敗》, p.22.

[52]*Ibid.*, p.26.

地位在伊斯蘭政治作為新政策想法上，並不是個中心的議題。雖然，女性必然附屬於伊斯蘭運動中，但是許多人也接受他們廣大的目標，特別是在當宗教行動實踐主義已似乎提供給世俗主義的失敗一個可替代選擇之政治混亂的時候，該目標是廣泛地為人所接受的。當阿法雪（Haleh Afshar）在觀察伊朗的例子時，就談到「女性的群眾」支持了1979年的革命[53]，並分享男性參與者對一個「伊斯蘭共和」的期待，亦即期待給與她們新的自由。在何梅尼政權之下，他們很快地面臨了法律以及目的在強迫女性到社會與政治生活邊緣的法令。這樣的立法本身就是一種倒退的表現。由於無法實現包含在他們民粹主義計畫中的這些願景，伊斯蘭的領導者就把他們的能量轉移到對限制性的行為法規作闡釋，這些法規乃立基在高度選擇性的宗教傳統之讀本裡。在此，伊斯蘭主義的基進成分，因為該運動無法啟發真正的改變，且它意識形態的保守主義宰制了政治的組織，從而也被描述成無效的。

女性強烈地質疑這些發展。由於對宗教傳統有多種詮釋的主張，他們實際上認為，其特定的權利可以對正當性的計畫來進行抗辯，如伊朗的例子。阿富漢彌（Afkhami）談論道：

> 伊朗女性可以質疑那種宣稱有分離於其他人類經驗之外，而在伊斯蘭中有某種獨一無二的東西。其目標是在爭論伊朗家戶長制之聖職秩序作為伊斯蘭價值、規範與美德標準的唯一解釋的權利與合法性……[54]。

---

[53]Haleh Afshar,〈伊朗基本教義派的女性與政治〉（Women and the Politics of fundamentalism in Iran），收錄於 Haleh Afshar編之《第三世界之女性與政治》（*Women and Politics in the Third World*），Routledge, London 1994, p.125.

[54]Mahnaz Afkhami〈後革命時期伊朗的女性：一個女性主義的觀點〉（Women in Post-Revolutionary Iran: A Feminist Perspective），收錄於 Mahnaz Afkhami & Erika Friedl編之《在風暴之眼中》（*In the Eye of the Storm*），I. B. Tauris, London 1994, p.18.

類似的發展亦發生在中東地區，著名的有埃及與摩洛哥。事實上，近來伊斯蘭活動的一個非預期結果已成了當代「伊斯蘭女性主義」茁生的起點了[55]。

結　語

　　伊斯蘭主義在其末期的衰微中，和一個再度受無能實現其基進改變願景承諾而苦惱的情況相比來看，它已較不能稱之為一個運動了。它有希望以一個修正後的形式出現，特別是在其他的世俗性選擇未能為那些被既存權力結構所排擠的人們提供一參照點時。伊斯普西圖（Esposito）最近觀察到，由於共產主義的瓦解，伊斯蘭已成為「世界上最具滲透力且最有力的轉變力量」[56]。他可能會以不同的方式來描述：世俗性選擇的瓦解確實已開啟了伊斯蘭可前進的廣大遠景——但是這樣一個遠景還尚未實現。伊斯蘭主義依然是個值得熱望的政治。

---

[55] 見 Leila Ahmed,《伊斯蘭的女性與性別》（*Women and Gender in Islam*）, Yale University Press, New Haven 1992; Mahnaz Afkhami & Erika Friedl 編之《在風暴之眼中》。

[56] 《華盛頓郵報》, 3 April 1996.

第六章
社群主義

Elizabeth Frazer

導　言

　　簡單地說，社群主義是以如下的觀點為特徵：認為社群（而非個人）、國家、民族或任何其他實體，應該被設想為分析的主要焦點，而且是我們價值體系的中心。社群主義者強調個人的社會本質、相互關係與制度。他們傾向去強調特定公共善的價值，並深信價值是根植於共同的實踐當中。這些論題與概念都不是新的，他們早已在許多政治的思想與設計中被提出來，自亞里斯多德（Aristotle）以降，幾個世紀以來，他們便或多或少地形塑了眾多思想家思考中的重要部分：如自由主義者、女性主義者、馬克思主義者、保守主義者、社會主義者、共和主義者、綠色主義者、社會民主論者。然而，社群主義成為一種政治思想的實體卻無疑是種新的想法。在過去二十年來，社群主義作為一個突出的理論立場，是以批評晚近自由主義之特定面向的型式來具體化。在過去五、六年的時間裡，社群主義的思想已在一些政治家與政黨的演講與舞台上展露頭角，而在英美已有一些嘗試推動社群主義的政治與社會運動。

　　是什麼原因讓這個最近才具體化的思想與論題成為完全綻放的「主義」呢？毋庸置疑的，最主要的理由便是集結了對自由主義的不滿，以及對其他來自不同領域對自由主義的批判，共同強調某些特定的論題。不過，社群主義的萌芽也可以被理解為近幾年來歷史轉變的結果。

　　在冷戰時期的背景下，民族主義與集體主義（collectivism）的顯著危險，便是處於大眾流行與學術意識的最前線。因此，出現了強調個人權利而非國家與社會利益之政治理論。然而這些歷史的經驗差不多在近十年便已開始凋零了，提供了社群主義滋長肥沃的土

壞。更重要的是，有關現代國家與西方社會的焦慮卻再度出現。其中最突出的便是恐懼表現為失序、犯罪、濫用社會關係……的疏離現象，這個恐懼係是被連結到市場關係的宰制以及對個人主義的強調。東歐自覺在控制經濟上的失敗，以及對西歐福利國家的未來可行性的懷疑不斷增加，同時意味著，大家已失去了以國家權力解決市場所造成之問題的信心。就此而論，社群主義似乎提供了一個既不排除市場取向，也不會排除國家中心的解決之道。社群主義論者主張，唯有強大的社群才能修正由國家與市場兩者所造成的損害。

在學術背景下，自由主義者和社群主義者的辯論已透過羅爾斯的自由主義理論展開了。羅爾斯的《正義論》[1]精緻化了那應該管理政治、社會與經濟制度的諸種正義原則──這些會被理性個人所選擇的原則將有機會，且有需要去從起跑點上挑出他們來。他的正義概念特色即在於，是透過權利以及對資源平等分配的程度來保障個人的自由。

羅爾斯的模型和他從中推論出的方法受到各方批評[2]。然而，沈岱爾（M. Sandel）的《自由主義及其正義的限制》（*Liberalism and the Limits of Justice*）以及華瑟（M. Walzer）的《正義諸領域》（*Spheres of Justice*），這兩部作品特別被認定是來自社群主義已為人所知的獨特立場對羅爾斯的回應[3]。他們清楚地針對羅爾斯對個人與

---

[1]J. Rawls,《正義論》（*A Theory of Justice*）, Harvard University Press, Cambridge Mass. 1971.關於羅爾斯正義論更詳細的內容，請參考本書有關自由主義的篇章。

[2]例如，可參考 N. Daniels編之《閱讀羅爾斯：正義論的批評研究》（*Reading Rawls: critical studies of A Theory of Justice*）, Basil Blackwell, Oxford 1975.

[3]M. Sandel,《自由主義及其正義的限制》（*Liberalism and the Limits of Justice*）, Cambridge University Press, Cambridge 1982; M. Walzer,《正義諸領域》（*Spheres of Justice*）, Basil Blackwell, Oxford 1983; 亦可見 M. Sandel之〈程序共和國與無負擔的自我〉（The Procedural Republic and the Unencumbered Self）, 收錄於《政治理論》（*Political Theory*）, vol. 12, pp.81-96, 1984.

社會關係的概念，強調一個人的認同、價值和理解會是如何地被社會所建構與表達。他們同時質疑羅爾斯引伸自正義原則的計畫，該原則認為它在適用上是具有普遍性的。這些論述的兩條路線——社會建構論和特殊主義——乃是哲學社群主義的核心。它們與相關的論題已經由一些理論家加以精緻化了，當然，並不是所有的理論家都直接對羅爾斯有所回應。隨著辯論的進行，他們之中的一方廣泛地被理解為自由主義者或「個人主義者」，而另一方則被理解為社群主義者[4]。而後，也許是不可避免地，一些研究貢獻亦指出雙方的對立是如何地被誇大了，每一方是如何地傾向去誤解對方，「社群主義」的論題在自由主義哲學中是如何的重要，以及自由主義的價值對那些自認為社群主義的人來說又是如何的重要[5]。

---

[4] 大部分被認為是「社群主義者」的，除了Sandel和Walzer之外，就是A. MacIntyre,見《德性之後》(*After Virtue*)，Duckworth, London 1981; Charles Taylor,〈詮釋與人類的科學〉(Interpretation and the Sciences of Man）及〈原子論〉(Atomism)，收錄於《哲學與人類科學》(*Philosophy and the Human Sciences*)，Cambridge University Press, Cambridge 1981.關於其他相關的文獻可見 S. Avineri 與 A. de-Shalit所編之《個人主義與社群主義》(*Individualism and Communitarianism*) 一書中所收集的文章與選粹，Oxford University Press, Oxford 1992.

[5] 舉例來說，M. Walzer,〈社群主義對自由主義的評論〉(*The Communitarian Critique of Liberalism*)，收錄於《政治理論》，vol.18, pp.6-2, 1990: Charles Taylor,〈交錯的目的：自由主義社群主義的辯論〉(Cross-Purposes: the Liberal Communitarian Debate)，收錄於 N. Rosenblum編之《自由主義與道德生活》(*Liberalism and the Moral Life*)，Harvard University Press, Cambridge Mass, 1989. Rawls與Dworkin後來的研究特點在於和社群主義相關的主題上；在Dworkin的例子裡，是他對「詮釋」(特別是法律詮釋）的強調，而在Rawls的例子裡，則是他強調自由主義是一個傳統，而且他的正義理論的適用性僅在其所建立的脈絡裡。請參考R. Dworkin,《法律帝國》(*Law's Empire*)，Fontana, London 1986; J. Rawls,《政治自由主義》(*Political Liberalism*)，Columbia University Press, New York 1993.

如果我們追溯社群主義的哲學根源，我們會看到，它其實是一種西方哲學傳統中許多不同分支的綜合。重要的是我們要記住這些複雜的哲學根源，以及被置於社群主義傘下的各種關懷之歧異性。任何緊密與詳細的討論都應該將這多種不同的分支區分開來，並指出他們之間的緊張關係。在這樣一個簡短的描述中，我只能注意到這個複雜性，並試著避免將社群主義表現為一個單純的整體。

社群主義的哲學

　　就如同我們前面見到的，社群主義是開始於一連串對於近來（大部分是美國）的自由主義政治哲學部分特徵之抽象的批評而來。如果我們可以分辨出一種單一的關鍵論題，那麼它指的就是反個人主義；這可被分析成三種不同的主張。首先，它主張世界不只是個人的集合。社群主義者如同許多其他的社會哲學家一樣，傾向於主張集體、制度、人類關係等的存在與重要性。其二，為一種倫理的爭議，其本身可分成兩部分。社群主義者會認為倫理的價值不在於個人，它毋寧是被建立在社會的個體或甚至在其中個人僅為一份子的社群或社會中。他們也主張一些在個人主義哲學中傾向於被否定之價值的重要性，例如：互惠、團結、信任、傳統……。其三，為一種方法論上的論題：社群主義者主張，發現倫理原則的方法並不是試圖在演繹與應用那普遍有效的基本原則，而是去詮釋與定義已存在於真實現存團體生活方式中的價值，例如：社會與社群。這種方式，倫理的原則是可以被社會行動者所接受和擁有的。

　　這三個主張產生了許多其他的信念。第一，社群主義者所採行的議題係包含以下概念：即個人是立足在一種與國家和社會直接、明確的關係中（這個想法在現代社會中是非常有力的，而且某種程

度在現代法律系統與福利國家的發展中得到助長）。第二，社群主義者駁斥市場作為一關鍵社會制度的地位，以及市場交換係為一特殊權利，甚且是人類關係的「自然」模式的說法。社群主義哲學家把焦點放在形成個人與國家社會關係之特質的各種制度，以及處理事務的傳統方式，以取代那對社會有防禦權利的個人以及忙於與他人從事自利事務的個人。社群主義的著述充滿了與法人、志願組織、職業團體、家庭、宗教制度的關係。在這些制度當中，個人與他人的關係乃是由許多共享的價值與實踐所管轄的。當我們考慮到所有這類的社會制度時，似乎很清楚的，自利並不能說是人類生活中的宰制性動機因素（當然，雖然它可能有它的地位）。我們觀察到，就算是市場，也都是建立在信任、共享的理解與對規範的服從上。

第三，價值之間有一種差異存在。一個思考有關政治傳統的良好方法，是去分析他們所珍視的價值項目（例如：自由、平等、同胞愛、權威），以及這些價值在他們心目中的排序（舉例來說，自由主義者傾向將自由放在平等之前，而社會主義者則反之）。社群主義者則是重視社群本身以及傳統之價值。除此之外，他們還主張，在沒有參照一個個別的社會時，我們無法說所謂值得珍視的價值是什麼，以及他們應如何來排序：這全都要視所討論的社會傳統及生活方式而定。進一步來看，舉例而言：我們不能在沒有參照一個特定的社會的情況下，就說自由意指什麼。我們是依據何種標準來判斷一人的自由與否？自由的意義只能從一個已建立的社會框架及其生活方式中來認知。

最後一點顯然是非常的重要也非常具有爭議。這個爭議的焦點集中在社群主義者被認為，他們主張對與錯、好與壞只能以一個特定社會的詞彙來判定。因此習俗和相互關係，如奴隸制度，或是在統治者死亡時屬下或奴僕陪葬的犧牲，對現代、西方、自由的心靈來說似乎是明顯的錯誤，它必須被放在該社會中來思考，才能視為

是對的（或者，也許是無關對錯的問題，因為在做出這樣一個判定之前，有採取一個特定立場的必要性）。稍後，我將會再回到相對主義的議題上。現在我想注意一下，我們所發現的一些社群主義哲學對這些議題的回應。舉例來看，在《德性之後》（*After Virtue*）一書中，麥金泰（A. MacIntyre）十分強調傳統的價值；華瑟的《正義諸領域》則再三論及，在我們決定一個價值該如何歸類之前，去理解該價值（例如：醫療照顧、物質的福利……）在文化中的位置與意義的重要性。對所有社群主義者而言，一個主要的成見是，自由主義未經深思就把他們的預設放到其他的文化當中。而另一個同樣重要的論點是，他們強調自由主義也是一個傳統，它的中心概念與實踐乃是經由與他人的相互關係發展出來，而且它也必須被這樣理解。這兩點破壞了由羅爾斯、諾利克和杜渥金所形成的研究途徑，他們共同堅持自由主義的原則可以在純粹地演繹思考下被推論而出，彷彿現存的社會、歷史或流行價值對他們的結論沒有任何影響似的。

社群主義的政治

我已經指出哲學的社群主義主要是針對自由主義政治哲學而來。然而，社群主義的哲學並無法直接跳躍到任何一個政治規劃之中。雖然社會主義傳統上有許多論題的特徵，在現今的脈絡裡可以和社群主義關聯在一起，但在某種程度上，兩者所意涵的東西，其彼此之間是有爭議的[6]。社會主義者多半質疑社群主義的保守意涵，

---

[6]D. Miller,〈在什麼意義下，社會主義必然是社群主義？〉(In what sense must socialism be communitarian?），收錄於《社會哲學與政策》（*Social Philosophy and Policy*），vol. 6, pp.51-73, 1989.

質疑他們強調傳統與關係的決定性模式。確實，傳統的保守思想之特色便在於社群的理想以及其他的社群主義論題[7]。而且，即使在女性主義與社群主義之間有許多親近性，但是這些保守的意涵也同樣會困擾著女性主義者[8]。其中，那些通常被貼上「社群主義」標籤的著名哲學家亦肯定了他們對自由主義的主張[9]。

　　然而，一種特定的政治社群主義近來已開始茁生了。它採取了兩種形式。第一，努力地發展並引導了一種社群主義的社會與政治運動。在英國，一種「社群主義的公共論壇」（Communitarian Forum）已被建立，而且一種「公民組織」（Citizens' Agenda）也被設計出來了[10]。在美國，「社群主義組織」（The Communitarian Agenda）透過葉茨爾利及其他人開始興辦[11]。第二，明確的社群主義論點在政治的發言當中也時有所聞（著名的有布萊爾（Tony Blair）的演講，其為英國工黨的領袖），而且也在報章雜誌上被提及與精緻化了[12]。哲學社群主義的研究和這些論述息息相關（即使政治的社群主義和

[7]R. Scruton編之《保守主義的文本：名文選集》（*Conservative Texts: an anthology*），Macmillan, Basingstoke 1991.

[8]E. Frazer 和 N. Lacey，《社群的政治：女性主義對自由主義——社群主義辯論的評論》（*The Politics of Community: a feminist critique of the liberal-communitarian debate*），Harvester Wheatsheaf, Hemel Hempstead 1993.

[9]M. Walzer，〈社群主義對自由主義的評論〉，pp.22; R. Rorty，《偶然、嘲諷與團結》（*Contingency, Irony and Solidarity*），Cambridge University Press, Cambridge 1989.

[10]H. Tam，《建立民主社群的公民組織》（*Citizen's Agenda for Building Democratic Communities*），市民權發展中心，Cambridge, 1995.

[11]A. Etzioni，《社群的精神：權利、責任與社群主義組織》（*The Spirit of Community: Rights, Responsibilities and the Communitarian Agenda*），Crown Publishers Inc, New York 1993.

[12]P. Mandelson 與 R. Liddle，《布萊爾的改革：新工黨可以解救嗎？》（*The Blair Revolution: Can New Labour Deliver?*），Faber, London 1996.

這些哲學家沒什麼關係），然而，重要的是，我們要記得政治社群主義也有其他的先驅：在英國，著名的有基督教社會主義者、倫理的社會主義傳統，以及部分的保守主義分支。

政治社群主義的內容以這兩個熟悉的主題為特色。一是社會的議題，其堅持個人本質上和每一個人都是相關聯的；我們的人倫關係對我們人格特質來說格外的重要；在我們生活於其中的網絡深深地影響到我們生活的品質；而且社這些社群本身中就是具有相當價值的[13]。其二，社群主義者注意到倫理詮釋主義的重要性：這個想法是指倫理的原則或價值，只有他們在某種意義下已成為一般人民日常生活中的想法裡的一部分時，才是有效力的。政治的社群主義者訴求於人們心照不宣的理解，這對社群而言確有其重要性，這些我們無從選擇的義務是和我們那些志願的選擇，同樣重要的[14]。

但是比這些更重要的，毋寧是更為實際的政治計畫。首先，要確認對於社群是否能成為替代國家與市場兩者來分配財物（例如：照顧、福利等）的機制，必須被認真的思考。其次，在個人權利的享有及他們所擔負的義務與責任之間，建立一明確的連結。其三，也是較有爭議的是對個人之地域關係的強調，亦即組織與結社的重要性是完全地深植於並感應在他們地域的人們身上[15]。最後這一點之所以引起爭論是因為，對地域性的強調看起來似乎對於失落的鄉村生活，帶有一種浪漫的思古幽情。它也很直接地引起了一個我們尚未討論到的議題：社群的實際概念與定義。

到目前為止的討論中，「社群」的概念已被理所當然地使用了。讀者可能會期待哲學的與政治的社群主義會對其功用提供清楚

---

[13] A. Etzioni，《社群的精神：權利、責任與社群主義組織》，pp.116-122; H. Tam, 《建立民主社群的公民組織》，p.1.

[14] A. Etzioni，《社群的精神：權利、責任與社群主義組織》，pp.101, 258-259.

[15] P. Mandelson 與 R. Liddle，《布萊爾的改革：新工黨可以解救嗎？》。

的概念分析，以及理論上的精緻化（亦即，有關社群如何運作的一連串假設、在什麼樣的條件下他們可以活躍、社群的建立對於人類生活其他的面向而言有何影響等），還有對於社群作為關鍵的社會形構和關鍵概念的辯護。我們必須說，特別是在前面兩個面向上，他們幾乎是令人失望的。社群的諸概念及理論就大部分的狀況來說，只有對那些從事大量相關文本閱讀的人才有顯著的意義。進一步來看，相反的，真正發展出來的概念及理論，也完全沒有好好地被仔細處理。儘管如此，我們可以區辨出三種，由哲學與政治的社群主義者提出的不同的概念化社群。

第一種社群的概念是一連串人與人之間的關係：信任的關係、相互的尊重、雅量、相互的瞭解、共享的價值、互惠……，這些支撐了社會上有用以及可欲的財貨與資源的分配。舉例來說，假設如社群主者所主張的，以病患與貧窮者的照顧為例的財貨分配，透過社群的機制，要比透過國家官僚體系或市場機能做到更好的話，那麼這意味著一個社群成員與他人的關係，透過這種方式能讓一個特定之交易有效的模式產生。

第二種社群的概念作為一個具有邊界與特定位置的實體。這在許多和鄰里及其他相關事務上是有目共睹的。然而，就如同我們之前看到的，有關社群作為區域性的概念是有其正反兩面的評價：在現今的政治與文化的脈絡裡，由於被指控為戀舊情結的恐懼，否認傳統的社群概念似乎是重要的。附帶的強調，這種人們試圖去建立的社群代用品，乃是一種對原子論、異化與都市生活匿名性的回應：透過技術的、志願性的組織，地理上的族群，以及政治與社會的運動使城中村莊、網絡與結社得以形成[16]。

第三種社群的概念是作為一個思考的主體。在政治的演說中，

---

[16]A. Etzioni, 《社群的精神：權利、責任與社群主義組織》, pp.116-118; H. Tam, 《建立民主社群的公民組織》, p.1.

有一種強烈去談論「社群的道德之聲」、「社群的情感」等的傾向
[17]。除此之外，政治的社群主義花了許多的注意力在多種制度上，
這些示範或提供給社群基礎：如教育與宗教的組織，而且最為重要
的是——家庭。在哲學的社群主義當中，家庭是以兩種方式被提
及。一種是作為社群的例證：以此為例，這種組織當中社群的關係
可以被共享。一是社群的基礎——在社群可以實現之社會中的一個
必須建立的點。這兩個意義在社群主義的家庭概念中被結合了起
來，它同時經由美國與英國的政治社群主義者而精緻化了。社群主
義的家庭特色在於，在這樣的家庭裡，配偶彼此都主動並深入地參
與他們孩子的養育，而且所有的成員都參與這個社群。父母養育孩
子的道德義務是對社群的一種責任。

對社群主義的批評

我準備開始說明一般對社群主義的批評，以先前已談過好幾次
的議題來著手——亦即社群主義者在其「社群」概念佈局及討論中
的模糊性。第一個指控是有關社群作為一種關係、社群作為一個實
體與社群作為某種思考的主體間的混淆。除此之外，社群主義在
「社群」的描述性意義（亦即他們使用這個概念來呈現某些重要的社
會結構，或特定的重要社會關係，他們並質疑那些執著於個人主義
的理論家和分析家都忽略了社會實體這個面向）和規範性意義（亦
即他們規劃出一個理想的模式，讓社群有秩序地去安排各種政治目
標）之間有所鬆脫。整體來說，在這類文獻中，社群比較被作為例

---

[17]A. Etzioni,《社群的精神：權利、責任與社群主義組織》, p.54; P. Mandelson
與 R. Liddle,《布萊爾的改革：新工黨可以解救嗎？》, p.34.

證而非分析；如作者可能會這樣說「……自我必須透過他在社群（例如：家庭、鄰里、城市與部落）中的成員身分來發現自己的道德認同」[18]。在政治理論或自由、平等、權威等概念的哲學中，具有質或量的分析途徑幾乎不存在[19]。

這種概念上的模糊性就我們稱之為社會學的模糊而言，在政治的社群主義中得到很好的印證。我們已經看到一個在討論中被視為一個地域性的社群，它的地點和範圍是曖昧不明的。更進一步來說，我們可以由社群主義者的說法得到結論，所謂重要的議題是在於個人所涉入的網絡與組織的範圍與特性，以及其友情與親切感的性質。也就是說，我們彷彿可以把它視為一可欲的社會，在其中個人可以享有並來去於一些易變的關係與網絡之間。然而，政治社群主義對家庭的想法，以及自負於血緣關係的重要性（相對於對他人的親切感），實際上是傾向和這種觀點衝突的。

進一步引起的問題帶有一點更為抽象的本質。這個問題已被批判社群主義者所提出：社群是為了社會秩序與固有社會制度而建立的？還是為了個人的自主與活躍而建立的？這將我們帶回社群主義和自由主義的最初辯論上，因為是自由主義者提出這個問題的。整體看來，當堅稱社群是一種達成自主性的工具時（以及因此自由主義理論的某些面向是錯的），哲學的社群主義者已經傾向承認個人自主性的價值。在這裡，被放在議題裡的東西就是其所要強調的問題；其危險在於強調社群本身的價值，社群主義者將會以侵害個人的自由告終。

而且這一點也將我們帶到一些對社群主義的實質批評上，這些

---

[18]A. MacIntyre,《德性之後》, p.221.
[19]一個例外是R. Plant,〈社群：概念、概念化與意識形態〉（Community: concept, conception and ideology），收錄於《政治與社會》（*Politics and Society*）, vol.8, pp.79-107, 1978.

批評焦點是放在社群可以排除大多數人，以及團體行為不同於該社群規範時所面臨的困難[20]。證明社群作為一種關係的特殊性與作為一種特殊之社會實體的普遍方法，是經由間接提到「我們的狀態」（we-ness）──這個概念是指我們作為一個團體有我們自己突出的方式與價值[21]。隨著這點而來的困難性在於「我們的狀態」隱含了「他們的狀態」（they-ness）──某個在我們社群之外，不是共享我們那套方式與價值的團體。於是有關「我們」對「他們」的態度和關係之問題就被引發了。社群在生產與分配財貨效率上的對立面，是那些在社群中，因為非成員身分而自相關財貨的享有裡被排除的人之命運（有時候是令人不愉快的）。舉例來說，我們可能會想到那些移民到新國家的人所面臨的困難[22]。

部分對該問題的回應是，大部分的社群主義理論一致地認為，個人擁有各種不同而又重疊的「社群」成員身分（即使這沒辦法明確地詳加說明）[23]。但是諸理論並沒有指出這些複雜的問題，此類問題係來自於，有些社群可以透過選擇決定加入或離開，然而其他卻無法輕易地進入也無法輕易地逃脫的事實。這一點是格外重要

---

[20]I. M. Young,〈社群理想與差異政治〉（The Ideal of Community and the Politics of Difference），收錄於Linda Nicholson編之《女性主義／後現代主義》（*Feminism/ Postmodernism*），Routledge, London 1990.

[21]例如：社會正義的委任報告《社會正義：國家復興的策略》（*Social Justice: Strategies for National Renewal*），Vintage Books, London 1994, p.306:「一個良好的社會所依賴的不只是我，個人的經濟成功，而是我們，整個社群的社會承諾。」

[22]關於說明此點的實證討論可見A. Crawford,〈評論：社群的精神〉（Review Article: The Spirit of Community），收錄於《法律與政治雜誌》（*Journal of Law and Society*），1996.

[23]大部分在此處提到之政治社群主義者──Etzioni與Tam──確實簡略地說明了它，但是他們並沒有適當地討論其潛在意涵及複雜度。 A. Etzioni,《社群的精神：權利、責任與社群主義組織》, pp.116-118; H. Tam,《建立民主社群的公民組織》, p.1.

的，因為某些社群的成員身分賦予個人相當多的社會權力，然而其他社群的成員身分卻是權力的削弱。舉例來看，一個富裕的貴族社群之成員關係，以及一個牢獄社群之成員關係在這個意義上是難以相比的。由此可見，社群主義也需要對存在於競爭與共存之社群間的權力關係做分析。如果我們可以總結這一連串批評的力量，那麼社群主義同時需要透過一探討社群間關係之跨社群主義（supra-communitarian）理論，以及一批判地看待社群裡福利與個人地位之內社群主義（intra-communitarian）理論來補充。

現在，社群主義者或許會充分合理地回應道，社群主義不是一個關於世界、宇宙及所有事物的巨大理論（mega-theory）；對它來說，和所謂個人自主性與人類興盛的理論結合在一起是相當合理的，它為個人對社群的從屬關係限定範圍；也和所謂民主的理論結合在一起，其規制了在社群與社會形構（例如國家）間的關係。我們可以說，社群主義是一種個人與社會關係的理論，它產生了某些規定：舉例來說，社群就其本身而言，必須被允許去繁衍，但這個規定會被其他來自於更廣泛考量正義或民主的有效規定所局限。不幸的是，這個主張又因為社群主義以正義本身的考量作為出發點的這個事實，而略為被減弱了。

從實際政治的觀點來看，政治社群主義的前提，或者明確地說，什麼在我們倡議社群時也正受到助長，是一個迫切地需要被回答的問題。不然，嚴肅的批評將無可避免這樣的結論，亦即「社群」這個詞彙在社群主義中的功用，其實不過是作為一種令人感覺舒服的字彙在修辭上的力量：它在某種程度上緩和了社會主義者的焦慮（因為它和團結、社群等價值有共鳴），迎合了渴望社會秩序的保守主義者，而且也不會使自由主義者感到過分威脅。

社群主義的未來

　　雖然任何通曉事理的政治理論家，對於以任何如預言一樣具體的事物，來指出發展中事物的遠景，都會感到退縮。但是要提出一些此處已討論過的爭論可能如何發展之概略輪廓，還是有可能的。

　　首先，我們可以合理確信地說，社群這個詞彙由左派、右派與中間派來看，都不會失去它在修辭上的力量以及政治演說中的重要性。這當然不是因為所有的政治概念都有其本質上的永續性之緣故：看看「平等」在當代英國政治論述中的命運就知道了。我認為這不如說是因為對社群的強調，導引出了一個真實且壓迫性的弔詭，一是在本章一開頭就指明的：市場和國家科層體制，兩者在作為有效分配特定重要財貨的機制上，皆已受到質疑。除此之外，我們可以再加上兩個進一步的因素，用較偏好的詞語來說的話：第一是它的言辭力量，第二是它的模糊性。

　　它的言辭力量是夠清楚不過了。以社會主義者、自由主義者、保守主義者，以及對許多其他政治位置的觀點來看，「自由」存在於不同的脈絡裡，在一個整體的政治意識形態或思想體系中來說：如保守主義、無政府主義、社會主義、女性主義、綠色政治思想、甚至是自由主義，社群是有其自己的位置。就其建立融合的意涵而言也是很明顯的，而且在這個範圍內，社群主義在推動政治前進，這是由於它具有將各種歧異特質推向聯合的潛力。但是，「社群」有一個附加的力量：它在許多非理論、非政治論述與實踐的整體範圍中，也具有核心的位置，這在許多人日復一日的生活中也是相當重要的。例如：社區中心、社區工作、社區發展——這些對許多人的日常互動而言，具有相當的重要地位。

不過，這並不是說，「社區中心」（community centre）的內容對那些在那裡工作與交流的人來說，有一個很清楚的意義。就一方面而言，行動派與參與者都知道，動員地區人民的好方法，便是力勸他們在積極地參與他們的社群。就另一方面而言，這些非常相似的行動者以及他們所力勸的人民，都知道「社群」充其量只是一個激勵的力量罷了。舉例來說，他們所訴求的這群人被世代、階級或民族性給分化了；我們很難保證社群的資源對社群所有的成員來講，都是真正能夠得到的；而且要長期讓這些參與持續下去，需要很多很多的努力。除了那些最不密切參與「社區工作」的人，對所有的人來說，這些困難是不證自明的，但是我想這恰好是這些困難顯而易見之處，它讓「社群」在作為一個現實社會與政治的激勵力量上活絡了起來。

　　至於這個詞語的模糊性，同時出現在力量的來源與它的薄弱上。社群可以意指所有那些住在一個區域內的人、那些共享一套特殊宗教或文化價值的人、那些共享一套政治目標的人、或是那些共享一些其他社會特質的人，例如：他們是同一醫院的病人。這種模糊性歸因於這個概念的言辭力量，就像之前討論過的。然而，還是仍有一定的社會與政治的目的在，一個更為明確的社會學語彙是不可或缺的。

　　一個特別嚴肅的議題是，「社群」這個語彙可能被圈外人以負面的方式，來同化特定區域內的群體。特定區域內的所有居民被諸如警察、地方議員與官員等這樣的圈外人有效地加諸其罪名，以致使該群體中所發生的衝突與不平等變得無從察覺[24]。進一步來說，在一個區域內的社會關係與其用善的事務來形塑，不如用「惡的」

---

[24] 例如可參見 B. Campbell,《葛萊爾斯：英國的危險地帶》（*Goliath: Britain's Dangerous Places*）, Methuen, London 1993.

（bads）（例如：威脅、搶劫、報復）反而較能有效地流傳與增長。「惡」的循環（就如善的循環模式一樣）經由世代、性別、種族、民族性等的區分，建構了不平等與敵對狀況。在所有這樣的事例中，認為過分強調社群價值，可能可以藉此真實及有效的瞭解社會關係與社會衝突，簡直是開玩笑。

結　論

　　這些模稜兩可之處已被指出，而且也已招致批評，自從哲學社群主義的第一次出現，以及在社群主義做為一種政治計畫的轉換上，這種混淆，即使是任何事物，也都已被加深了。不過對社群這個詞語使用上的批判，顯然不是在反對社群主義者的基本洞見，亦即它們並不反對個人深受生成他們的社會文化結構的影響；在某種重要的意義下，我們的社會關係優先於我們個人的願望；而且社會集體是我們的世界真實、存在的樣貌。這些洞見依然和他們過去一樣的有效，但是如果社群主義要去回應它的眾多批評者的意見的話，那麼這些見解就必須要發展成一個更嚴謹的社會理論。

第七章
後馬克思主義

David Howarth

馬克思主義學者卡里尼可斯（Alex Callinicos）在1982年被促請寫了一本名為《馬克思主義還有未來嗎？》（*Is there a Future for Marxism?*）的書。他自信滿滿地提出了馬克思主義基本概念與政治承諾的「深思熟慮的辯護」（a reasoned defence）與「澄清」（clarification）[1]。但1990年代末期，隨著前蘇聯、東歐與其他地區「實存社會主義」（actually existing socialism）的崩解，再加上有關自由主義式資本主義（liberal capitalism）已得到全面勝利的刺耳主張[2]，甚至就算提出一個關於馬克思主義未來的問題，其有效性也會深受質疑。這豈不是預設它已死亡或者被埋葬了嗎？是否值得使它重獲生機，來作為一個引導政治行動的理論途徑？即使在馬克思主義傳統中受到許多強烈爭議，但對這類問題的一種回答，已經成為一種後馬克思主義此一不同選項的建構。本章目的在於描述與評估這種正在發展的後馬克思主義途徑，特別是涉及到政治理論的部分。

本章一開始先對古典馬克思主義作一簡短討論，之後，我將重新討論在本世紀已發展許久的「馬克思主義的危機」（crisis of Marxism）。然後，在轉向拉克勞（Ernesto Laclau）與穆佛（Chantal Mouffe）（兩位都是卓越的後馬克思主義思想家）探討重新形塑歷史唯物論的基本概念，並將其表現為當代新穎的政治理論方式之前，我嘗試藉由檢視關於其真正意義的論辯，來釐清「後馬克思主義」的概念。最後以對後馬克思主義政治思想的前景評估作為總結。

---

[1]A. Callinicos,《馬克思主義還有未來嗎？》（*Is there a Future for Marxism?*），Macmillan, London 1982.

[2]可參見 F. Fukuyama,《歷史的終結與最後一人》（*The End of History and the Last Man*）, Penguin Books, Harmondsworth 1992; A. Shtromos 編之《「意識形態」的終結：對共產主義崩解後意識形態政治命運的反省》（*The End of "Isms": Reflections on the Fate of Ideological Politics After Communism's Collapse*）, Basil Blackwell, Oxford 1994.

古典馬克思主義

在一開始，我想相當簡要地強調古典馬克思主義理論的某些重要面向。首先，馬克思主義基於這種信念：人類與自然以及人與人彼此間的互動方式，產生他們存在之各種物質條件，例如食物、居所與衣物，是人類行為中最重要的面向。生活中其他所有的東西——宗教、藝術、政治——都是透過這種物質生產的性質來形塑。就如馬克思所言：

> 物質生活的生產模式制約了社會、政治與智識生活的一般過程。[3]

在這個脈絡下，馬克思主義思想主張，將其物質生產奠基在一個團體對另一團體剝削的各種社會，必然是衝突與矛盾的，因此是受危機支配的。為什麼它應該如此呢？馬克思主義者指出了在任何特定生產體系中的兩種矛盾關係。

第一個矛盾出現在生產力（包括機器、技術與人類勞動力等生產工具）與生產關係（生產力所有權被安排的方式，也就是說，通常某一個小團體擁有所有權，而更大的團體反而沒有這種所有權）之間的矛盾。在資本主義的生產體系——勞工的勞動力透過薪資的支付與雇主僱用及解僱的權力，來加以買賣——這個矛盾本身顯示出，在它生產力的權力完全不受限制地擴張的資本主義需求，與阻礙生產力充分發展的生產工具之私人所有權兩者間，存在著緊張關

---

[3] K. Marx, 〈政治經濟學批判導言〉（Preface to A Critique of Political Economy），收錄於 D. McLellan 編之《馬克思選集》（*Karl Marx: Selected Writings*），Oxford University Press, Oxford 1977, p.389.

係。這種無法相容的現象在一連串的危機中出現，例如獲利率的下降趨勢、生產與消費間日益不均衡、在宰制性資產階級手中生產的日益集中，以及勞工階級的衰微[4]。

第二個矛盾涉及到社會階級間的鬥爭，每一個階級皆經由擁有生產工具的所有權與否來加以界定，馬克思認為這是歷史的主要政治動力[5]。在資本主義社會中，兩個主要的社會行動者——資產階級（bourgeoisie）與無產階級（proletariat）——之間的鬥爭構成了主要的階級對立。而後者的勝利會消除所有以財產所有權為基礎的社會區分，並建立一個社會主義的社會[6]。

這兩種矛盾的結合效果在於，資本主義無可避免及天啟似地走向滅亡，而且被一種合理的、並依據生產工具共同所有權而建立的新生產模式所取代。這是如何發生的？什麼是這種成果的障礙呢？這些問題都將我們帶到馬克思與恩格斯的政治理論中。就如同馬克思所提出該觀點的經典性表達中指出：

> 在人類生活的社會生產中，人類進入了一種明確的……而
> 與物質生產力發展的明確狀態相互一致的生產關係。這些
> 生產關係的總和構成了社會的經濟結構，在這種真正的基

---

[4] 見 E. Mandel,〈經濟學〉（Economics），收錄於 D. McLellan編之《馬克思：第一個一百年》（*Marx: The First Hundred Years*）, Fontana, London 1983, pp.189-190.

[5] 就像 Marx 和 Engels 在《共產黨宣言》（*The Communist Manifesto*）第一節中著名地提到：「自古迄今，所有存在過社會的歷史都是一部階級鬥爭史。」請參見 K. Marx 與 F. Engels,《共產黨宣言》, 收錄於 D. McLellan,《馬克思選集》, p.222.

[6] *Idid.*, p.230. 亦可見 K. Marx,〈對黑格爾法哲學原理的批評：導言〉（Towards a Critique of Hegel's Philosophy of Right: Introduction）, 收錄於 D. McLellan《馬克思選集》, pp.72-73.

礎之上，產生了一個法律與政治的上層結構，而且與明確
的社會意識形式相符合。[7]

　　馬克思主義政治思想的主要組成元素，包括社會關係的分析、
對自由民主體制的批判，以及提供替代資本主義的選項等，都直接
地從著名的基礎／上層結構模型（base/superstructure）而來。因此，
「政治權力……僅僅是……某一個階級壓迫另一階級的組織化權力」
[8]，而且，現代資產階級國家被視為是一種同時藉由武力與意識形
態，來維繫階級宰制的主要制度性工具，並且「負責整個資產階級
的一般事務之管理」[9]。這表示作為資本主義社會中最受宰制的無產
階級，為了消滅資本主義的生產關係，並建構其本身想像的新社會
形式，必須經由革命式鬥爭去推翻自由民主體制的國家。

　　為了進行革命性的階級鬥爭，無產階級必須藉由開始將自己視
為一個被剝削與受宰制的階級，而將本身從馬克思所說的「自在階
級」（class-in-itself）轉化為「自為階級」（class-for-itself）。這詳細說
明了可以透過一種革命意識形態的精心擘劃，以及一個組織的創造
來預見並從資本主義統治中獲得解放[10]。雖然馬克思在詳細說明一
個解放後秩序的詳細特徵，以及該秩序如何獲致的問題上有所遲疑
──他謹慎地避免「為未來的餐廳寫菜單」（recipes for the cookshops
of the future）──但是共產主義的原來對象，就是推翻建構了人類與
自然及人類與其夥伴關係的資本主義生產關係。無產階級革命揚棄
了生產工具的私人所有權，而且共產主義的立場涉及到在勞動階級

---

[7]K. Marx,〈政治經濟學批判導言〉，收錄於 D. McLellan 編之《馬克思選集》，
　　p.389.
[8]K. Marx 與 F. Engels,《共產黨宣言》，收錄於 D. McLellan,《馬克思選集》，
　　p.238.
[9]*Ibid.*, p.223.
[10]*Ibid.*, pp.228-230.

手中的共同所有權。這導致對勞動分工以及持續性宰制關係的克服。

　　就算如此，馬克思（與恩格斯）對未來共產主義社會精確性質的看法仍有所改變。在《德意志意識形態》（*The German Ideology*）一書中，本質上對共產主義的田園詩式描述——其中「社會管理一般的生產活動，並因此使我可能今天做某一件事，而明天做另一件事，清晨打獵、下午捕魚、傍晚餵牛、晚飯後作評論……而不需要真正成為獵人、漁夫、牧人或評論家」[11]，但在《資本論》（*Capital*）一書中，他不得不採取一種完全超越分工可能性的現實主義評估。因此，他寫《資本論》時，馬克思已經接受勞動的存在是一種必然性，而且也已有條件地主張縮短工作日來達到真正的自由[12]。

古典馬克思主義的問題

　　在今天討論一種「馬克思主義的危機」是有點陳腔濫調了[13]。

---

[11]Karl Marx與Friederich Engels，《德意志意識形態》（*The German Ideology*），收錄於《馬克思選集》，p.169.

[12]Karl Marx，《資本論》（*Capital*）第三卷，收錄於 D. McLellan編之《馬克思選集》，p.497.

[13]這可以追溯至Thomas Masaryk於1892年所創造的這個名詞，而且它已自1970年代開始，被廣泛地使用。請參考 E. Laclau和 C. Mouffe，《霸權與社會主義策略：邁向一種基進民主的政治》（*Hegemony and Socialist Strategy: Towards a Radical Democratic Politics*），Verso, London 1985, p.18; 關於1970年代與1980年代的討論可參見P. Anderson，《歷史唯物論的軌跡》（*In the Tracks of Historical Materialism*），Verso, London 1983, p.28; B. Smart，《傅柯的批評與馬克思主義》（*Foucault Critique and Marxism*），Routledge and Kegan Paul, London 1983, pp.4-10.

然而，從先前已經提出的理由看來，在1990年代，馬克思主義的危機於強度與範圍上都凌駕了過去的程度。本章將焦點放在馬克思主義政治思想的「理論」危機上，而且修正或取代其先前已經提出的假定之努力。為了達到這種目的，我們首先必須指出馬克思主義傳統中日益浮現的許多問題，在過去幾年當中，他們如何具體化而成為馬克思主義思想的理論危機。

讓我們回到馬克思主義對資本主義社會所提出的兩個主要矛盾。雖然馬克思正確地預測到，資本主義社會一連串的暴起暴落，但馬克思所針對的資本主義生產在本質上的無政府性格，在二十世紀已逐漸被一個更加組織化的體系所取代[14]。新興技術的剝削、經由帝國主義而取得的新興市場掠奪，以及國家在為資本積累提供適當條件的日益吃重的角色——因而抵銷了經濟危機——以上各種現象都表示資本主義已經證明它比馬克思所預期更強韌而且持久。

一般都知道，馬克思在預測何時才是資本主義無可避免崩潰的確切時間上模稜兩可，而主張既然一個革命需要無產階級「變得有階級意識」，而且會「對抗」來自資本主義矛盾所產生的衝突——詳細的過程是變動且不可預知的[15]，所以一個成功的革命沒有任何時

---

[14] 請參見 C. Offe, 《解組的資本主義》（*Disorganised Capitalism*）, Polity Press, Cambridge 1985, pp.4-5; S. Lash 與 J. Urry, 《組織化資本主義的終結》（*The End of Organised Capitalism*）, Polity Press, Cambridge 1987, pp.1-10. 然而，這些概念由馬克思主義傳統的思想家所預見到，他們在當時，寫下了這些東西。請參見 R. Hilferding, 《財政資本》（*Finance Capital*）, Routledg and Kegan Paul, London 1981; V. Lenin, 《帝國主義：資本主義的最高階段》（*Imperialism: The Highest Stage of Capitalism*）, Progress Publishers, Moscow 1968; A. Gramsci 《獄中札記》（*Selections from the Prison Notebooks*）, Lawrence and Wishart, London 1971.

[15] K. Marx, 〈政治經濟學批判導言〉，收錄於 D. McLellan 編之《馬克思選集》, p.390.

間的限制。不過，馬克思與恩格斯預期勞工階級之相對貧窮，會伴隨政治基進化與資本主義最終被革命所推翻而來，實際上已證明相當難以確定。至少用馬克思主義與無產階級的話來說，社會主義革命，例如在蘇聯與中國大陸已被實現了，但是這些都是資本主義社會最不發展的國家，而且極權主義式的結果也與馬克思主義者所預期的有相當大的不同，與其追求更大自由的目標更是背道而馳。

在西歐及美國這種更為先進的資本主義社會中，一個進一步的歷史發展方向並未完全被馬克思所預見，已經變得很明顯。與具有共同利益的無產階級成為單一革命力量的預期形式不同的是，已經出現一種勞動階級的分裂以及其假定之經濟與政治利益的分化[16]。不僅勞動階級的不同組成部分間已經出現分裂，這是一種馬克思與列寧在討論他們稱之為「勞工貴族」（labour aristocracy）[17]這種勞工特權團體的出現時，已經注意到的一種傾向。但是在勞動階級內部也有分裂：勞工表現出並非純粹基於其所屬階級的多元認同。舉例來說，身為馬克思主義領導人與作家的羅莎·盧森堡（Rosa Luxemburg）曾在第二次大戰期間，注意到勞動階級對其他國家所抱持那種令人悚然的沙文主義，以及隨其覺醒而出現的民族主義核心價值，這都是像民族主義這種決定性認同的清楚符號，而非為無產

---

[16] 這些過程在當時馬克思主義者的著者中並沒有被忽視，例如：Karl Kautsky, Eduard Bernstein, Rudolf Hilferding 和 Karl Renner. 請參見 E. Bernstein,《進化的社會主義》（*Evolutionary Socialism*）, Schocken Books, New York 1961; T. Bottomore 和 P. Goode 編之《奧地利馬克思主義》（*Austro-Marxism*）, Oxford University Press, Oxford 1978.

[17] V. Lenin,《帝國主義：資本主義的最高階段》, pp.244-246.

階級逐漸採用的階級[18]。

　　這些傾向在某個程度上是社會變遷的產物：透過選舉權的擴張、群眾政黨的發展、社會與經濟權利的取得、物質繁榮的提升，以及為支撐資本主義而設計的意識形態機制之擴張（如大眾傳播與群眾教育），全體勞工納入了政治體系[19]。這也導致經濟與政治利益的區分，因為勞工可以經由工會來追求他們的經濟利益，而投票給資本主義國家範圍內運作的改革政黨[20]。

　　更積極地來看，革命熱情的減弱與勞動階級的潛力是伴隨著政治抗爭的不同選項之成長而來的，特別是在1968年之後的期間。然而，環繞於性別、種族與生理性別區分的政治鬥爭之出現，以及各種學生活動、環保主義者、反核抗爭者、鄰里與市民團體、族群與少數民族團體——總稱為「新社會運動」（new social movements）——都進一步地腐蝕了勞動階級作為解放唯一行為者的角色[21]。最

---

[18] 見 R. Luxemburg, 《國家的問題：羅莎‧盧森堡著作選集》（*The National Question: Selected Writings of Rosa Luxemburg*）, New York, Monthly Review Press.有關民族主義對馬克思主義之破壞性意涵的更詳盡討論，請參考E. Nimni, 《馬克思主義與民族主義》（*Marxism and Nationalism: Theoretical Origins of a Political Crisis*）, Pluto Press, London 1991.

[19] 許多二十世紀馬克思主義政治與社會的分析，從Antonio Gramsci的著作到如 Max Horkheimer, Theodor Adorno 與 Jurgen Habermas批判理論學者，及Louis Althusser和Nicos Poulantzas之類的結構主義者，都致力於勞動階級的政治與意識形態的具體表現，以及對其革命潛在性威脅的研究上。

[20] T. Boottomore, 《政治社會學》（*Political Sociology*）, 2nd Pluto Press, London 1993, pp.19-27.

[21] 見 C. Boggs, 《社會運動與政治權力》（*Social Movements and Political Power*）, Temple University Press, Philadelphia 1986; M. Castells, 《城市與草根民眾》（*City and the Grassroots*）, Edward Arnold, London 1983; A. Scott, 《意識形態與新社會運動》（*Ideology and the New Social Movements*）, Unwin Hyman, London 1990; A. Touraine, 《聲音與眼睛》（*The Voice and the Eye*）, Cambridge University Press, Cambridge 1981.應該加以說明的是：「新社會運動」這個名詞其實有點不太令人滿意，因為它暗示這些運動和基於階級利益之「舊」鬥爭形式有所區隔與對立。

近，這類新穎的政治活動形式已被「認同政治」（politics of identity）所補足了：這種政治形式將焦點放在某人自我與他人對性別、宗教、文化與種族認同等領域的複雜結構上[22]。這些訴求要求「多元文化論」（multi-culturalism）與「承認差異」（recognition of difference）的落實，在二十世紀已經進一步加深了階級政治的分裂。

最後而且最重要的一點是，隨著「西方」新興政治勢力在第二次世界大戰後的蓬勃發展，已經逐漸進一步強化「第三世界國家」（Third World）的反殖民與反帝國主義鬥爭，以及各種形式的政治運動，如前南斯拉夫的民粹主義（populism）、宗教基本教義派（religious fundamentalism）與族群民族主義（ethno-nationalism），其挑戰了古典馬克思主義語彙中的描述方式。

相當重要而應加以注意的是，所有這類運動與政治認同都不再符合於古典馬克思主義的模式。它們並非圍繞在生產關係而加以組織，而且也不必然要詳盡訴求社會主義的要求及意識形態。簡單來說，資本主義在二十世紀日益組織化而且更加強韌的形式，以及革命式勞動階級政治的失敗，再加上1968年後期中，許多新興的抗議與鬥爭形式，都對馬克思主義途徑累積了各種難題。

---

[22] 請參見R. Brunt,〈認同政治〉（The Politics of Identity），收錄於 S. Hall與M. Jacques編之《新時代：1990年代政治的變動面向》（*New Times: The Changing Face of Politics in the 1990s*），Lawrence and Wishsart, London 1989, pp.150-159; W. Connolly,《認同／差異：政治弔詭的民主協商》（*Identity/Difference: Democratic Negotiations of Political Paradox*），Cornell University Press, Ithaca 1991; A. Philips,《民主與差異》（*Democracy and Difference*），Polity Press, Cambridge, 1993; F. Piven,〈全球化與認同政治〉（Globalization and the Politics of Identity），收錄於L. Panitch與F. Wood所合編之《社會主義者1995》（*Socialist Register 1995*），Merlin Press, London 1995.

所出現的困難與後馬克思主義的界定

　　界定後馬克思主義有四種方式。第一，它可能指的是曾被馬克思著作所「影響」的思想家與思想團體，雖然這個分類廣泛到沒有什麼分析價值。第二，它可以用來稱呼那些馬克思「之後」的馬克思主義著作，但是同樣的，這種概念化作為一項思想分類的方式也是沒什麼意義。第三，它可以指的是已經明確地將其本身界定為後馬克思主義者的那些學者。第四，它可能代表一種奮鬥的理想，我借用自德希達（J. Derrida）的用語而稱之為「即將來臨的後馬克思主義」（a post-Marxism to come）[23]。

　　在此結合第三與第四個界定來說明後馬克思主義的特徵。更為特定的是，我將把焦點放在拉克勞與穆佛深具影響力的著作上。對於這個選擇有四種理由。他們已經選擇詳細說明一個自我宣稱的後馬克思主義立場，並為這特殊選擇提供了清楚的理論基礎[24]；他們的決定已經同時在馬克思主義者與非馬克思主義者間引起數量可觀的批判、評論與論辯，同時涉及到後馬克思主義的概念與其所提出

---

[23] 我是從 Jacques Derrida 借用了這種表達方式，他在最近的著作中曾經提到有關「民主即將來到」的希望。請參見 J. Derrida,《另一種方向：對今日歐洲的反省》（*The Other Heading: Reflections on Today's Europe*）, Indiana University Press, Bloomington 1992, p.78.

[24] E. Laclau 和 C. Mouffe,《霸權與社會主義策略：邁向一種基進民主的政治》, pp.3-5. 亦可見 E. Laclau 與 C. Mouffe,〈沒有辯護之下的後馬克思主義〉（Post-Marxism Without Apologies）, 刊於《新左派評論》（*New Left Review*）, vol. 166, November/December 1987, pp.79-106; E. Laclau,《對我們這個時代革命的新反省》（*New Reflections on the Revolution of Our Time*）, Verso, London 1990.

的實質承諾[25]；他們的著作已和他們努力地在理論上加以理解的新

---

[25] 見 S. Aronowitz,〈後現代主義與政治〉,收錄於 A. Ross 編之《完全放棄：後現代主義的政治》(*Universal Abandon: The Politics of Postmodernism*),Edinburgh University Press, Edinburgh 1988; M. Barrett,《真理的政治：從馬克思到傅柯》(*The Politics of Truth: From Marx to Foucault*),Polity, Cambridge 1991, chapter 4; S. Best 和 D. Kellner,《後現代主義理論：批判的質疑》(*Postmodern Theory: Critical Interrogations*),Macmillan, London 1991, chapter 6; D. Coole,〈階級是一種重要的差異嗎？〉(Is Class a Difference that Makes a Difference?),收錄於《基進哲學》(*Radical Philosophy*),77 May/June 1996, pp.17-25; T. Eagleton,《意識形態：導論》(*Ideology: An Introduction*),Verso, London 1991; N. Geras〈後馬克思主義？〉(Post-Marxism?) 刊於《新左派評論》(*New Left Review*),163, May/June 1987, pp.40-82; N. Geras,〈非實質的非馬克思主義：對拉克勞與穆佛的真實回應〉(Ex-Marxism Without Substance: Being a Real Reply to Laclau and Mouffe),《新左派評論》,169 May/June 1988, pp.34-61（同時也發表在其《極限的論述：基進族群與後馬克思主義的過份主張》(*Discourses of Extremity: Radical Ethics and Post-Marxist Extravagances*),Verso, London 1990）; S. Hall,《復興的艱難之路：柴契爾主義與左派危機》(*The Hard Road to Renewal: Thatcherism and the Crisis of the Left*),Verso, London 1988, pp.10-11; D. Howard,〈後馬克思基進主義的可能性〉(The Possibilities of a Post-Marxist Radicalism),Thesis Eleven, 16, 1987, pp. 69-84; E. Laclau 和 C. Mouffe,《霸權與社會主義策略：邁向一種基進民主的政治》,pp.79-106; B. Jessop,《資本主義國家》(*The Capitalist State*),Martin Robertson, London 1982; R. Miliband,〈英國的新修正主義〉(The New Revisionism in Britain),《新左派評論》,150, March/April 1985, pp.5-26; N. Mouzelis,〈馬克思主義或後馬克思主義？〉(Marxism or Post-Marxism?),刊於《新左派評論》,167 January/February 1988, pp.107-123; N. Mouzelis,《後馬克思主義的另一種選擇：社會秩序的建構》(*Post-Marxist Alternatives: The Construction of Social Orders*),Macmillan, London, 1990; M. Rustin,〈絕對的唯意志論：對後馬克思主義霸權概念之批判〉(Absolute Voluntarism: Critique of a Post-Marxist Concept of Hegemony),刊於《新德國評論》(*New German Critique*),43,Winter, pp.147-173; E. Meiksens Wood,《從階級中撤退：一個新的「真正」社會主義》(*The Retreat from Class: A New 'True' Socialism*),Verso, London 1986; S. Zizek,〈超越論述分析〉(Beyond Discourse-Analysis),收錄於 E. Laclau,《對我們這個時代革命的新反省》(*New Reflections on the Revolution of Our Time*),Verso, London 1990, pp.249-260.

社會運動與認同政治的出現密切相關；而且，他們也已經從這種聯繫關係中，提出一項他們所謂的「基進民主」（radical democracy）的新穎左翼政治方案，以便和上述的新興抗議形式相互結合。

在《霸權與社會主義策略》（*Hegemony and Socialist Strategy*）該書中一開始，拉克勞與穆佛就主張「我們現在正處於後馬克思主義的時代中」，因為它——

> 不再可能去堅持馬克思主義者所詳細說明的階級……概念，同樣也不能堅持資本主義發展歷史過程的想法，當然更無法堅持作為一敵對狀況已經消失的透明社會之共產主義概念[26]。

這個時代變遷已經在仍然忠於古典馬克思主義的思想家中，引發了一場激烈的抗議風暴。取而代之的一種更進步且更豐富的「後馬克思主義」，拉克勞與穆佛已被貼上「非」（non）或「反馬克思主義者」（anti-Marxists）的標籤，而且他們所採用的研究途徑也被標定為一種「無實質的非馬克思主義」（ex-Marxism without substance）[27]。為什麼會這樣呢？

已有四種主要論證被用來反對拉克勞與穆佛的說法：他們有意藉由移除其複雜性與敏銳觀察，來錯誤呈現馬克思主義傳統；他們的途徑只是應用「後」（post）這個字首到現存概念，只是一種並未提出對原典的任何實質改良的現行流行趨勢，而且注定會與其他流行但錯誤的當代思想潮流，如後現代主義（postmodernism）與後結

---

[26]E. Laclau和C. Mouffe，《霸權與社會主義策略：邁向一種基進民主的政治》，p.4.

[27]N. Geras，〈非實質的去馬克思主義：對拉克勞與穆佛的真實回應〉，刊於《新左派評論》，vol.169, May/June 1988, pp.34-61.

構主義（post-structuralism）一樣，遭到失敗的命運；因此其思想的內涵因為這些相關概念而出現妥協，而且他們已經喪失了馬克思主義的特徵；他們的作品是一九八〇與一九九〇年代柴契爾主義的興起及左翼政黨與意識形態在政治上的挫敗，所引起的一種普遍放棄左派承諾的一部分。

拉克勞與穆佛的回應已強調了他們的「解構」（deconstructive）動機[28]。他們主張其目的不是放棄，而是藉由探索已被馬克思主義宰制邏輯所封閉而荒蕪的思考路徑，來使馬克思主義恢復生機。因此他們試圖重新發現他們視為「異質」（heterogeneous）與「矛盾」（contradictory）的「多元性」（plurality）以及生命力，並建構其理論的「內在結構與豐富性」（inner structure and wealth）。這兩位學者認為這是唯一能夠保證馬克思主義「仍然可以作為一種政治分析參考點而存在」[29]的方式。接下來讓我們更仔細地來檢視這類主張。

基進的唯物論：政治的優先性

拉克勞與穆佛之途徑的實質內容，是集中在馬克思主義社會變遷理論的兩個主要矛盾上。拉克勞和穆佛指出，馬克思主義在他們名之為「必然性的邏輯」（logic of necessity）以及「偶然性邏輯」（logic of contingency）[30]間，表現出一種矛盾。前者是馬克思主義的

---

[28] 在這方面，拉克勞與穆佛精確地從德希達哲學文本之解構見解中引申而出。可參見 J. Derrida,《位置》（*Positions*）, Chicago University Press, Chicago 1981.

[29] E. Laclau 和 C. Mouffe,《霸權與社會主義策略：邁向一種基進民主的政治》, p.4.

[30] *Ibid.*, pp.7, 110-114; E. Laclau,《對我們這個時代革命的新反省》, pp.5-23, 182.

命題，主張歷史是由生產力與生產關係間的矛盾所無情地推動的，而且像資本主義的這一類經濟體系，存在著可以加以客觀發現的特定必然結果[31]。後者在馬克思視為歷史發展核心的階級鬥爭中是很明顯的，但這對馬克思理解社會形式時引入一個不可預測性（unpredictability），而無法輕易地適用於必然性邏輯的客體觀念、必然變遷等主張。

但是，儘管這兩種邏輯雖然並未處於同等地位，但都同時存在於馬克思主義理論中。相反的，拉克勞和穆佛主張馬克思主義傳統已系統地給予前者相對於後者更多的優先地位。就算是偶然性邏輯在用來說明無法用經濟決定論來解釋的過程時派上用場，但這並不會消減後者的優先性，特別是後者變得重要時，它仍然只是「歷史法則」的客體[32]。拉克勞和穆佛的後馬克思主義涉及到對這種對立狀態的徹底顛覆，並以必然性與偶然性的相互關係為基礎來進行新概念的建構。

拉克勞和穆佛也重新界定了敵對概念（antagonism）本身，並賦予它在其社會關係理論中的優先地位。因為反對馬克思主義經濟矛盾概念作為社會敵對關係的來源（並反對社會衝突的主流思考方式，因為這種方式不是將敵對關係化約基本的結構緊張關係，就是化約為自利的相互衝突），拉克勞和穆佛堅持社會敵對關係的發生，是因為社會行動者沒有足夠能力實現其認同所致。因此，一種敵對關係就是發生在「（一個）『他者的存在』，而使我無法完全成為我自己」的時候[33]。這種認同的「障礙」同時對敵對勢力雙方來說，都

---

[31] K. Marx,〈政治經濟學批判導言〉（Preface to A Critique of Political Economy），收錄於 D. McLellan 編之《馬克思選集》, p.389.

[32] E. Laclau 和 C. Mouffe,《霸權與社會主義策略：邁向一種基進民主的政治》, pp.47-48.

[33] *Ibid.*, p.125.

是一種相互的經驗。

　　隨著這種敵對關係的界定，會出現幾種後果。首先，它們是一種從不同社會立場中（如為取得土地權而相互鬥爭之小農與地主）之團體與個人認同的無法預測之發展中出現的，而且不會自動遵循「客觀」法則的發展趨勢。其次，它們協助社會關係的建立，而不是僅僅被動地受其影響而已。這是因為敵對關係的產生涉及社會行動者間的區分制度；就是拉克勞與穆佛所謂的政治領域的建構。最後，敵對關係的創造將偶然性引入社會關係當中。這是因為認同都是與其他認同的敵對關係為基礎的，而且從來無法在其本身當中完成[34]。敵對關係中角色的理解是基於「論述」（discourse）這個創新概念。就讓我更仔細討論這個概念。

　　拉克勞和穆佛以一個「實體是以論述建構的」此一前提做為開頭，也就是說，社會實踐只有在由社會所建構的特定意義脈絡下才有意義。舉例來說，秘密投票只有在涉及到一套先進自由民主國家的複雜政治與社會價值時才有意義。例如，巫師的政治角色在上述脈絡中就沒有意義，但巫師在其他由社會所建構的複雜論述中就有明顯的意義。拉克勞和穆佛反對論述會反映出基本的物質實體概念，因為就是實體本身「創造」了社會世界。此外，這些論述不會簡單地重複一個已經存在的意義系統，但是會持續且主動地去轉化它。

　　這暗示了創造一種論述的某些元素以及論述本身，並沒有一個不變的本質，但可以由政治行動加以不斷地改變。因此，社會關係的系統──被視為一種論述秩序──是一種不確定且不穩定，而由不斷挑戰這類系統及其本身論述的其他論述形式所圍繞的歷史建構。

---

[34]E. Laclau,《對我們這個時代革命的新反省》, p.183.

接下來，與馬克思主義傳統相反的是，表現某種基本本質的社會或政治形式並不存在。在這種情況下，社會形式永遠都是包含許多敵對關係，而不能化約到任何社會單一因素（如生產關係）的「開放」系統。

基進民主

　　拉克勞與穆佛的理論觀點，要如何來處理馬克思主義在理論上的難題，以及由當代政治所引起的各種議題呢？他們認為社會由許多社會敵對關係所割裂的想法，取代了本質論立場的馬克思主義概念。這表示從來沒有，而且也不應該存在一個在消滅資本主義上具有客觀利益的社會變遷優先行動者——無產階級。相反的，他們反而認為多元立場與認同的概念才是可能的，這些立場與認同並無法宣稱具有更佳的知識或本質。

　　在優勢社會勢力的位置上，拉克勞與穆佛引進了基進民主的概念[35]。在這個為左派而提出的計畫中，透過勞動階級來對抗資本主義生產關係的鬥爭，對基進民主而言，只是更廣泛鬥爭的其中一個面向而已。社會主義式的鬥爭並不是一個基進民主政治的「基礎」，它們只是生產領域中對抗不民主宰制的一個重要場域而已。對拉克勞與穆佛而言，基進民主包含在更廣大的社會領域中擴展自由與平等的要求。舉例來說，在政治的領域中，它是明確顯示在對平等公

---

[35] 這個概念首次在他們的《霸權與社會主義策略：邁向一種基進民主的政治》中詳細說明出來，並在C. Mouffe編之《基進民主的諸面向》（*Dimensions of Radical Democracy*）進一步加以發展，Verso, London 1992; C. Mouffe,《政治的回歸》（*The Return of the Political*），Verso, London 1994.

民權以及選舉權擴大的要求上，然而在經濟與社會關係中，它顯然是指為了更好的工作條件、更高的薪資、籌組工會的權利以及參與集體決策的鬥爭。簡單來說，就像他們所指出的，左派的任務是——

> 不能放棄自由——民主的意識形態，相反地，應該以一個
> 基進與多元民主的方向，來加以深化並擴展。[36]

這些概念主要是從拉佛特（Claude Lefort）「民主革命」（democratic revolution），以及托克維爾將民主概念當作是民主國家中所有市民對「條件平等」（equality of condition）的永不休止之需求一樣。根據拉佛特的說法，這些發展導致以一種產生觀念、利益與權力的不斷競爭之「權力的虛空空間」（empty space of power）為特徵的現代新興的明顯社會形式之出現[37]。

在簡單勾勒出拉克勞與穆佛的不同政治方案之後，現在重要的是去說明達成該方案的策略。這主要是他們本身對霸權及基進民主概念的說法。對拉克勞與穆佛來說，許多的團體儘管在某些議題上，彼此間有所差異，甚至是相互對立，但還是可以在他們擴展民主的共同承諾，以及同樣對如新右派這類反民主勢力的敵意中，找到相同的動機。這一套共同價值形成了一種霸權，也就是說，一套由各種團體所共享並將多樣性加以統合的宰制性信念、目標與結構。不過，為了避免列寧式（Leninist）霸權概念（其中不同的團體被一個主要滿足無產階級利益的政黨所領導）的極權意涵，他們也強調不同團體在融入一項霸權方案時保有自主性的必要。他們所謂

---

[36]*Ibid.*, p.176.

[37]C. Lefort,《現代社會的政治形式》（*The Political Forms of Modern Society*），Polity Press, Cambridge 1985; A. de Tocqueville,《美國的民主》（*Democracy in America*）,vol. 2, Vintage Boods, New York 1945.

的「差異邏輯」（logic of difference）就是不同勢力間維持某些重要的
區分。

對後馬克思主義的評價

為了要評價拉克勞與穆佛對於解決馬克思主義理論危機，以及
勾勒出一種後馬克思主義觀點的嘗試，讓我們從其所主張的基進唯
物論以及說明該想法的論述概念來開始著手。在沒有考慮由此概念
所引起的許多哲學難題，特別是他們所主張觀念論（idealism）與相
對主義（relativism）[38]的情形下，主要議題是涉及到拉克勞與穆佛
所提出的論述概念之特徵。馬克思主義的主要特色是在於主張社會
形式是由經濟與其他面向在「特定歷史條件下」（historical specificity）
所結合而成，也就是說，它們各自都在歷史特定點上有其本身的特
定限制與發展邏輯。拉克勞與穆佛的立場所出現的困難是，這個歷
史特定性沒有被考慮到。雖然他們說明了在一個論述中特定「元素」
，也就是形成一個論述的各種因素的存在，但是並未分別指出這些
元素實際上是什麼[39]。此外，即使我們接受所有的實踐都是以論述
形式出現的，至少就拉克勞與穆佛使用該名詞的一般意義下而言，

---

[38] 見 D. Howarth,〈論述理論與政治分析〉（Discourse Theory and Political
Analysis），收錄於E. Scarborough與E. Tanenbaum編之《社會科學中的研究法》
（*Research Methods in the Social Sciences*）, Oxford University Press, Oxford
1997.

[39] 雖然在拉克勞早期的研究中，「元素」（elements）明確地被理解為像是「軍
事主義」、「反教權主義」、「國家主義」、「反閃族種族主義」、「菁英主
義」那樣的意識形態的成分，其創造了具體的意識形態論述，例如：義大利
法西斯主義或裴隆的民粹主義。請參考 E. Laclau,《馬克思主義理論中的政
治與意識形態》（*Politics and Ideology in Marxist Theory*）, pp.92-100.

但是這並不是說這些論述形式都有相同的意涵。正好相反的是，它們是由界定並組成他們的各種系統（經濟、政治、文化等等）所分別建構出來的。因此，其中某一重要論述的優先性，以及在它們之間所建立起來的明確關係，可以也必須在每一個特定的歷史點上加以檢視。這需要一組不同於這些特殊結構的概念。而這個工作拉克勞與穆佛尚未完成。

　　但是，從拉克勞和穆佛的途徑中所引發的實質問題在於，它是否表現了一種對多元主義途徑的回歸，該途徑已經由如米里班（Ralph Miliband）、普蘭札斯（Nicos Poulantzas）及奧非（Claus Offe）等馬克思主義者，批評為無法為特定利益主導政策形成與決策制定的方式提出合理的說明[40]。拉克勞和穆佛強調國家利益的分散，並因而導致權力也分散的說法，使得批評他們忽視既定利益與強有力經濟勢力的力量，因而嚴重限制基進民主政治的成功可能性的說法，變得相當有價值。如果我們考慮到他們對國家與市民社會間關係的說明時，也會出現類似的困境，因為拉克勞與穆佛將國家描述為一種可供不同政治方案所運用的角色[41]。然而，這也許低估了基進民主方案在自由民主國家實現所產生的障礙，在這類國家中國家與市民社會的制度化區分，是要滿足去政治化（depoliticise）及保護經濟與社會利益等目的。

---

[40] 請參見 R. Miliband,《資本主義社會中的國家》(*The State in Capitalist Society*), Weidenfeld and Nicholson, London 1973; R. Miliband,《馬克思主義與政治》(*Marxism and Politics*), Oxford University Press, Oxford 1977; C. Offe,《福利國家的矛盾》(*The Contradictions of the Welfare State*), Hutchinson, London 1974; N. Poulantzas,《政治權力與社會階級》(*Political Power and Social Classes*), Verso, London 1983; N. Poulantzas,《國家、權力、社會主義》(*State, Power, Socialism*), Verso, London 1978.

[41] E. Laclau 和 C. Mouffe,《霸權與社會主義策略：邁向一種基進民主的政治》, pp.179-181.

除此之外，路克斯（Steven Lukes）的著作也提出了拉克勞與穆佛在說明社會關係時的結構權力（structural power）問題[42]。他批評多元主義與菁英主義主張權力是現代社會中各種機制存在的前提之說法，因為這種主張使得特定的被壓迫團體無法認識到「真正利益」（real interests）。在這種觀點下，拉克勞與穆佛區分了「從屬關係」（relations of subordination）──行動者從屬於另一個人的決定，以及「壓迫關係」（relations of oppression）──從屬關係已轉換為敵對關係的各種場域[43]。這種區分必須加上路克斯所謂的權力第三面向的各種狀況來補足，也就是說，權力實際上是用來運作以避免「附屬關係」轉化成「壓迫關係」。

　　最後，我們回到拉克勞與穆佛的基進民主方案，以及達成該項方案的方式。拉克勞與穆佛所提出政治方案的創新性，是在於他們結合自由民主的各種元素與社會主義訴求的努力，雖然在兩者之間仍保留了一種持續的緊張關係。堅持捍衛如個人權利與自由憲政主義與民主程序等傳統自由主義價值，再加上對社會與經濟平等與參與民主等訴求，必須要考慮在資本主義國家與其所支撐的社會關係中提出一項基進方案時所面臨的限制。就如同我們先前已經說明的，對馬克思主義者而言，政治與經濟，以及公領域與私領域的區分，是在資本主義社會中權力進行實質重新分配時引起了不必要的困難，因為這些區分的主要功能是，藉由提供在形式與法律意義下平等的市民一種自由的幻想，來替階級宰制加以合法化[44]。這意味著拉克勞與穆佛的方案，被限制在一個制度上根本反對徹底轉化的

---

[42]S. Lukes,《權力：一個基進的觀點》（*Power: A Radical View*），Macmillan, London 1974.

[43]*Ibid*., pp.153-154.

[44] 見 P. Osborne, pp.214-215.

國家系統中尋求修正而已。這個問題因為特別在有關經濟重建與政策事務上，完全缺乏具體建議方案而消弭無蹤。

　　拉克勞與穆佛在霸權策略上所遭遇的問題中也很明顯的。對馬克思主義者而言，這個概念的困境在於無法勾勒出實際上能夠相互聯繫的不同行為者所處的實際情況為何，以及這類聯繫的基礎又是什麼。將這個觀點與將霸權概念作為馬克思主義策略一部分的創始者——葛蘭西（Gramsci）的看法相互對照就很清楚了。葛蘭西的霸權概念是與勞動階級超越其經濟——團體利益，以及創造由無產階級普遍價值所建構成的歷史性聯盟（historical bloc）的要求結合在一起，因此這種霸權的條件與本質都很清楚。

　　總結來說，本章已經描繪了政治思想領域中，從馬克思主義到後馬克思主義的理論變遷。我也已經檢討了馬克思與恩格斯的古典理論說明中所逐漸產生的一連串問題，以及拉克勞與穆佛之基進後馬克思主義的不同理論立場。拉克勞與穆佛的理論工作表現出一種重要但不完整的馬克思主義修正理論。如同我在總結標題所已經指出的，他們的工作是否已成功地解釋與超越了馬克思主義傳統所遺留的問題，仍然不太明朗。但是如果即將出現一種可行的後馬克思主義立場，它的確開拓了需要進一步開發的新研究與思想路徑。

第八章
後現代主義

Simon Thompson

導　言

　　在過去大約二十年間，後現代主義的思想曾經有圓有缺。雖然「後現代」這個字的單獨使用遠可以追溯自1870年代[1]，直到它在1960年代開始獲得美國文學評論家的青睞時，才開始從沒沒無聞中興盛起來。到了下一個十年，它逐漸地延伸至其他領域，包括藝術與建築。接著從1980年左右開始，它進入了一個毀譽參半短暫時期，而在所有的學科領域中傳散開來，包含了哲學、政治學與社會學[2]。但是，要說在最近的幾年間，它已開始出現一種相當明顯的衰退景象，可能也是個事實。它式微了，不過即使它沒有退回到沒沒無聞的情況，也是進入了一種保留這類只有它們的評論者會覺得它們還是一種流行思潮的過渡期裡。許多的書開始以後現代主義「之後」（after）或「超越」（beyond）後現代的書名來命名[3]；而直到最

---

[1]H. Bertens,《後現代的觀念：一個歷史》（*The Idea of the Postmodern: a History*）, Routledge, London 1995, p.29; M. A. Rose《後現代與後工業：一種批判性的分析》（*The Post-modern and the Post-industrial: a Critical Analysis*）, Cambridge University Press, Cambridge 1991, p.xi, 註1.

[2]其歷史的這個階段也許可以被定在 J.-F. Lyotard於1979年《後現代情境：一個對知識的報導》（*The Postmodern Condition: A Report on Knowledge*）一書法文版出版時, Manchester University Press, Manchester 1984,或者是在 J. Habermas〈現代性vs.後現代性〉（Modernity versus Postmodernity）一文發表於《新德國評論》（*New German Critique*）時, vol.22, 1981, pp.3-14.這些都可以說為後來的論爭設定了使用的語彙。

[3]H.W. Simons與M. Billig編之《後現代主義之後：重構意識形態批判》（*After Postmodernism: Reconstructing Ideology Critique*）, Sage, London 1994; H. Haber《超越後現代政治：李歐塔、羅逖、傅柯》（*Beyond Postmodern Politics: Lyotard, Rorty, Foucault*）, Routledge, London 1994.

近，那些過去以在後現代主義的旗幟之下進行運動為榮的各種理論，現在則以「基進民主」（radical democracy）與「基進的人道主義」（radical humanism）之名而行[4]。然而，以思想和概念的角度來看，如果不談表面的名稱，這支思潮的影響力仍然相當明顯。

在本章，我試著儘可能地去避免那些有關後現代起源、本質與影響上，曾受矚目的激烈爭論。在這裡我的目標只在審度其在政治觀念領域中的衝擊，並描繪出後現代政治的核心特徵。經由一個暫時的粗略圖象，再去考量將會貫穿這個討論的四條主線。雖然並不是所有那些和後現代主義有關的人都會為這些所有的主題背書，但是它們在此可以幫助我們進行討論。首先，後現代主義接受政治價值的偶然性，例如：它並不覺得有需要把政治的價值立基於諸如人性或是人類理性之宰制性權力等絕對的、形而上的哲學基礎上。其次，它反對無可避免與直線前進之社會進步的單一因果描述，相反的，它相信人們永遠是處於尚有其他可能性的情況之下。其三，後現代主義褒揚多元主義，拒斥由其他類型之政治所提倡的一致性（其所認定的）。其四，它拒斥階級、政黨與國家的政治，而贊成個人認同的政治，就好比女性主義與綠色運動等新興社會運動所表彰的一樣。本章的主要部分，將會以較為詳細的方式來探討這些主題，從而指出後現代主義陣營中重要的內在分歧，並檢驗現代主義評論者對每個主題的異議。

在開始這些討論以前，有些地方得再提醒大家。第一，我對後現代主義的解釋是有高度選擇性的。雖然我相信在此所選擇的主題

---

[4]C. Mouffe編之《基進民主的面向：多元主義、公民權、社群》（*Dimensions of Radical Democracy: Pluralism, Citizenship, Community*），Verso, London 1992; J. Weeks,《被發明的道德：在不確定年代裡的性別價值》（*Invented Moralities: Sexual Values in an Age of Uncertainty*），Polity Press, Cambridge 1995.

都是後現代主義政治思潮的核心部分，但是也有可能遺漏了一些重要的觀念。第二，所考量的議題有時候乃是以稍微簡化的方式來呈現的。因為在有限的篇幅裡，我只可能列舉一些辯論的主要路線，以期能鼓勵讀者進一步的閱讀。第三，在此所呈現的後現代主義政治思潮的解釋必須將其視為一個混合式的模型。它並不指望對任何與後現代主義有關的特定思想家做到不偏不倚。第四，在本文中用了許多的引文，這有時候可能使事情看起來有些混亂；本文的目的是想試著呈現在後現代主義者論爭中的眾聲喧嘩。最後，在本書中，我的討論可能比大部分其他的章節要來得抽象些。就如同我所提示的，部分是由於關於後現代主義政治所能採取的諸多可能形式，有些其他章節提供了更具體的細節。

　　本章一開始檢驗了後現代主義的哲學信念，以及其政治的主要元素。在此之後，以及在收束諸多理路於簡短的結論中之前，本章會列舉一些在後現代主義與其批評者之間的重要議題。

哲　學

　　為了探討後現代主義政治的哲學面向，我準備討論三個緊密纏繞的論題。以負面表列的方式來加以鋪陳，這些都是後現代主義對現代主義之形而上學、歷史與人性概念的拒斥[5]。

---

[5]該處的分析受惠於 J. Flax 所著之《當代西方社會的心理分析、女性主義與後現代主義》（*Psychoanalysis, Feminism and Postmodernism in the Contemporary West*），University of California Press, Berkeley 1990, pp.32-34.

形而上學

　　現代主義的政治哲學相信，政治的價值可以而且必須被給予形而上學的支撐。它辯稱，提供能夠說服任何具有理性的人相信特定政治價值之優點的基礎，是可能的也是必要的。這樣的一個預設所立基的對形上學本質的解釋，可以在三個相關的標題之下來思考：再現（representation）、對應（correspondence）與基礎論（foundationalism）。

　　首先，現代主義的哲學認為要再現實在是有可能的；換言之，對於實在的本質提供一個真實且準確的描述是可能的。因此一個具備良好基礎的科學理論便可以給我們世上事物一個確切的說明。基於這個說明，語言——我們用以溝通解釋的工具——是一個準確地反映世界於其中的媒介。其次，這樣的一個再現的哲學係依賴於一種對應的概念，依照此種說法，如果一個陳述符應於一個事實的話，那麼此一陳述便是真實的。因此，如果有三張椅子放在房裡的話，則「在這個房裡有三張椅子」這個描述便是真的。第三，在其最徹底的說法中，現代主義的哲學宣稱，政治的價值只有在他們被置於普遍、永恆與絕對的基礎之上時，政治的價值才可以被證成。舉例來說，一個具有良好理據的對人性的解釋，能夠為應該以一個特定方式來對待人們的宣稱提供基礎。如果說所有的人類在本質上都是自私的、暴力的與貪婪的，那麼這就可以被用來當作以一項強制性的法律以及一個強而有力的國家來防止落入這樣的行為的一個論證。

　　後現代主義的哲學批評此一種類的形上學。它認為對於政治觀念與價值而言，形上學的這種支撐是非必要的，更甚者，它是不可能的。特別是羅逖（Rorty），他即曾發展出一個對現代主義接受對

應觀點的著名批判，主張我們的解釋並不能被視為起著反映實在之「鏡像」（mirror）的作用[6]。他特別主張，關於這種對應的想法其本身是沒有任何道理的。其基本的宣稱是，我們對事物的陳述以及事物本身，兩者間是沒有什麼關係的，所以一個真實的陳述總是會設法讓其看起來好像就是在世界上的某一個東西一樣。事實上，由於我們對這些東西的描述實際上是我們理論中的部分，而且並不是外在於它們的某些東西，因此並不客觀存在著任何與我們的陳述所相對應的東西。此一宣稱中的一種徹底的說法是，與其說它是作為世界的一種被動反映，還不如說是語言主動地建構了這個世界。由於此一論證，對應的觀點便被拒斥而轉而贊成脈絡主義（contextualism）的想法。根據這個理論，我們所能希望做的最好狀況，便是尋求我們已持有的這組信仰與價值內的融貫性。因此，一個特定的命題便是透過審視其是否相稱於其他或是特定社群或文化來測試。實際上，有許多的後現代主義者都提供了這樣的一個脈絡論式的理由，來支持政治的觀念和價值。

然而，雖然某些後現代主義者確實很高興地論及「社會實踐」（social practices），甚至於「傳統」（traditions），而其他人則警覺於此一分析的保守意涵。在此，懷特（White）對照了「社群主義者」和「後結構主義者」的反基礎論者：前者堅持的是「所有的脈絡都是虛構的，但是那個發現我們自身所處的脈絡，則有一個特別的正當性」；後者，相較之下，是害怕這種「使我們太順遂地移入我們社群傳統之『柔軟的項圈』」的態度[7]。不過，兩種說法都同意，這

---

[6]R. Rorty,《哲學與自然之鏡》（*Philosophy and the Mirror of Nature*），Princeton University Press, Princeton 1979, pp.371-72.

[7]S. White,《政治理論與後現代主義》（*Political Theory and Postmodernism*），Cambridge University Press, Cambridge 1991, p.27.

些意義與價值的系統在任何時候都是開放接受質疑與修正的。

歷　史

　　由現代主義的茁生可見對神聖天意之信仰的蝕弱，以及對純粹人類進步的一個新希望之升起。即便是上帝不會在人類事務的處境上來給予指引，但是人類本身能夠負責確保其歷史的穩定進步。相較之下，後現代主義者對現代主義這種歷史觀念的拒斥，乃起於對進步（progress）概念本身的拒斥。

　　關於此一現代主義對進步的信念，最好也最常被運用的思考方式是李歐塔的「合法化的宏大敘事」（grand narratives of legitimation）或是「後設敘述」（metanarrative）。如此的敘述，是對人類歷史作一大規模的解釋，其所尋求的是支持現代主義有關漸進但持續進步的一些宣稱。在不同的時期，李歐塔指出「基督教、啟蒙、浪漫主義、德國思辯式觀念論、馬克思主義」[8] 全都是充作於為受到現代社會注目而曾彼此競爭的敘事。每一個思潮均曾提供了對歷史本質的解釋，每一個也都暗指著進步只由一個必然的動因，諸如上帝、理性、自然、歷史或階級鬥爭來推動。

　　關於這些現代主義之歷史概念，李歐塔作了兩個緊密相連的觀點。第一，他指出，事實上，我們不再相信後設敘述了，對我們而言，它們已失去了它們一度所擁有的權威。因此，他最著名的主張即在於，「簡化到極致」（simplifying to the extreme），後現代主義可以被定義為「對後設敘述的深疑」（incredulity toward metanarratives）

---

[8] J.-F. Lyotard, 《非人之物：對時代的反思》（*The Inhuman: Reflections on Time*）, Polity, Oxford 1991, p.68.

[9]。在後現代的世界裡，我們不再相信後設敘述可以提供一個引導我們生活之特定信仰與價值的支撐。失去可信度有許多各式各樣的理由。最重要的是，是這社會被分割為許多不同的價值、認同與想法的事實，逼使我們承認看待世界之方式的分歧[10]。李歐塔辯稱，依附於一個對人類歷史的含括式、宰制式的理解，從而漠視漸增的社會片斷化，是不可能的。

順著這一點，李歐塔提出其他拒斥後設敘述的理由。他主張，這樣的敘述有著帝國主義的傾向，亦即他們試圖把他們的解釋強加在一個廣泛的區域內。舉例來說：宰制著現代社會的那些科學後設敘述，試圖要將所有的正當性化約到一種「運作效能」（performativity）的問題上，也就是說，所有的理論都是根據他們所能達到的具體結果、完成某事的能力，而來評斷的。這一合法化的單一模式被不合法地應用在許多並不具正當位置的領域裡，例如：在教育與健保中的品質控制標準以及績效表[11]。因此，李歐塔認為，這種特定敘述所擴張的結果已經破壞了多元主義，且消滅了差異。後設敘述試著創造一個統一體，然而在那裡，事實上是有分歧性存在的，而且如此一來，分歧性被強制地壓制了。

然而，雖然許多和後現代主義有關聯的思想家接受了李歐塔論證的廣泛攻擊時，一個重要的困難卻已經被指認出來。曾有人如此主張，將後現代主義界定為一種在後設敘述「之後」的情境這一觀念本身其實也是以一高度現代主義式的方式來看待事務。李歐塔被指責提供了「一種對移向後現代性以及宏大敘事之衰弱的宏大敘事

---

[9]J.-F. Lyotard,《後現代的境況》, p.xxiv.

[10]*Ibid.*, pp.xxv.

[11] 比較哈伯瑪斯的看法，《溝通行動理論第二卷：生活世界與系統——對功能主義理性的批評》（*The Theory of Communicative Action, Volume Two: Lifeworld and System - a Critique of Functionalist Reason*）, Polity Press, Cambridge 1987.

說明」[12]。清楚的是，如果我們現在發現不能採信如此的敘事是千真萬確的話，那麼，這樣一個說明也就會自我瓦解了。不過，李歐塔已透過指出「後現代」應該簡單地被視為是一種「心境」（mood）或「心靈的狀態」（state of mind）而非一巨型的解釋，來回應這一類的批評[13]。

人　性

藉由一種人性的概念，現代主義的政治哲學贊成人類有一定不變質素的這種信念。反對這種觀點的，有些後現代主義者否認了人類本質的存在，而其他的人則提出了一種嚴密的對自我之反本質論解釋。為了探討這個論題，我採用（並改編）了霍爾（Hall）對於他所稱之為「啟蒙主體」（Enlightenment subject）與「後現代主義主體」（postmodernist subject）間的對照（「主體」在此廣泛意指個別的人作為世界裡的行動者，以及／或作為分析的客體[14]）。

首先，要考慮每一個主體的主要特徵。顧名思義，啟蒙主體的想法係大約茁生於十八世紀對於諸種思想的革命時期。它擁有一些明確的特徵。它是同質性的——所有的主體共享著基本的本質；統

---

[12]M. Featherstone,〈對後現代的追求：一個簡介〉(In Pursuit of the Postmodern: an Introduction)，收錄於《理論、文化與社會》(*Theory, Culture and Society*), vol. 5, nos2-3, 1988, pp.195-215, 於 p.198; 亦可見 S. Best 與 D. Kellner,《後現代理論：批判的質疑》(*Postmodern Theory: Critical Interrogations*), Macmillan, London 1991, pp.171-72.

[13]J.-F. Lyotard,〈規則與弔詭以及簡短的附錄〉(Rules and Paradoxes and Svelte Appendix),收錄於《文化評論》(*Cultural Critique*), no.5, 1986, pp.209-19.

[14]S. Hall,〈文化認同的問題〉(The Question of Cultural Identity) 收錄於 S. Hall, D. Held 與 T. McGrew 編之《現代性與其未來》(*Modernity and its Futures*), Polity Press, Cambridge 1992.

一的（unified）——個別的主體不會有著內在的矛盾；理性的——以意識理性的力量為特徵；自主的——為了自治，能夠運用其理性；認同上的穩定——亙古不移；最後，每一個主體都是一個體——擁有獨一無二的質素與能力（雖然並非不同的基本本質），這些質素與能力可以將他們明顯地和其他人區分開來。

後現代的主體可以由一連串對比的特徵來加以界定。它是異質或分裂的——從許多不同的零散之價值、同一性與信仰中一一將其修補拼湊起來；分散或去中心的——以種種的內在區分為特徵，諸如意識與非意識的區別；軀體的（somatic）——其與身體及其需要和欲望是不可分的；有創造力的（creative）——雖然缺乏現代主義的自主力量，它卻能以許多為現代主體所不知的方式來展現創造力；不穩定的——隨著時間持續變遷中；最後，雖然不是一獨立自足的個體，其所由以構成的補綴物也許意味著它至少是殊異的。因此，即使現代主義式之啟蒙主體是個獨立自主的個體，有堅固與穩定的核心、擁有理性自主的力量，但後現代的主體則被視為由相對隨機的元素所組成的複雜結合[15]。

雖然對這種主體轉變的理由，有許多不同的理解方式，我將只會簡潔地檢視其中最重要的一項。也就是把這兩種主體視為兩種不同歷史力量下的產物。根據這個理由，粗略地來談，現代社會產生了現代主義的人，而後現代的社會便產生了後現代主義的人。傅柯可以提供此一論證的一部分。他對古典與現代階段作了一個粗略的劃分，並指出兩者間的分裂始於十九世紀早期。他主張，在後一個

---

[15] 比較 A. Lent 之〈基進民主：主張與原則〉（Radical Democracy：Arguments and Principles），收錄於 M. Perryman 編之《轉變的狀態：後現代主義、政治、文化》（*Altered States: Postmodernism, Politics, Culture*），Lawrence and Wishart, London 1994, 在其中他對照了「統一的」主體和「分裂的」主體。

時期裡，知識與權力的不同形式引發了一個特殊型態的主體。關於知識，他認為它只是隨著現代的思維方式而興起，認為人可以「作為一個有著自身命運的首要實體（as a primary reality），」而存在，既被視為一需要解釋的主要客體，亦被視為唯一能夠理解世界真理的存有[16]。權力之所及，傅柯的歷史研究——例如：瘋顛、犯罪與性——便對控制他人行為的種種方式（其製造了該主體）進行溯源。對傅柯的理論來說，對於當代的歷史條件是如何地摧毀了他所分析的現代主義主體加以說明是必要的。這樣的一種解釋，舉例來說，係依賴於社會片斷化的理論來論證當代社會力產生了後現代主義中被切分的主體[17]。

政　治

現在，我要追蹤這些哲學論題對後現代主義政治的影響。若要將此簡化到一個定則，那麼我們可以這樣說，隨著對形而上學、歷史與人類本質的拒斥，它便必然和偶然性（contingency）、多元主義以及差異共存（並採用了能達成這點的適當實踐）。

偶然性

首先，先考量對於形而上學的拒斥，是如何地與贊成或至少接受偶然性有所關聯。舉例來說，對海勒（Heller）和斐赫（Fehér）而

---

[16]M. Foucault,《事物的秩序：人類科學的考古學》(*The Order of Things: An Archeology of the Human Sciences*), Vintage, New York 1973, p.310.

[17] 舉例來說，見 S. Hall 之《文化認同的問題》。

言，「人們所出生的世界不再被看成是由命運所判決的，而是一諸種可能性的聚集」[18]。我們必須接受人類的世界並沒有必然的秩序，無論是上帝、人類理性或是階級等，均不能預定這世界去採取某一種不可避免的形式。每一件事物均能夠曾經是，而且仍然可以是，與它現在這個樣子不同的其他樣態。

應該注意的是，為了使偶然性能夠被接受，為了使人們從目前所依附的特定信仰和價值中脫身，進行一項對現存觀念的批判也許是必要的。因此，傅柯試圖去證明「在不穩定與短暫的歷史行進中，那些對我們來說最為清楚的事物似乎一直是在邂逅與機運的影響裡所形塑出來的東西」。藉由追溯他們所從而萌生的「偶然性網絡」，他希望說服我們「既然這些東西都已經被製造出來了，所以只要我們知道他們是如何被製造的，他們便能夠被恢復原狀」[19]。相對地，如果我們瞭解到某件事物是如何被製造出來的，那麼我們便知道它不必然要用那種方式去製造，也因此我們有了改變它的能力，或者創造出新的東西。舉例來說，就像傅柯所宣稱的，如果我們發現，將某些人稱為「瘋狂」的描述只出現於近來人類歷史中的一個特定時點，為了服務於特定的專業旨趣，並且為了回應在其他信仰與社會中的變遷，我們可以看到「瘋狂」實際上並非一個經由醫學專業所「發現」（discovered）的實存物，而是經由醫學專業所建構出來的。所以，這個想法為我們展開了一個去考量其他回應所謂「瘋狂」行為的方式。

現在，跟隨著這種觀點，我們可以考量在此一方式中對偶然性

---

[18]A. Heller 與 F. Fehér,《後現代政治的境況》(*The Postmodern Political Condition*), Polity Press, Cambridge 1988, p.17.

[19]M. Foucault《政治、哲學、文化：1977-1984年的訪問與其他作品》(*Politics, Philosophy, Culture: Interviews and other Writings 1977-1984*), Lawrence D. Kritzman(ed.), Routledge, London 1988, p.37.

的解釋是如何地促進了一種「創作能力」（invention）的政治實踐。如果我們放棄了對基礎的追尋而接受了偶然性，那麼我們將能夠去為一種能讓我們創造出諸種新可能性的政治辯護。就如同拉克勞所指出的，「作為知識論上之野心式微的直接後果，從現在開始，在實踐上建構的諸種可能性被豐富了」[20]。換句話說，我們對於我們「必須」知曉的世界想得愈少，那麼我們能創造得東西也就愈多。

比起新的事物，甚至較新世界的發明更不宏大的東西是，斐勒斯通（Featherstone）稱之為「命名行為」（the act of naming）的實踐。這是進行鬥爭之團體所使用的策略，為了轉移論爭或理解，他們藉由使用新的名稱或詞彙去突顯特定的因素，並因此有助於他們的運動目標[21]。舉例來說，此即發生在當女性主義試圖說服我們，那曾經被貼上「一種無傷害性的笑話」標籤的行為，在實際上其實構成了一種「性騷擾」。

多元主義

對於現代主義對歷史的說明，以及對一種特定種類之進步的相關信念的拒斥，為後現代主義的政治開啟了其他的可能性。如果說歷史不是由一種力量來驅動、不是朝一個方向、走向某一目的地的話，那麼接下來的便是，多重的可能性將總是會存在著。簡而言之，後現代境況只是多元主義的一種。

對於後現代世界日增的複雜性，後現代主義的思想家以不同的

---

[20]E. Laclau，《對我們時代革命的新反思》（*New Reflections on the Revolution of Our Time*），Verso, London 1990, p.189.

[21]M. Featherstone，〈對後現代的追求：一個簡介〉，收錄於《理論、文化與社會》，p.206.

方式賦予其特徵。例如：鮑曼（Bauman）即描述了「在社會──文化世界中明顯增加的多元化與異質性」[22]。類似的說法，就像對海勒和斐赫而言，因為世界是「一個諸種異質空間的多元體」，所以必然存在著「對諸文化與論述之多元性的接受」[23]。在發展這最後這一點上，杜罕（Touraine）又在該內容上做了一個稍微不同的轉變。拒斥了進步的傳統（西方式）解釋，他將「所謂傳統文化的豐富分歧性」和「現代文明化中日漸貧乏的同質性」做了一個對比[24]。這兩種多元主義都拒斥那種只有一種單一支配性的計畫是合適於全體人類的想法。相反的，存在著一種存有方式的多樣性，而且沒有一種方式可以被判定為優於或劣於另一種方式。

從這一對多元主義的解釋來看，距離詮釋（interpretation）的政治實踐，只不過是短短的一步。每一個特定的社會與政治世界都被看待為一個文本，而且在每一個世界裡面，政治理論家的工作就是提供對此一文本的詮釋。以此一方式，瓦爾澤（Walzer）指出，不要試圖從抽象的形而上學中去演繹出正義的本質，我們反而應該把目標放在「對我們的公民同胞詮釋我們所共享的意義世界」[25]。就如同鮑曼指出的，詮釋者也可以藉由「促進橫越不同傳統的自主（有主權的）參與者間的溝通」[26]，在諸世界間扮演一重要的角色。在

---

[22]Z. Bauman,〈對後現代性的社會學式回應〉（Sociological Responses to Postmodernity）, Thesis Eleven, no. 23, 1989, p.53.

[23]A. Heller與F. Fehér,《後現代政治的境況》, p.5.

[24]引述自B. Smart之《後現代性》（*Postmodernity*）, Routledge, London 1993, p.56.

[25]M. Walzer,《正義諸領域》（*Spheres of Justice*）, Martin Robertson, Oxford 1983, p.xiv.

[26]Z. Bauman,《立法者與詮釋者：論現代性、後現代性與知識份子》（*Legislators and Interpreters: on Modernity, Post-modernity and Intellectuals*）, Polity Press, Cambridge 1987, p.5.

任何一個案例中，關於詮釋的一個重要論點是，與其作為從一個形上學的高度所宣稱的形上學判斷，不如說，他們是永遠對其他詮釋方式開放的一項複雜、眾多分支式的分析。

對多元主義的注意也引導了後現代主義者去支持一種也許最好是以「微觀政治」（micropolitics）的其中一種為特徵的政治行動。要看什麼牽涉其中的話，首先要考量到現代主義是如何被指稱為贊成「鉅觀政治」（macropolitics）的。它有著下列幾個特質：第一，它立基於被宣稱為具有普遍有效性的觀法和價值；舉例來說，人權的觀念被視為是可被拿來評判所有文化的適當標準（benchmark）。第二，它尋求諸種對普遍性問題的普遍解決之道；例如：一種特殊的西方民主模式被視為是所有社會理應熱望的政治理想。第三，如果有著基進的傾向，它也許會支持普遍鬥爭的概念，主張唯有單一的歷史行動者可以被視為解放的承載者與接受者；例如：古典馬克思主義便相信工人階級可完成這個角色。

那麼，相形之下一種後現代主義的微觀政治有了下列的特徵。第一，其詮釋的方式使其對在地性的規則與理解非常敏感。第二，它注意到許多政治行動的不同脈絡，並相信廣泛不同的政治實踐可以有它的有效性。因此，舉例來看，貝斯特（Best）和肯勒（Kellner）即主張李歐塔的後現代主義是贊同「由參與者所同意之特有規則與命令的異質性、多元性、持續的創新以及實用性的建構，而且因此是贊同微觀政治的」。他簡化「正義為一多樣的正義，其對他而言，必然是在地性的、暫時的與特定的」[27]。就其本身而言，一種後現代主義的正義概念乃將其自身形塑為在地性的情狀，而非試圖將那些情狀置放於自己的模子之中。第三，接受了在政治行動者們中分歧的存在，其乃關乎他們在地性的鬥爭，以及對特定解放的需要；

---

[27] S. Best 與 D. Kellner,《後現代理論：批判的質疑》, pp.165,178.

例如：它可能會把焦點集中於特殊團體與社群尋求肯認的戰役上。就司馬特（Smart）所陳述的，我們現在必須承認「所有的社會抗爭都是局部的抗爭，而且他們的對象都是特定的解放，而非『人性的普世解放』」[28]。舉例來說，諸種反種族主義的抗爭乃是以他們自身的詞彙來理解與評價，而不是試圖將他們化約為一廣泛鬥爭的部分而已，例如像是勞工階級的解放。

差　異

後現代主義者拒斥所有對主體本質性的說明，他們認為認同（identity）既是透過差異來定義、依賴差異，並且同時為差異所破壞，也就是說，我們的認同乃被那些具有其他或互相衝突的認同所形塑與挑戰的（舉例來說：作為英國人，很大部分是來自於英國人認知到他們本身是和法國人、美國人……等人是不同的）。

此一說法所導致的政治，我們可以稱之為認同政治（the politics of identity）。舉例來說，紀登士就談論到「生活政治」（life politics）的萌生，這個生活政治是「關乎我們應該如何生存在每件事物均在過去習慣被視成為自然的（或傳統的）這個世界，而現今在某種意義上卻是需要被選擇或被決定的」。根據這種政治，它不僅是「政治涉入的正統區域」，而且還是從我們購物籃中的內容，到我們和我們所愛之人的關係之本質的每件事物，成為了政治的實質內容[29]。然而，在此我想強調的是這種主體說明的另外一面，以及把焦點放在「差異」政治的多變面向上，而較不是放在「認同」政治上。

---

[28]B. Smart,《後現代性》, p.29.

[29]A. Giddens 之《現代性與自我認同：在近代晚期的自我與社會》（*Modernity and Self-identity: Self and Society in the Late Modern Age*）, Polity Press, Cambridge 1991, pp.90-91.

如果我們接受一種觀點，即認為在認同建構的過程會邊緣化與壓迫不同的他者，在形塑我們的認同時，我們無可避免地排除並經常忽視或甚至壓迫了那些並不與我們共享認同的人，那麼我們便會涉入一種對他人的倫理許諾中。我們對那些被宰制性認同的建構所壓迫的人，負有一個責任。為了實現這種倫理上的許諾，有一個任務是必要的，也就說去揭露一些藉由排除他者而形塑出認同的方法。在之前已經提過傅柯如何地可能為此一任務提供一些合適的工具。因此，隨著傅柯的看法，鮑伊（Boyne）主張「社會哲學」「必須持續地為他者的權利發言」。它必須持續地揭露那些以多種詭詐或不那麼詭詐的方式來排除他人的政治實踐」[30]。他主張一種鼓動那些被權力所宰制的「多種聲音」可以為人所聽聞的政治——包括「囚犯、同性戀者、精神病患、失業者、兒童、少數族群、無神論者、有神論者、女性、無行為能力者、學生、生態學家、負責任的異議者」[31]。

但是，也有更多的由此一對差異的重要性解釋將我們引領至建構性的政治實踐。在此，倫理的律令是去找出實際上滋養差異的方式。對懷特而言，差異的實際效力

> 相對於僅只是寬容，能夠給予我們對於公共政策有更強烈
> 許諾的基礎，這些不僅是保護了個人或是集體具象的他者
> 在形式上的權利以表達他們自身，而是更進一步的，可以
> 為這種聲音的茁生進行賦權（empower）與培植[32]。

這個對差異培養的許諾已採取了一些制度的形式。其中一種是

---

[30]*Ibid.*, p.158.

[31]*Ibid.*, pp.132-33.

[32]S. White,《政治理論與後現代主義》, p.110.

多元文化主義。這樣一種政治乃始於此一前提,「有鑑於個人對於形塑與界定其自身之認同……的普遍潛力」[33],尊重是所有的個體所應有的。舉例來說,雖然語言上、文化上的少數,以及土生土長的原住民在特質上的諸多不同,但他們確實共享了一個欲使他們的需要與認同獲得適當承認與理解的欲望。因此,多元文化主義的政治主張中,所有不同之個體與團體的認同理應受到肯認,而且也應該設計諸種的政治形式以鼓勵與豐富那些認同的發展。此一目標乃試圖在史密斯(Smith)所稱的一種「整全性的政治社群」(overarching political community)[34]中「透過分歧達成整合」。

這樣的一種政治所能採取的次要且密切相關的形式,便是最常被稱為「差異政治」(the politics of difference)的形式。這種政治主張,不同的團體必須在正式之政治制度本身的系統中被給予權力。因此,楊(Young)在此種政治類型中的一個著名案例中,指認出各式各樣的團體,由於遭受了許多不同形式壓迫,因此他們需要正式的政治肯認。她也提出了一連串的策劃,藉由這些策劃將諸團體融入政治系統,其中包括了制度與財政上的支持,以利這些團體得以有效地組織自身;提供這些團體機會去產生與回應政策提案;而且賦予這些團體對於任何直接影響他們之政策提案行使否決權[35]。這每一案例的目標均在於公開地承認他們已賦予這些團體權力,也因此制度化對差異的肯認。

---

[33]C. Taylor之〈肯認政治〉(The Politics of Recognition),收錄於Amy Gutmann編之《多元文化主義:檢視肯認政治》(*Multiculturalism: Examining the Politics of Recognition*),Princeton University Press, Princeton 1994, p.42.

[34]A. D. Smith,〈走向一個全球的文化?〉(Towards a Global Culture?),收錄於《理論、文化與社會》,vol.7, nos2 & 3, 1990, p.173.

[35]I. M. Young,《正義與差異政治》(*Justice and the Politics of Difference*),Princeton University Press, Princeton 1990, p.184; 亦可見pp.173-74.

批評的議題

當然，到目前為止對此類後現代主義政治之精心推敲的摘要，並非在缺乏來自於現代主義批評者之嚴峻回應的情形下進行的。在此，雖然有些簡短，但我仍想檢視在這個論爭中的幾個重要議題。以下所談到的大致上皆隨著已鋪陳的路徑來進行。被考量的批判乃是後現代主義對偶然性、多元主義及差異的信念。而這些亦引起了對非理性主義、相對主義與保守主義的控訴，以及對差異政治的批判。

現代主義的批評

第一個批評乃關乎後現代主義者對基礎的放棄以及對偶然性的接受。舉例來說，哈伯瑪斯認為後現代主義是非理性的。他辯稱，就是因為後現代主義者不會試著去為價值和信仰提供任何的理由或基礎，所以他們「不能也不想為他們自己本身的立場給予任何的說明」[36]。基於這個原因，他稱他們為「新保守主義者」。如同羅逖說的：

> 在哈伯瑪斯將傅柯、德勒茲（Deleuze）和李歐塔這樣的思想家稱為「新保守主義者」之宣稱中的譏諷乃是在於，對於朝一個社會方向而非朝另一個方向行進，他們並沒有提

---

[36]J. Habermas,〈現代性vs.後現代性〉, p.336.

供給我們任何「理論上」的理由[37]。

最嚴重的是，這個批評意指，後現代主義是在暗示政治不過是一場敵對勢力間的戰爭，而且其中一方對於擁有權利或正義的宣稱，不過只是粉飾對權力之競逐的說辭罷了。佛列克斯（Flax）即認為：

在真假信念之間的區分如果不存在著任何客觀基礎的話，
那麼似乎只要權力就可以決定在真理宣稱間競爭後的結果
了[38]。

第二個批評則是隨著後現代主義對相抗於普遍主義之多元主義的背書而來。這一點將批評直接引導至對「相對主義」（relativism）的質疑，因為選擇某個行動而不選擇另一個行動的理由，只能在特定的文化脈絡下被發現。而這一主張是無法被接受的。第一，它是個無意義的立場，因為它係依賴著一種普遍主義的形式，而這個形式又是它公開要排除的；也就是說，後現代主義呼籲要對文化多元寬容——但這個呼籲的立基點是什麼？難道它不是一種普遍的宣稱嗎？但似乎沒有任何一種文化脈絡曾經引起這樣的呼籲。第二，它是一種在道德上不敬的觀點，因為它支持了不道德的文化；亦即它放任人類禮儀之普遍性標準的被破壞。如果一個特定的社會耽迷於嚴刑拷打與殘酷之中，那麼依這些批評者之見，後現代主義者對這樣的行為是沒有任何立場批判的，因為他們不允許任何存在於一個

[37]R. Rorty,〈哈伯瑪斯與李歐塔論後現代性〉（Habermas and Lyotard on Postmodernity），收錄於 R. Bernstein 編之《哈伯瑪斯與現代性》（*Habermas and Modernity*），Polity Press, Oxford 1985, p.171.

[38]J. Flax,〈在女性主義理論中的後現代主義與性別關係〉（Postmodernism and Gender Relations in Feminist Theory），收錄於 L. Nicholson 編之《女性主義／後現代主義》（*Feminism/Postmodernism*），Routledge, London, 1990, p.42.

社會之外的普遍性價值，諸如正義或人權等。

　　保守主義的指控則尾隨著非理性主義與相對主義的後腳跟而來的。如果後現代主義者沒有對他們的價值提出任何的理由，或者只是提出在地性的理由，那他們就無法採取能夠有效地質疑他們本身價值的立場，或者質疑那些目前作為宰制菁英所抱持的立場。沈岱爾扼要說明了這樣的案例：

> 如果正義的概念要有任何批判力量的話……它必須是立基
> 在獨立於任何特定社會外的標準；否則正義將會被棄之為
> 其所必須評判之價值的抵押品了[39]。

　　由於沒有一個外在的立場，後現代主義被指控為僅是在對現狀的認可。拿一個特定的例子來看，在反思李歐塔對於被他們稱之為「短小、局限性的敘述」的喜好時，弗雷瑟（Fraser）和尼可森（Nicholson）主張「對沿著性別、種族與階級這條線之類具有廣泛基礎之宰制與隸屬關係的批判，在李歐塔的論述寰宇中並沒有任何的位置」[40]。他們總結道，這樣的批評在面對損害我們社會外貌的種種大規模、系統性的不正義時，還是需要的。

　　最後，對差異政治仍可以有些批評的。首先，一個一般性的觀點乃是有關那些形成這種政治進路之核心的團體。就如同我們所期待的，如果這些團體依據認同的邏輯來運作的話，其中某一種認同的打造將會與其他的認同產生衝突，所以，就像史奎爾斯（Squires）

---

[39]M. Sandel，有關Michael Walzer《正義諸領域》的評論文章，收錄於《紐約時報書評》（*New York Times Review of Books*），24 April, 1983, p.20.

[40]N. Fraser與L. Nicholson，〈沒有哲學的社會批判主義：一種女性主義／後現代主義〉（Social Criticism without Philosophy: an Encounter between Feminism and Postmodernism），收錄於L. Nicholson編之《女性主義／後現代主義》，p.23.

說的，「我們必須認知到團結常是在排除與同化這雙重策略的代價下所達成的」[41]。也就是說，此類團體的形成將會牽涉到某些個人的被排除，以及造成某些留在團體中之個人的被強制。如果事實是如此，那麼這可能會給了我們很好的理由不去把一個後現代主義的政治立基於這種團體之上。其次，我們可能會問，是否所有在團體之間的差異都會帶有相同的道德價值，以及某些差異是否帶有任何的道德價值。舉例來說，新納粹能夠基於他們擁有一個不同的文化認同這個宣稱而要求對資源與代表的權利嗎？現代主義的批評者主張，任何在可接受與不可接受的差異之間劃出一條線的嘗試，都將依賴於普遍主義式的前提。最後的批評是在質疑其是否對差異太過敏感了。如果我們過於把焦點放在差異之上，那麼它可能會破壞任何政治凝聚的基礎。例如：如果一種差異政治將女性分割成幾個不同的部分，而且那些部分又進一步分裂，那麼要知道是否存在著任何一群凝聚的選民可為一女性主義政治來代表，將會變得非常困難[42]。

後現代主義的回應

由於在這裡勾勒出來的後現代主義政治的發展，是就反對現代主義批評的背景來提出的，所以部分後現代主義對現代主義批評的回應將簡單地被當作是在反覆說明他們原先的立場，也就不足為奇

---

[41] J. Squires,〈導論〉（Introduction），收錄於 J. Squires 編之《有原則的立場：後現代主義與價值的再發現》（*Principled Positions: Postmodernism and the Rediscovery of Value*）, Lawrence and Wishart, London 1993, p.7.

[42] 見 J. Butler,〈性別風波：女性主義理論與心理分析的論述〉（Gender Trouble: Feminist Theory and Psychoanalytic Discourse），收錄於 L. Nicholson 編之《女性主義／後現代主義》, p.327.

了。因此，在回應非理性主義的質疑上，後現代主義者可能會試著透過要求現代主義者證明他們的那種理性主義是可行的方式，以試圖將舉證的責任又轉回到現代主義者身上。至於相對主義的控訴則可藉由要求一個對任何形式之普遍主義有說服力的證成來加以迎戰。在反對保守主義的批評上，後現代主義者可能會問，如何可能在任何特殊的社會脈絡之外立足，如何能採取一種「上帝之眼的觀點」（God's eye view）？而對差異政治的批評，將透過質疑任何一種忽視差異的政治是否能夠避免對他人的壓迫來加以反擊。然而，在此我想要再稍微進一步來看一下，針對現代主義的批評，後現代主義者所能夠做的，或已經做的較為建設性的回應。

　　一種對於後現代主義之非理性主義所受之攻擊的回應，是試著指出此一攻擊是基於一種虛假的選擇而來。舉例來說，傅柯主張我們有必要去逃開贊同或反對啟蒙理性主義這種單純化又權威性的二擇一選擇。他認為雖然我們「在歷史上，就某種程度而言，是由啟蒙來決定的存有」，但為了要決定我們現在想要與啟蒙有著什麼樣的關係，我們卻可以發展出一種對我們自身的永恆批判[43]。尤其，這種批評必須指出何謂價值的問題：用什麼方式以及到什麼程度我們可以在缺乏啟蒙理性之下為我們的價值辯護？這個在群集的論文中所討論的問題始於以下的前提：「在沒有啟蒙思想之本質主義或超驗幻覺之下，一種對依據原則之立場的後啟蒙辯護同時是可能的也是必要的」。在這裡，史奎爾斯與她的貢獻者試圖標示出幾種不同方式，藉此使得重申價值「但卻不需放棄那些由於後現代主義而成為可能的批判性收穫」是可能的[44]。

---

[43] M. Foucault, 〈何謂啟蒙？〉（What is Enlightenment?），收錄於 P. Rabinow 編之《傅柯選讀》（*The Foucault Reader*），Penguin, Harmondsworth 1986, p.43.

[44] J. Squires, 〈導論〉，收錄於 J. Squires 編之《有原則的立場：後現代主義與價值再發現》, pp.1-2.

對相對主義之批評也可以試著去指出，就像非理性主義，其乃立基於一種虛假的區分來加以迎擊。羅逖從他稱之為「種族中心論」（ethnocentrism）的位置來加以辯護則代表了這樣的一種嘗試。種族中心論者宣稱他們價值的優越性——所以他們不是相對主義論者；但是他們並不相信在理性上要說服所有其他人其價值的公正性是可能的——所以他們也不是普遍主義論者[45]。看起來似乎是，假如後現代主義者感到種族中心論是不好的，那麼「價值的再發現」（rediscovery of value）即暗示了另一種回應對其相對主義之批評的方式。如果任何這些再發現的價值擁有超越其原初特定位置之有效性的話，那麼後現代主義便可說是贊成某種最低限度的普遍主義。舉例來說，瓦爾澤宣稱有一些「基本的禁令」存在——謀殺、詐欺、背叛、粗野的殘酷，這些「構成了一種最低限度的與普遍性的道德符碼」[46]。關於這類符碼的重點乃在於他們必須表示出一種「脈絡化的普遍主義」（contextualized universalism），亦即，他們必須敏感於在地性的脈絡與文化，即使不是全然地沈浸其中。

談到這裡，許多回應保守主義質疑的方式變得很清楚了。例如：我們「可以」為那些不同於特定文化中之主流的價值提供非普遍性的理由。或者我們可以批評社會——包括我們自己的——如果他們的價值侵犯了瓦爾澤所言之最低限度的普遍符碼。他指出在這種案例中，該符碼的禁令為這樣的社會提供了一個「批判的觀點」

---

[45] 舉例來說，可見R. Rorty,〈論種族中心主義：回應格爾茨〉（On Ethnocentrism: a Reply to Clifford Geertz），收錄於他的《客觀的相對主義與真理：哲學論文第一卷》（Objectivity Relativism and Truth: Philosophical Papers, volume 1），Cambridge University Press, Cambridge 1991.

[46] M. Walzer,《詮釋與社會批判》（Interpretation and Social Criticism），Harvard University Press, Cambridge, MA 1987, p.24.

[47]。其他可能被後現代主義者所採取的批判方法也都可以在瓦爾澤的研究中發現。特別是他指出，社會的批評者仍可以維持其和他們社會的連結關係，只要他們在其中占據了邊緣的位置。如同他所言的，我們應該「立足於而不是完全的屬於」我們的社會，因為「我們所必須敬而遠之的不是連結關係，而是權威與宰制」[48]。

對於差異政治的批判提供了一些對後現代主義者的挑戰。就讓我來描繪一下這些他們必須加以回應的問題。首先，必須對於能夠在沒有壓迫任何個別成員的特定認同或價值之下，來統整人們之團體的性質且加以說明。在此楊的研究特別有用。她試圖提出一種其稱之為「解放性」（emancipatory），而非「壓迫性」的「團體差異」[49]。其次，我們有必要找出一種建立可接受的差異之限度、對他者加諸合理之限制的方式。也許這可以從上面所提之脈絡化的普遍性價值中引出來。或者，也許它可以找出一些內在的定則去限制差異；例如：我們可以尊重所有尊重他人差異的人。最後，為了反駁那些認為差異政治會使任何可行之政治碎裂化（fragmentation）的批評，我們有必要指出要如何且在什麼時候可以強調統一性優於分裂是必要且合理的。因此貝斯特和肯勒主張「在理論與政治兩種領域中，有時候強調差異、多元與異質性是有價值的，而在其他的脈絡裡，也許尋求普遍性、共同利益與共識是比較好的」[50]。

---

[47]M. Walzer, 〈道德的微末主義〉(Moral Minimalism)，收錄於W. Shea 與 A. Spadafora編之《來自可能性的黃昏》(*From the Twilight of Probability*)，Science History Publications, Canton 1992, pp.9, 12.

[48]M. Walzer, 《詮釋與社會批判主義》, pp.37, 60.

[49]I. M. Young, 《正義與差異政治》, pp.168-73.

[50]S. Best 與 D. Kellner, 《後現代理論：批判的質疑》, p.175.

結　論

　　對於後現代主義者與其批評者間辯論的解釋，常常基於雙方立場上的諷刺詩文。後現代主義者以嘻戲、嘲弄的玩笑者面目出現，任性地對人類痛苦與壓迫的事實予以否定。相反的，現代主義者則表現的是一種刻板與嚴格的悲觀論者，他們對於這種「事實」的意見偶爾會被扭曲了，而且還被用以正當化這種壓迫。在多數的例子中，這種說法言過其實。一旦我們看到後現代主義者與其評論者間辯論的詳細內容後，沒有任何一邊是採取也許可以證立那些諷刺詩文的極端立場。舉例來說，大部分的現代主義皆意識到理性曾被用於為壓迫服務的事情上，而且大部分的後現代主義者的確也為他們的價值提出了理由——只不過不是現代主義者認為他們應該提供的那種理由。類似地，現代主義者一般說來，承認在處理團體間的差異時對感受性（sensitivity）的需求，而且在多數的案例中，後現代主義者也對承認所有團體之間共有某些基本特質做好準備。

　　如果在後現代主義的辯護者與批評者間的差異，不常像他們一開始出現時那樣極端的話，那麼，他們之間的辯論實際上到底完成了什麼呢？至少，我們也許可以說，這些辯論已在政治的議程上排入了一些新的議題。舉例來說，我們現在更敏感於政治語言的重要性；不幸的是，這卻以其最為簡化與無益的形式出現在有關政治正確的的辯論中。除此之外，一種作為詩意的、好玩的與創新之實踐的政治模式，已以那種盲目追隨著科學質問與科層制應用之模式為代價而日益重要。

　　對於「人性」的建構性與彈性之特徵已被更為清楚地意識到；因此認同政治也顯得更為重要——舉例來說，我們在性別政治的各

種形式中得以見識。最後，較不同於傳統式的組織模式也在當代的政治生活中，扮演了一個更為重要的角色。特別是非層級式社會運動或網絡——例如，在那些有關道路發展與動物福利的抗爭中所見到的——在今日已較過去更為顯著了。為了這個理由，我們可以公平地說，即使後現代主義作為一種潮流曾有其擅場之時，但是在一連串政治觀念與實踐中，它的影響力還是在持續當中的。

第九章
女性主義

Moya Lloyd

導　言

　　基進的、自由派的、精神分析的、法國的、後現代的、社會主義者、馬克思主義者、第三世界、女同性戀者；聚集於格陵漢公園的和平陣營；反對世界小姐選美比賽；「奪回夜行權」（Take Back the Night）的主張。從一開始，女性主義即具有其理論與實踐的內在多樣性遠勝於外在一致性的特質。因此沒有所謂「女性主義」的東西，只有過多的女性主義，分別由多重的資源中取得靈感，並用以生產關於女性處境的多種解釋。為了瞭解女性主義，我們必須認識到這種多樣性以及它在女性運動的現實政治活動中所扮演的活躍的角色。

歷史根源

　　嘗試對女性解放運動的起源下定論是一件困難的事。正如同我們以下所見：關於女性在男性宰制的世界中面臨種種困難的各種見解，早已充斥我們耳邊有一段時間。然而就現實層面來看，發生於60年代的新一波女性主義浪潮所帶來的衝擊乃是來自於其他的根源。許多英國女性成為女性主義者是她們於其他抗議運動經驗下的結果，特別是在新左派、基進的學生運動、反核及反戰運動。一些女性主義者是來自於女性和平團體，其他的則來自於仍在逐漸增加的活躍份子以及好戰的勞工階級[1]。但是有兩個事件特別具有重要

---

[1]V. Randall, 《女性與政治：一個國際的觀點》（*Women and Politics: An International Perspective*）, Macmillan , Basingstoke 1987（2nd edn）, pp.230-1.

性，一是1968年於Ford Dagenham（稍後發生於 Ford Halewood）由一位機師針對同工同酬的議題所發起的罷工。這次的活動結果產生了一個為期不長的工會組織——全國女性平權聯合行動委員會（National Joint Action Committee for Women's Equal Rights）——即被設立。這個組織草擬了五項章程，其中包含了一項要求由 TUC領導爭取平等機會及平等待遇的運動[2]。如果說這次罷工喚起了對女性處境的一種全國性的覺醒，那麼70年代於英國的牛津大學Ruskin學院所舉辦的全國解放會議（National Liberation Conference）才使得女性運動真正的蓬勃發展。[3]

　　這個會議吸引了將近六百位的參與者，同時這些參與者擬定了一份四點綱領，針對同等酬勞、同等教育與機會、二十四小時的家庭托育、自由避孕與墮胎的需要，提出要求[4]。到了70年代中期，這一整套「女性權利政策」[5]，又加了三個目標，如女性財務上的獨

---

[2]A. Coote and B. Campbell，《美好的自由》（*Sweet Freedom*），Picador，London 1982，p.10.

[3]關於英國第二波女性主義起源的歷史，參見O. Banks，《女性主義的面貌》（*Faces of Feminism*），Martin Robertson，Oxford 1981; A. Carter，《女權政治》（*The Politics of Women's Rights*），Longman, London 1988; A. Coote and B. Campbell,《美好的自由》; A. Coote and P. Pattullo,《權力與偏見：女人與政治》（*Power and Prejudice: Women and Politics*），Weidenfeld and Nicolson，London 1990; V. Randall，《女人與政治：一個國際的觀點》; S. Rowbotham，《前塵往事：1960 年代以來的女性主義運動》（*The Past is Before Us: Feminism in Action since the 1960s*），Penguin，Harmondsworth 1989.

[4]1967 年的墮胎活動只提供具有治療根據為基礎的墮胎，並且需要有兩個醫生同意才行。

[5]J. Lovenduski，〈國會，壓力團體，網絡以及女性運動：英國墮胎法政策的改革（1967-83）〉（Parliament, pressure groups, networks, and the women's movement: the politics of abortion law reform in Britain 1967-83），in Joni Lovenduski and Joyce Outshoorn,《新墮胎政策》（*The New Politics of Abortion*），Sage，London 1986, p.50.

立、平等僱用機會以及免於暴力的自由。這些需求綜合了針對工作（此即英國女性主義與勞工運動的密切關係之證據）以及強調女性對自己身體的主控權。因此英國女性運動不僅由法律及經濟權利來界定自身，更尋求個人及性別權利上的肯認。如此，女性不僅尋求與男性之間的平等，更以終結男性宰制的社會為目的[6]。在這個新興的女性運動中，屬於比較早期的活動之一即為抗議世界小姐選美的一系列示威活動。這些活動的目的是為了抨擊選美競賽是對女性有害的，並且過於強調現行女性於男性權力下的被動地位。

　　為了瞭解現行女性主義的歷史，對於它所受到的過去思想的影響有一些概念是有必要的。想要考據女性主義的起源是不容易的。從許多文獻上來看，我們或許可以說女性主義這個字於女性主義的歷史裡是無法考據的。「女性主義」這個名詞本身，起源於1890年代的法國，被理解為對女性權利的一種提倡。更早於此，就有各式各樣關心婦女生活各方面的文章出現[7]。最早期的著作之一是 1405

---

[6] A. Carter，《女權政治》，p.55；這討論會也確立了女性運動的架構：透過全國性會議，鬆散地連結小型的自發性團體，而其他方面則讓地區域性的開創力自由發展。見A. Coote and B. Campbell，《美好的自由》，p.14.

[7] 對於第一及第二波的女性主義意識形態之介紹，見V. Bryson，《女性主義的政治理論：導論》（*Feminist Political Theory: An Introduction*），Routledge, London 1992; P. Ticineto，《女性主義思想》（*Feminist Thought*），Blackwell, Oxford 1995; J. Evans，《今日女性主義思想：第二波女性主義導論》（*Feminist Thought Today: An Introduction to Second-Wave Feminism*），Sage, London 1995; M. Humm（ed.），《女性主義：一個讀者》（*Feminisms: A Reader*），Harvester Wheatsheaf, Brighton 1992；A. Jaggar，《女性主義政治與人類本質》（*Feminism Politics and Human Nature*），Harvester, Brighton 1983; M. Schneir（ed.），《女性主義的好書：當代女性運動的精緻作品》（*The Vintage Book of Feminism:The Essential Writings of the Contemporary Women's Movement*），Vintage, London 1994; M. Schneir （ed.），《歷史上的女性主義好書》（*The Vintage Book of Historical Feminism*），Vintage, London 1996; R. Tong，《女性主義思潮：概括性導論》（*Feminist Thought: A Comprehensive Introduction*），Unwin Hyman, London 1989.

年由狄丕珊（Christine de Pisan）所寫的《女性城市之書》（*The Book of the City of Ladies*）。接下來在歐洲以及稍後在美國相繼出現了一連串的相關文章。1972年，烏絲東克莉芙（Mary Wollstonecraft）所著《女權辯》（*A Vindication of the Rights of Woman*）一書問世。書中描繪了平等、理性及自主等啟蒙運動的理念。烏絲東克莉芙代表女性呼籲與男性共享平等權利。值得注意的是，理性能力沒有性別之分，她的論述裡特別強調受教權應擴及女性，如此，藉由此一權利達到智識上的獨立。這樣關於兩性平等對待的論證在第二波自由派女性主義中非常重要，並受到密爾在1869年出版的《婦女的屈從》（*The Subjection of Women*）的回應[8]。承襲了兩性皆具有理性，因此有需要平等教育之論述，密爾更進一步要求女性要有跟男性一樣的公民權利以及經濟機會。這兩個論述的中心思想為，女性的平權是受到社會制約及習俗的阻礙，而不是因為兩性之間內在的或本質上的不同所致[9]。

不同於早期自由派女性主義者強調男性及女性本質上的類同性，同一時代的烏托邦社會主義者，便是著眼於兩性的差異。她們認為女性是一種品德較高尚的物種（此論述一再出現於第二波女性主義）。她們的女性特質不僅對未來之人人平等的社會很重要，而且人類種族的進步皆要仰賴女性的解放：「女性權利的擴張係為整個社會進步的基本方針」[10]。除了女性於公領域的不平等外，這些烏

---

[8] 這個早期的自由派女性主義帶有密爾的長期伴侶兼後來的妻子——泰勒（Harriet Taylor）的思想無可抹滅的痕跡。《女性解放》（*The Enfranchisement of Women*），發表於1851年。

[9] 可爭議的是，這兩者都犯有忽略階級議題的過失，只關心她們作為中產階級女性的處境。

[10] C. Fourier,〈四種運動理論〉（Theory of the Four Movements）（1808），收錄於 J. Beecher 與 R. Bienvenu 編之《弗里的烏托邦願景》（*The Utopian Vision of Charles Fourier*）, Jonathan Cape, London 1975.

托邦作者（特別是湯普森及喜勒（Anna Wheeler）[11]）也將她們的注意力放在同時存在於家庭中對女性差別待遇。婚姻不僅無法強化人際關係，而且是人類發展的阻礙、奴役女性的場域（在經濟、情感、文化各方面），以及對這些相同領域中的男性來說也是進步的障礙。解決方案即是：廢除私有財產，消除性別分工繼而由公共設施取代家務勞動，以相互合作及共同擁有來設立社會機制。對於自由派女性主義者建議的法律與社會改革，烏托邦社會女性主義者則代之以鼓吹兼具公、私雙方面的社會重建。

相對於烏托邦社會女性主義宣稱的，女性的權利是一個社會進步的標準，馬克思主義的分析結果則很少提到女性特殊的困境。相較於階級流動支撐資本主義的議題，馬克思很少關切所謂的女性問題，而留給馬克思的兩位追隨者——恩格斯（Friedrich Engels）及貝普（August Bebel）來作補充。在《家庭、私有制與國家的起源》（*The Origin of the Family, Private Property, and the State*, 1884）一書中，恩格斯聲稱女性受壓迫的起源，在於私有財產制的形成以及將女性排除於生產之外。在《女性與社會主義》（*Woman and Socialism*, 1885）中，貝普提供了女性命運的歷史性的描述以及對於新興的中產階級女性運動的批評。除了焦點的不同，二位作者皆堅信只有完全的揚棄資本主義才有辦法帶來女性的解放。假使女性要對這場革命有所貢獻，她們必須進入工作場域，作為無產階級，在那裡她們對政治的興趣會確保她們參與社會主義革命，這樣的一種論述在

---

[11]那些最重要的文本內容皆以湯普森為名所出版的，如《為人類的另一半控訴》（*Appeal on Behalf of one Half of the Human Race*），《女人》（*Women*），《對抗另一伴的主張》（*Women, against the Pretensions of the Other Half*），《男人》（*Men*），《在政治上保障她們》（*To Retain Them in Political*），以及《來自民間及家庭中的奴隸》（*Thence in Civil and Domestic Slavery*），Virago, London 1983.

1960及70年代都有馬克思女性主義者響應。這個強調階級明確的論述隱含了女性之間的關係。雖然貝普承認女性有超越其階級差異的共同利益，但是繼而他認為中產階級及無產階級女性的聯合的效果還是比不上社會主義革命[12]。作為女性的女性利益是次要於女性的階級利益。這樣的態度留下了其獨特的思想遺產（見下述及本書〈社會主義及社會民主〉該章）。

　　雖然直到60年代末期，第二波女性主義浪潮開始時，女性主義並未消失，但是它相對地確實沉寂了一段時間。這種相對的沉寂至少曾一度被法國存在主義哲學家西蒙波娃所著的一本巨著《第二性》（*The Second Sex*）給打破[13]。這本龐大且艱深的書介紹了許多的主題，這些主題在之後一直影響女性主義，如他者的概念、性及性別的不同、女性中心的問題。對於西蒙波娃來說，女性的生物本質並不能絕對的決定其命運（雖然生物本質有其效果）；而是由文化、社會、法律及其他來決定女性能成為什麼。如同她說的「女性不是生成的，而是變成的」。在現在，這意味著男性（正常）被視為主動的，可以操縱改變自然及其環境，但女性（他者）則為被動，為接受行為的客體。女性的任務為拒絕及改變這種加諸於其身上的觀點，雖然女性生物本質上較男性為弱，雖然女性是其生殖功能（月經、懷孕）的主體，但西蒙波娃認為，現今的科技（避孕、流產）可以讓女性從這些弱點上解放出來。她們可以掌控自己的身體，並且致力於一個經濟及社會平等的未來。像馬克思主義者一樣，西蒙波娃強調以勞動生產作為女性解放的場域。如同早期的自由派女性主義，她似乎將理性這一特質置於其他特性之上（如情感）。不管如

---

[12] 見 M. Schneir,《歷史上的女性主義好書》, p.211.

[13] S. de Beauvoir,《第二性》(*The Second Sex*), Penguin, Harmondsworth[1949] 1972.

何，在她強調女性身體的自主以及對男女兩性對反關係的描述下，她似乎也預示了許多基進女性主義的觀點了。

哲學的觀點

當代女性主義取材於許多不同的型式：它批判現存的意識形態，想瞭解那裡才是女性的安身立命之處；它發展自己獨特的、女性取向的分析方法；它找尋女性沉寂已久的聲音。不管它是在一個已建構完成的意識形態裡發言或是它試圖形成一個新的理論，女性主義總是為女性而戰。女性主義是一種社會改造的運動[14]。正是這一點將第一及第二波的女性主義連結起來，以及為什麼可以將地球上女性結合在一起的原因。

但是這樣一般化的定義隱藏著一個問題，即是：什麼是為女性而戰以及社會改造的意涵，這個問題取決於女性是否被視為與男性相同，或者是被視為與男性不同，而存在於女性之間的差異又該如何被對待。因此一個主要的爭論點即為「女性」這一概念，其次則必須注意「性別」的概念。

所有女性主義的形式都關切女性在社會上、政治上、經濟上總是附屬於男性的這一事實。雖然有些人認為在女性之中也存在著社會上、政治上及經濟上的不同（以人種或族裔的區隔，或是階級差異，或以女性的說法是不同的性取向為由），但是女性主義主要的關切在於性／性別上的差異。這即導致父權（patriarchy）這個概念的出現，以此為解釋這一現象的工具。但是我們必須注意到，當討論

---

[14]L. Segal,〈女性主義世代〉（Generations of Feminism），收錄於《基進哲學》（*Radical Philosophy*），May/June 1997.

到女性之狀況時，並不是所有的女性主義都會採納這樣的觀點。因此，以下的章節將處理女性主義對差異與父權的基本關懷（或論辯）。

然而，在本段落開始之前，重要的是要注意雖然有各式各樣的女性主義理論與實踐，分別由各種不同的傳統中獲得啟發，但是特別是在第二波期間，也有大量的跨越各種不同女性主義的養分。她們以許多，而且經常是創新的方式來相互汲取與回應。

差　異

從一開始，女性主義者就依她們如何看待女性之方式而有所區別。有一部分（大多數是自由派女性主義者）認為，女性與男性基本上是相同的，也就是說除了生物上的不同外，男性與女性擁有一樣的理性能力且同樣有權利獨立自主地發展自我，這些兩性共同擁有的能力被自由主義者視為人類進步的核心。問題是，現實中男女在上述的特質及權利上受到不同的對待。女性基於她們的性別而受到差別待遇。因此為解決這樣的情況，自由派女性主義者提倡要移除所有阻礙女性像男性一樣被平等對待的障礙（所引起的批評觀察到，女性不因她們本身的特質及成就而受到看重）。這種強調開放機會給女性的女性主義，最初係著眼於公共社會及政治的領域[15]。

這是達成平權最好的方法嗎？那些致力於平權的人認為這就是了。但是那些在自由派女性主義中以福利為考量的人（事實上只有女人懷孕；即使她們在外面還有工作，女人同時也負有照顧兒童的基本責任），忖度還需要將女性跟男性生理上的不同，以及這些不同

---

[15]B. Friedan,《女性迷思》(*The Feminine Mystique*), Penguin, Harmondsworth [1963] 1986.

在現今世界的實際條件下產生的結果考慮進來，以確保部分對女性特別的讓步；也就是說，要找到某些機制去處理女性所面臨的特殊弱點。這樣的機制包含了州補助托兒機構、特別訓練計畫等等（見下列「實踐的目標」該節）。這樣的論點並不是在引介兩性有根本性差異的想法，而是要確保男女兩性在一個平等的條件上競爭社會稀有的資源，所以每一個人不論她們生命的出發點何在，都可以參與「社會財貨與服務的競逐」[16]。而最後，最優秀的人將會脫穎而出。

相對於這種主張平等權利的女性主義者，起源於1970年代的基進女性主義則宣稱女性不僅只是受到跟男性不同的對待，而且是他們原就是有所不同。支持這樣論點的人有時是從生物觀點來看，特別是從女性生育子女的能力來看。這樣的論證可以從幾方面來看。對某些人來說，母職及女性生殖的能力一般被視為一種負擔[17]。對於其他人，母職則被看得較正面：它被視為女性良好品質的體現，只是在父權社會的限制下無法自然的發展，也就是說，無法用一種滿足女性的方式來發展[18]。有時候，女性天生的差異被視為她們與自然較貼近的一種結果[19]。兩性的差異被視為是「天生的」的說法，假設女性所擁有的特質是「天生的」（男性亦同）：它們一直都是存在的，而且將永遠這樣。這些論證（有關於女性的生物性或本質）已經被批評為存在的本質主義。

---

[16]R. Tong, 1989, 《女性主義思潮：概括性的導論》, p.2.

[17]S. Firestone, 《性的辯證》（*The Dialectic of Sex*）, The Women's Press, London[1970] 1979；A. Oakley, 《女性的工作：家庭主婦的今昔之比》（*Woman's Work: The Housewife, Past and Present*）, Pantheon Books, New York 1974.

[18] A. Rich, 《生為女人：經驗與制度下的母職》（*Of Woman Born: Motherhood as Experience and Institution*）, Virago , London 1977.

[19]S. Griffin, 《女人與天性：她內心的怒吼》（*Woman and Nature: The Roaring Inside Her*）, The Women's Press, London 1984.

對於其他基進女性主義、社會主義以及／或馬克思女性主義者
而言，女性的特別貢獻被視為她們在社會及文化環境支配下的結
果，包括她們的社會化。也就是，她們被學校、大眾傳播媒體、教
會以及家庭所教導，而來學習如何作為兒童及成人[20]。除了生物的
性，這些作者還談性別（gender）或性／性別（sex/gender）系統
[21]。性別乃是針對一個性別或其他的學習文化認可的某些特性（例
如：陰柔或陽剛的某些特質）。性別不是天生的，而是社會及文化過
程的效果[22]，對某些人而言這還包括心理的過程[23]。因此，舉例來
說，魯迪克（Ruddick）即宣稱女性是透過她們作為母親的經驗，而
來學習特定的思考方式[24]。「母性的思考」這一概念與女性的和平

---

[20]K. Millett,《性政治》(*Sexual Politics*), Virago, London [1970] 1977.

[21]G. Rubin, 〈買賣女性：以性的「政治經濟學」焦點〉(The Traffic in Women:
Notes on the 'Political Economy' of sex), 收錄M. Z. Rosaldo 與 L. Lamphere 編
之《女性、文化與社會》(*Woman, Culture and Society*), Stanford University
Press, Stanford 1974.

[22]S. Ortner, 〈女性之於男性正如同自然之於文化嗎？〉(Is Female to Male as
Nature is to Culture?), 收錄於 Mary Evans 編之《女性問題》(*The Woman
Question*), Fontana, London [1972] 1982.

[23]J. Rose,《觀看場域中的性》(*Sexuality in the Field of Vision*), Verso, London
1986; J. Mitchell, 〈女人最漫長的革命〉(Women the Longest Revolution)
[1966],《女人：最漫長的革命：關於女性主義、文學和精神分析的論文集》
(*Women: The Longest Revolution: Essays in Feminism, Literature and
Psychoanalysis*), Virago, London 1984; J. Mitchell,《女性地位》(*Woman's
Estate*), Penguin, Harmondsworth 1974.

[24]Sara Ruddick, 〈母性的思考〉(Maternal Thinking),《女性主義研究》
(*Feminist Studies*),vol.6: no.1, 1980;〈保存的愛與軍隊的破壞：關於母性化
與和平上的一些反省〉(Preservative Love and Military Destruction: Some
Reflections on Mothering and Peace), 收錄於 Joan Treblicot 編之《母性化：女
性主義理論論文集》(*Mothering : Essays in Feminist Theory*), Rowman and
Allenheld, New York 1984;《母性的思考：邁向一種和平的政治》(*Maternal
Thinking: Towards a Politics of Peace*), The Women's Press, London 1990.

主義傾向有關聯，乃是起源於其貫注精神照顧、同情、合作以及她們對他人的責任感而來的。類似的，吉利根（Carol Gilligan）則駁斥男性比女性具有更高的道德感這樣的說法，她宣稱男女僅只是因為她們不同的性別發展而養成了不同的道德概念[25]。以馬克思女性主義的觀點來看，這些關於性別的概念可以說是意識形態上的；也就是說，這是在資本主義下之男女關係概念化的結果；而就社會主義女性主義者而言，性別概念則是資本主義和父權社會結合下的產物[26]。

在後現代結構主義的背景下，法國女性主義的領導主流（Irigaray, Cixous and Kristeva）提供了以語言為基礎的不同見解。她們宣稱，有一種男性化的寫作及思考方式，稱為phallogocentric（源於phallus所象徵的男性形象，而 logos意指語言文字）。這可以與特殊的女性化的寫作型式（lécriture féminine）做一個對比，這種型式是屬於多重的而不是線性的，多重發聲而非單音發聲的，流動的而非固定的。這些作家有的視這些差異是天生的，其他的則認為不管男性或女性都可能有上述的現象。但是不管如何，她們都同意女性

---

[25]C. Gilligan,《不同的聲音：心理學理論與婦女的發展》(*In a Different Voice: Psychological Theory and Women's Development*), Harvard University Press, London and Cambridge, Mass.1982; 對男性而言，道德這個概念是一種關於正義的規範；而對女性而言，道德則是一種關於關懷照護的倫理。

[26]H. Hartmann,〈馬克思主義和女性主義不愉快的聯姻：邁向一種更為進步的聯盟〉(The Unhappy Marriage of Marxism and Feminism: Towards a More Progressive Union), 收錄於 Lydia Sargent 編之《馬克思主義和女性主義不愉快的聯姻：關於階級和父權的討論》(*The Unhappy Marriage of Marxism and Feminism: A Debate on Class and Patriarchy*), Pluto Press, London 1981; J. Mitchell,〈女人最漫長的革命〉, J. Mitchell,《女性地位》。

應該發展她們自身獨特且不同的聲音[27]。

　　性別這個概念的有效性，即是它在理論上便於瞭解，在不同文化及不同歷史時期下女性之間的不同，進而藉以改變產生女性特殊特質的因素。除開兩性間的不同不談，女性主義於1980及1990年代轉而強調性別的基礎，因此形成一個雖然駁雜但不可避免的系統[28]，而此一系統的組成是由它的相對關係中的一部分——男性來界定（不只如此）和掌控（雖不完全）的[29]。因此這不是一個單一的系統。然而，性別的概念也還是需要詳細審視的，有時候在本質主義的概念[30]挾帶下，會將跨越種族及文化的差異給隱藏起來：有時也會忽略掉在同一社會裡，許多應用性別這一概念的方式會去壓迫一些團體，如女同性戀及男同性戀的狀況[31]。

父　權

　　自由派女性主義者（特別強調平等權利變項的）係強調女性是

---

[27] 關於法國女性主義的介紹（如此處提到的Héléne Cixous、Luce Irigaray and Julia Kristeva 的作品），見T. Moi,《性的／文本的政治：女性主義的文學理論》(*Sexual / Textual Politics: Feminist Literary Theory*)，Routledge, London 1985; R. Tong,《女性主義思潮：概括性的導論》。

[28] 這是不可避免的，因為每個社會都必須被假定存有一個性別系統，從而指定部分特徵給男人，其他特徵給女人。

[29] J. Flax,《片斷思考：當代西方中的精神分析、女性主義和後現代主義》(*Thinking Fragments: Psychoanalysis, Feminism and Postmodernism in the Contemporary West*)，University of California Press, Berkeley 1990, p.23.

[30] E. Spelman,《可有可無的女人：在女性主義思想中的排除問題》(*Inessential Woman: Problems of Exclusion in Feminist Thought*)，The Women's Press, London 1990.

[31] J. Butler,《性別困境：女性主義與認同的顛覆》(*Gender Trouble: Feminism and the Subversion of Identity*)，Routledge, London 1990.

基於其性別而遭受歧視。也就是說，她們在許多面向上受到了限制，但男性則不會。因此，性別歧視破壞了自由主義對正義的信念：評價男性是依據他們的能力，但是論斷女性卻是基於她們的性別[32]。這些不平等的根源為法律、習俗、經濟以及社會。女性一直被合法的排拒於某些特定工作之外；她們在房屋市場上（房貸被拒及其他）一直受到差別待遇；她們在國家保險及賦稅優惠上受到較多的限制；她們經常與男性做一樣的工作但卻賺較少的錢；或者她們在職場的晉升階梯上無法超越特定的層級；她們在懷孕及結婚時容易被免職。因此，自由派女性主義的中心概念為不平等（inequallity）及差別待遇（discrimination）。如同菲利斯（Anne Phillips）的論述一樣，這係有其特定的結果[33]。藉著討論不平等及差別待遇，自由派女性主義主張說，女性的這些遭遇乃是由於未被如同男性般來對待。因為這個原因，自由派女性主義被認為是在自由主義裡添加了女性的概念。在這個論述中，為了確保平等，用相同的條件來處理兩性是很重要的。然而這樣做會引起許多的問題：因為這將否定了女性的特別需要及問題。舉例來說，至少在目前男性是無法生育小孩的。對待女性如同對待男性，意味著將會忽略這一特殊的性別差異。這亦代表著懷孕的女性不需要仰賴特別的條文：沒有育嬰假、也沒有產假等等。因為如此，部分自由派女性主義者已經轉向用社會福利的觀點來理解這些已存在的特別需求。除了替女性掃除在政治參與、工作能力或其他方面上的一些障礙，福

---

[32] A. Jaggar，《女性主義政治與人類本質》。

[33] A. Phillips，〈導言〉(Introduction)，收錄於A. Phillips 編之《女性主義與平等》（*Feminism and Equality*），Blackwell, Oxford 1987.

利自由主義者關切的是實質平等[34]。這意味著平等或許只能藉由差別性地對待人們才能達成。

　　相對的，基進的、馬克思主義的及社會主義女性主義者皆傾向去討論有關女性受壓迫的問題。如同菲利斯所述，壓迫所強調的並不是女性於特定領域中被排除的異常現象，而是強調複雜的意識形態、政治以及經濟的力量，它們結合起來使女性一直被壓抑在她們原來的位置上[35]。基進女性主義者稱這種壓迫形式為「父權」。這是女性主義所創造出來的最重要的概念之一。這是從父親統治的概念裡推導出來的，就當代的用法而言，它指出一個事實，就是「社會中每條通往權力的道路⋯⋯都完全掌握在男性手中」[36]。女性的從屬地位因此是屬於結構性和系統性的，而不是偶然的和特意安排的（ad hoc.），即如同曼菲特（Redstockings Manifesto）所述：「所有的男性都曾壓迫女性」[37]，他們都因父權結構而受益，但女性只有忍受。這種剝削的模式是普遍性的；不管何時何地都在上演。更進一步來說，這或許是人類宰制最基本的型態。這亦意味著其他形式的壓迫，如種族主義或階級的壓迫就永遠是次要的[38]。根據基進女性主義者的說法，男性用來控制及壓迫女性的機制為多方面的。包括強暴、家庭暴力、色情、控制女性的身體（控制她們避孕或墮胎的

---

[34]D. Rhode,〈政治的典範：性別差異和性別不利〉（The Politics of Paradigms: Gender Difference and Gender Disadvantage），收錄於G. Bock 與 S. James 編之《超越平等與差異：公民權、女性主義政治和女性主體性》（*Beyond Equality and Difference: Citizenship, Feminist Politics and Female Subjectivity*），Routledge, London 1992.

[35]A. Phillips,《女性主義與平等》, p.11.

[36]Millett,《性政治》, p.25.

[37]M. Schneir,《女性主義的好書：當代女性運動的精緻作品》, p.127 （original emphasis）.

[38]例如，Firestone 即宣稱說，種族主義是性主義的延伸。

管道、控制她們拒絕性或不孕的權利）；生殖器的切除、強制異性戀；以及主要關聯於女性身體的諸因素、性取向及暴力相向等。相對於自由派女性主義者強調的是女性比男性缺少公共領域的平等，基進女性主義者係強調女性同時在私領域也是受壓迫的[39]。

對基進女性主義者的批評之一，乃是認為她們缺少對階級壓迫本質的瞭解。在馬克思主義女性主義的脈絡下，女性的受壓迫通常被視為階級壓迫的次型態。女性的功能被界定在家庭裡，並且她在支薪勞力市場的缺席則是為造成其情況的根源。因此，馬克思主義女性主義者為了強調女性階級受壓迫的經濟本質，就將分析焦點集中在家務勞動上[40]。就如同基進女性主義者單方面強調父權的壓迫一樣，馬克思女性主義者也是單方面的強調階級壓迫。但是根據社會主義女性主義者的說法，對於婦女屈從於父權及階級壓迫的這兩件事，應被視為是一致的。對於女性的經濟剝削之分析（包括女性的貧窮）和分析男性對女性身體的控制，都是一樣的重要。所以需要做的是雙重系統（dual systems）的分析[41]。因此，舉例來說，米歇爾（Juliet Mitchell）就主張造成女性的附屬性乃是四個領域交互作

---

[39] 經由基進女性主義者大力地批評，自由派女性主義便轉移她們的注意力到女性不平等的私人面向上。

[40] 所謂家務勞動的爭論是以環繞下述的事件來提倡的：如家務計酬和兒童社會化。馬克思主義的女性主義者還試圖將馬克思所謂剩餘價值的觀點應用到家計問題上。對於這個主題的優越評論，見 E. Kaluzynska,〈用理論來擦地板——一個關於家計的寫作調查〉(Wiping the Floor with Theory - A Survey of Writings on Housework),《女性主義評論》(Feminist Review), no. 6,1980.

[41] H. Hartmann,〈馬克思主義和女性主義不愉快的聯姻：邁向一種更為進步的聯盟〉。

用的結果：亦即生產、生殖、性及兒童的社會化[42]。因此女性受壓迫係性別因素及經濟因素的結合，所以僅只有透過雙向的改造才有辦法根除。倘若只是單獨推翻資本主義或推翻父權一項，是不足以解放女性的[43]。

實踐的目標[44]

雖然所有的女性主義者都會同意，為了確保女性生活的提升，改變是必須的，但是她們所提供的方案卻是各式各樣的：對某些人來說，一件一件的改革就足以確保這些改變；但對於其他人，改變僅只能藉由大規模更徹底的社會重建才能達成。這種分歧的狀況部分係由於女性主義者所採納不同的意識形態立場所致，部分則是源於女性運動日復一日的實際運作而來的。如同開頭所述，英國的女性主義一直具有下列的特色，亦即在結合平等權利政策與以根除男性操控女性身體為目標的政策。

---

[42] J. Mitchell,〈女人最漫長的革命〉, J. Mitchell,《女性地位》; S. Rowbotham,《女人、反抗與革命》(*Women, Resistance and Revolution*), Penguin, Harmondsworth 1972; S. Rowbotham,《女人的意識，男人的世界》(*Women's Consciousness, Man's World*), Penguin, Harmondsworth 1973.

[43] 值得注意的是，社會主義的女性主義者並不會去下這個有關當代晚期，階級本質與父權壓制已相互連結起來的結論。自從1960年代中期以來，她們就已經為了這個相互連結的議題爭辯了許久。然而，只是到了後來，她們才使用起「父權」這個詞來描述性別壓迫。

[44] 關於活動力被壓抑的這部分，在下面這些資料裡都會處理到：S. Abrar,〈女性主義的介入和地方性家庭暴力政策〉(Feminist Intervention and Local Domestic Violence Policy), 收錄於 J. Lovenduski 與 P. Norris 編之《政治中的女人》(*Women in Politics*), Oxford University Press, Oxford 1996; P. Byrne,〈女性運動的政治〉(The Politics of the Women's Movement), 收錄於 J. Lovenduski 與 P. Norris 編之《政治中的女人》; A. Carter,《女權政治》; A.

藉著和擴大確保女性可進入與男性相同的領域，以及在這些領域中能獲得成功的目標，自由派女性主義者強調改革。為了獲得「性別正義」（兩性間的平等），自由主義者追求下列二個策略之一：(1)移除阻礙女性參與勞動市場、教育、政治及其他的障礙，以確保有與開放給男性般相同的機會；(2)提供某些附加服務，這些服務對於促使女性在參與各領域時，有一個和男性同等的立足點，是必要的。前者強調移除限制和確保平等權利，後者則強調要給予女性特別的協助。最初在英國的幾個例子，是跟隨著第一個改革模式而來的，包括平等薪資法案（Equal Pay Act, 1970）（從1975年開使運作）、性別歧視法案（1975）[45]等，照理說，這些法案建立了兩性平等

Coote 與 B. Campball,《美好的自由》；J. Hanmer 與 M. Maynard 編之《女人、暴力與社會控制》（*Women, Violence, and Social Control*），Macmillan, Basingstoke 1987; J. Holland,《工作和女人：一個對性別分工的維持與再生產的解釋之評論》（*Work and Women: a review of explanations for the maintenance and reproduction of sexual divisions*），（2nd edn）University of London Institute of Education, London 1981; F. Mackay,〈無寬容之戰役：設定議程〉（The Zero Tolerance Campaign: Setting the Agenda），收錄於 J. Lovenduski 與 P. Norris 編之《政治中的女人》；E. Meehan,〈實行平等機會政策〉（Implementing Equal Opportunities Policies），《政治》（*Politics*）,vol. 2, 1981; E. Meehan,《女人在工作上的權利：在英國與美國中的抗爭及政策》（*Women's Rights at Work: Campaigns and Policy in Britain and the United States*），Macmillan, Basingstoke 1985; V. Randall,《女人與政治：一種國際的觀點》；S. Rowbotham,《女人、反抗與革命》；E. Wilson,《被拿來當作對抗女人的暴力是什麼？》（*What's To Be Done about Violence Against Women?*），Penguin, Harmondsworth 1983.

[45] 就政治意義而言，自由派女性主義在美國是比在英國（由社會主義女性主義所掌控）還廣泛的流行。平等薪資法案很大部分是從勞工運動（包括工黨中的女性）的壓力下所促成的，而性別歧視法案則是由專業女性組織、資深遊說團體和新女性運動所促成的。然而，她們在對於保障兩性平權的關注上卻仍然維持著立法的「自由」。因為這個原因，她們常被社會主義女性主義者批判，因為她們不曾關注像貧窮女性化及女人經濟依賴等議題。見 A. Carter,《女權政治》；A. Jaggar,《女性主義政治與人類本質》。

的法律權利，然實際上這些法案對於確保法律的適當執行，卻一直都有困難。部分的問題是來自於，平等機會委員會所擁有之不適當的權力，該委員會被指控它監督並質疑這兩個法案。除了平等權利之外，第二種政策改革乃是為了提供平等權利所做的準備和調整[46]，例如，透過並加強行動計畫、配額、特別訓練計畫等，來教導女性某些技巧，或提供國家補助的托育機構來提供平等權利。這種改革形式的觀點是為女性製造積極的幫助，以便讓女性可以進入勞動市場或受教育。在理論上，國家對於女人的生物性或物質上的不利益，將提供必要的補償形式[47]。然而在目前的英國法律架構下，對於明確的歧視仍是無法律可管的（也因此工黨便無法去維持女性候選人的配額），所以，像是要進行「艾蜜莉的名單」（Emily's List）的執行時，就會發生其實並沒有經費提供訓練女性參與實際政治的必要技巧[48]。

　　然而，對於基進女性主義者來說，國家補助的法案並不是一種增進女性地位適當的手段，因為國家本身就是一個父權社會的工具。參與這個結構只是在鞏固男性權力，而不是破壞它。因此，女性解放要求女性團結起來，並藉著推翻父權體制來終結男性的壓迫。對於女性來講，要達到這個目的所可採取的計畫是很廣泛的。例如，根據弗斯通（Firestone）的說法，因為男性權力是根植於控制女性的生物功能之上，所以女性需要去掌握那些控制生殖的工具。如此一來即可確保她們的自由。這個論證是以科技發展可以將女性

---

[46]D. Cornell,《轉變：恢復想像與別性差異》（*Transformations: Recollective Imagination and Sexual Difference*），Routledge, London 1993.

[47]A. Jaggar,《女性主義政治與人類本質》, p.183.

[48]這種類似的情形最近也發生在北愛爾蘭婦女聯盟（Northern Ireland Women's Coalition）上，為了能夠使她們所支持的有潛力之候選人進入國會殿堂，而提供其在政治生活上所必須的技術訓練。

從養育孩童的責任中解放出來的想法為前提。這樣的觀念近來已經受到其他人的質疑[49]，這些人主張女性對生殖技術的仰賴，是無法削弱男性的權力且反而是強化它（因為生殖技術是在男性控制之下）。相反的，米雷忒（Millett）則主張陰陽同體（androgyny）：係為陽性及陰性最佳特質的融合。這個觀念包含了終結目前性／性別系統的目標，以及建立一個男性及女性在所有面向上皆平等的新社會。對於其他人，例如以達莉（Mary Daly）來說，基進女性主義的本質是以女性為中心：即她所謂「轉變成女性的旅程」（journey of women becoming）[50]。這裡所強調的是發展女性的創造性。只有終止父權體制才能創造出一個女性根本自我得以充分發揮的社會。對有些人來說，這包含了所謂分離主義社群的發展。對於其他人來說，這亦是在尋求一種女同性戀的生活形態。在此女同性戀不僅是指同性間的性關係，而且也是一種女性間專屬的特殊情誼[51]。然而實質上來說，基進女性主義是高於其他的一種基層群眾運動。這是將「個人即政治」的理念，轉化為個人關係的層面以及女性日常受暴和受虐的經驗上的行動實踐主義。因此，女人被鼓勵從家庭中的性別及家

---

[49] 如此像 R. Arditti, R. Duelli Klein 與 S. Minden 編之《試管女人：母職的將來是什麼？》（Test-Tube Women: What Future for Motherhood?），London 1989; G. Corea,《媽媽機器：從人工授精到人造子宮的生殖技術》（The Mother Machine: Reproductive Technologies from Artificial Insemination to Artificial Wombs），The Women's Press, London 1985; R. Duelli Klein 編之《不孕：大聲說出她們關於生殖醫學的經驗》（Infertility : Women Speak Out about Their Experiences of Reproductive Medicine），Pandora , London 1989 and Feminist International Network of Resistance to Reproductive Technologies [FINNRAGE].

[50] M. Daly,《同志與生態學：基進女性主義的後設倫理》（Gyn/Ecology: The Metaethics of Radical Feminism），The Women's Press, London 1978, p.1.

[51] A. Rich,〈強制的異性戀與女同性戀的存在〉（Compulsory Heterosexuality and Lesbian Existence），《符號：文化與社會中的女性日誌》（Signs: A Journal of Women in Culture and Society），vol. 5: no 4, 1980.

務勞動中撤退出來，去參與意識提升之課程，以及去建立自助團體和去鼓勵女性中心的計畫。

　　在英國的脈絡下，在女性運動積極參與的範圍內，何謂「基進」的認定標準包含的範圍是相當廣泛的。譬如1967年當墮胎法案承受著接連不斷的攻擊下，女性主義者就立即動員支持該墮胎法案。打從1970年晚期至1980早期之間進行的「還我黑夜」（Reclaim the Night）的確保女性街頭安全運動，到1980年於Leeds之第一次性暴力會議上所建立的「女性反對暴力加諸女性」（Women Against Violence Against Women, WAVAW），女性主義者已經提高了對於各種不同型態的暴力的大眾意識，該暴力係指男性所加諸於女性身上的，這亦包含了色情書刊的使用及製造。從1972年於Chiswick設立的第一個女性避難所以及女性援助聯盟的成立，到1976年家庭暴力法案的成功通過，女性主義者已經彰顯出了那無孔不入的家庭暴力問題，並且幫助政府轉變思考此一議題的態度，目前，具有代表性的如：許多英國議員採納了「無寬容之戰役」（Zero Tolerance Campaign）的主張[52]。從1976年第一個強暴危機處理中心（Rape Crisis Centre）的成立以提供女性強暴受害者實際的建議、諮商和具有同理心的環境，到1976年性防禦法案（Sexual Offences（Amendment） Act 1976）以確保受害者在強暴案件判決的隱私及匿名性，女性主義者已經挑戰了那處理強暴事件的專業性回應（父權）以及媒體對強暴事件取材報導的方式。其中的一部分挑戰已經導致了法律的改變。然而，其他大部分都是透過女性中心的建立，而來指導行動組織在基層功能上的運作。許多這類的組織均為自願性的，而且時常有經費不足的狀況產生。

---

[52]S. Abrar,〈女性主義的介入和地方性家庭暴力政策〉; F. Mackay,〈無寬容之戰役：設定議程〉。

批　判

　　大部分對女性主義的批評，來自其內部的聲音更甚於外部的。事實上，女性主義的本質即是將社會主義、馬克思主義、自由主義及基進派等信念的支持者一起放在同一個標籤之下，而去討論影響今日女性的關鍵議題。在這樣的關切下，女性主義者之間的爭論就像是介於和其他意識形態間之爭論的一個微觀宇宙[53]。不管怎麼說，已有兩個領域對女性主義提出了強烈的挑戰，第一個是關於種族／民族性的問題，第二個則是與後結構主義及後現代主義有關。

種族／民族性

　　如同我們所見，在眾多女性主義的形式中，其主旨皆宣稱所有女性都共享著對性或性別壓迫的共同經驗，或共有一種相同的本質。就是這種感到共享某些東西的認知，給予女性主義運動一種統一形式。女性主義作為一種認同政治，強調的是女性的共同特質。這即為「四海之內皆姐妹」的概念。然而，事實上正是這種標示著所有女人皆相同的觀念，在過去二十年來已成為了一個爭論的來源[54]。特別是對許多黑人女性主義及有色人種的女性來說，女性作為一個團體她們本身也是從屬於各種差異的。這樣以女性一般利益為

---

[53] 悲哀的是，仍然會有這樣的情形，即具優勢意識形態的主要成員，好一點的仍視女性主義為輔助他們自身意識形態的有用工具，壞一點的，即視其為來自現實政治的邪魔歪道。

[54] 見H. Safia Mirza 編之《英國黑人女性主義：一個讀者》(*Black British Feminism: A Reader*)，Routledge, London 1997.

代表的宣稱傾向於忽略一種事實，這個事實即是對於黑人女性及有色人種女性來說，性別岐視不僅是壓迫的唯一形式，在其中她們是受支配的：她們也遭受到種族主義的壓迫，以及不斷升高的貧窮和其他面向的壓迫。更進一步來說，她們並不是因為她們是女人而遭受到性別歧視，因為她們是黑人而受到種族主義的壓迫，而是如同史丕門（Spelman）所觀察到的，是因為「性別歧視和種族主義在女性這一案例上，其『客體』並沒有什麼差別」[55]。黑人女性無法將她們的性／性別從她們的種族成分給分離開來。她們是同時地從屬於多重的壓力之下。對於勞德（Audre Lorde）來說，這意味著「黑人女性主義不是掛著黑面孔的白人女性主義」[56]。黑人女性的關懷與白人女性的關懷是完全不同的。這些問題對一些女性主義來說，她們並不關心這些不同。所以她們罪有應得地被里奇（Rich）稱為「白色唯我論」（white solipsism）：亦即「傾向去思考、想像和談話，彷彿白種人操控了這個世界一般」[57]。當幾乎所有的黑人女性主義者都同意，所有女性皆遭受父權掌控的壓迫時，大多數人也會觀察到並非所有人都遭受同一方式的壓迫[58]。

這還有第二種影響。雖然黑人男性或許會壓迫黑人女性，但是他們本身和黑人女性一樣都是相同種族主義架構下的受害者。他們雙方既是敵人亦是盟友。在性別的脈絡下他們是敵人，在對抗種族主義上他們是盟友。這意味著除了光是平等地責怪所有的男性之

---

[55]E. Spelman,《可有可無的女人：在女性主義思想中的排除問題》, p.122.

[56]A. Lorde,《外邊的姊妹：隨筆與漫談》(*Sister Outsider: Essays and Speeches*), The Crossing Press, New York 1984, p.60.

[57]A. Rich,〈對文明化的不貞：女性主義、種族主義和同性戀〉(Disloyal to Civilization: Feminism, Racism and Gynephobia),《論靜臥、秘密與沉默》(On Lies, Secrets, and Silence), Norton, New York 1979, p.299.

[58]V. Mason-John 編之《談論黑人：亞非女同性戀傳承的呼喊》(*Talking Black: Lesbians of African and Asian Descent Speak Out*), Cassell, London 1995.

外，尚需有一個對他們所受的壓迫較成熟的分析。也因此，一些作者選擇了拒絕女性主義或女性主義運動（有冠詞 the）這樣的標籤。華勒（Alice Walker）就偏好用女人主義（womanist）這個詞彙，因為它顯現出對「全人類——男性和女性的生存與完整性」的承諾[59]。胡斯（bell hooks）亦選擇女性主義運動這一名詞去強調（沒有冠詞the）女性主義奮鬥的多重本質，並且也強調男性在「白人優越感、資本主義、父權階級結構」裡受到不平等待遇的事實[60]。結果，白人女性主義者已經瞭解到那種處於不同團體之間力量差異的存在，並且也嘗試著去發展對差異用較敏感的態度來討論女性議題。對所有女性都一視同仁已經不再可行了，即使它曾經行得通。

後結構主義及後現代的挑戰

後結構／後現代理論情結中有一個明顯的特色，即是徹底地反對本質主義。它駁斥著任何關於普遍性現象的理念，取而代之的是，他認為每件事都是多元的、特殊的和偶然的。對於女性主義者來說，這個批評對以下概念的挑戰是最為切中要害：即有一種具普遍的女性本質和/或婦女經驗將女性聯合在一起的觀點。如同黑人女性主義者的批評，這已經使人注意到在女性運動中之差異的概念。後結構主義及後現代主義比大部分的黑人女性主義者的批評更進一步，藉著他們質疑是否有任何東西可統一女性這一概念，女性不僅可由種族／民族性、階級、性取向、文化及其他方面等來區分；她

---

[59]A. Walker,《找尋我們母親的花園》（*In Search of Our Mothers' Gardens*），The Women's Press, London 1983.

[60]B. Hooks,《女性主義理論：從邊緣到中心》（*Feminist Theory: From Margin to Center*）, South End Press, Boston 1984, p.18.

們還可以由她們的各種不同團體來分別（舉例來說，並不是所有的女同性戀皆擁有相同的經驗），甚至可以個體的獨特性來劃分她們。事實上，女性的分類是易變的、流動的與多重的，且非常的不固定及不穩定[61]。它並不容易被固定下來。

其次，後結構主義／後現代主義對後設敘事（metanarratives）的可行性的質疑，也挑戰了女性主義。由於女性主義者致力去解釋父權社會的起源及維持，因此她們本身便常常會建構出過度扭曲的，且可被視為是一種後設敘事的解釋。對於後結構／後現代主義者來說，這後設敘事並不能被當作是中立及客觀解釋的例子，因它更總是在強化及正當化某些特定團體的力量。在女性主義的這個例子中，雖然有色人種的女性已經表現出她們的抗議，但是白人中產階級婦女的需求及關心還是一直是被視為是整體女性運動的代表。這些需求及關注係透過壓迫而得到正當化，而且一直用某些女性的部分經驗之型式被報導出來，就好像她們可運用至全部女性似的。在這裡，卡多魯（Nancy Chodorow）對母性的解釋就很具指導性的[62]。卡多魯在嘗試發展一種對性別差異起源之解釋時，她便建構了一種後設敘事，視母性為在任何文化、任何時代中運作的一個單一且統一的活動力，且可以作為性別認同產生的基礎。她宣稱，由於成為母親之經驗的結果，使所有的女性都發展出一種共同關係的本質，而這是男性所沒有的。但批評者認為，這樣的解釋重視同質性

---

[61]R. Braidotti,《流浪的主體：當代女性主義理論中的具現與性別差異》（*Nomadic Subjects: Embodiment and Sexual Difference in Contemporary Feminist Theory*），Columbia University Press, New York 1994; K. E. Ferguson,《男性問題：女性主義理論主體性的願景》（*The Man Question: Visions of Subjectivity in Feminist Theory*），University of California Press, Berkeley 1993.

[62]N. Chodorow,《母性的再生產：精神分析和性別社會學》（*The Reproduction of Mothering: Psychoanalysis and the Sociology of Gender*），University of California Press, Berkeley 1978.

甚於異質性，因此會忽略了許多不同文化的承載方式，在其中女性被束縛於與他人的關係時，無法掙脫。如果女性主義要合宜的包容她們對其他女性（非白人）的敘述的話，她們便必須放棄這種對後設敘述的衝動，而就她們的處境，去產生區域性的、較特殊的（微觀的）敘述方式[63]。

這兩個主張放在一起對女性主義政治是有意義的。女性主義過於依賴女性間的連結這樣的概念（以她們所共享的為依據）來提供她們政治綱領的一致性。藉由宣稱代表所有女性利益來發言，女性運動已經獲得了一些她們本身的正當性。但是假如沒有共同的經驗來將女性連結在一起，那女性主義政治將會如何呢？許多女性主義者基本上反對後結構主義／現代主義，因為它們威脅到女性主義替女性講話的可能性，而且由於它們的片斷性也因而削弱了女性運動的力量[64]。但是有些人則認為，後結構／後現代主義對於政治上的思考及行為，確是開啟了新的機會[65]。

---

[63]N. Fraser and L. Nicholson,〈沒有哲學的社會批判主義：女性主義與後現代主義之間的對抗〉（Social Criticism without Philosophy: An Encounter Between Feminism and Postmodernism），收錄於 L. Nicholson 編之《女性主義／後現代主義》（*Feminism/Postmodernism*），Routledge，London 1990.

[64]S. Bordo,〈女性主義、後現代主義和性別懷疑主義〉（Feminism, Postmodernism , and Gender-Scepticism）收錄於 Linda Nicholson 編之《女性主義／後現代主義》，Routledge，London 1990; C. di Stefano,〈差異的困境：女性主義、現代性與後現代主義〉（Dilemmas of Difference: Feminism, Modernity and Postmodernism），收錄於 L. Nicholson編之《女性主義／後現代主義》。

[65]J. Butler,《性別困境：女性主義與認同的顛覆》; J. Butler,《身體這東西：在「性」限制上的論述》（*Bodies That Matter: On the Discursive Limits of "Sex"*），Routledge, London 1993; D. Elam,《女性主義與解構主義》（*Feminism and Deconstruction: Ms en Abyme*），Routledge, London 1995; L. Nicholson 編之《女性主義／後現代主義》; E. Probyn,《自我的性別化：文化研究中的性別位置》（*Sexing the Self: Gendered Positions in Cultural Studies*），Routledge，London 1993.

結 論

　　女性主義是一種具有不可思議地多樣性的研究主題，它吸引了相當廣泛的現存的意識形態，而且也同時透過女性的聲音提供了相當獨特的貢獻。對這樣一個相當年輕的運動來說，它已經替女性（或部分女性）確保了許多重要的進步，不管是在勞動市場，在文學、電影及戲劇，在政治，與身體相關的政治或其他。現在，女性運動面臨的最大困難，是在面對一種政治反彈現象之時，該如何繼續其衝力。所謂的政治反彈係指涉著一種假象，即認為女性主義者已經達成她們所有的目標，因此她們已經是多餘的了，所以當法案通過的同時，也強化了女性在某些領域上被當作次等公民來看待[66]，以及否定貧窮女性化之議題的真實性。這些問題由於女性主義面對自身內部的困境而加劇（而不是造成）了，該困境乃是在整個階序上如何能成功地調適差異分佈所形成的。雖然這一個面向已經有所改進了，但是還有邊緣婦女她們擁有自己特別的問題，她們的陳述及需求都需要被瞭解、被說明，而不能僅針對殘障婦女。女性主義對身體及性政治的強調經常被排除掉；而且這些特定婦女團體之特殊、多重的經驗，事實上也常被隱藏起來。

　　然而，就某個意義來說，女性主義者所占據的多重位置並不表示其不一致或分化，而是女性主義的開放。雖然女性主義者在關於女人從屬地位的形成原因與持續的議題上，對於她們所根據的意識

---

[66]S. Faludi, 《反彈：與女性不宣而戰》（*Backlash: The Undeclared War Against Women*）, Chatto and Windus , London 1992; M. French, 《對女性作戰》（*The War Against Women*）, Hamish Hamilton , London 1992.

形態互不同意，但是不論她們是社會主義者、自由主義者或後現代主義者，她們都堅持有必要用行動去確保女性生活的改善。這並不是否認女性主義之間，對於用來達成這些進步的最佳手段及策略是沒有爭論的（色情問題的爭議就是最好的例子）；但是，女性主義者對於什麼是正確的所採納的不同理論姿態，並不能永遠阻止她們一起努力去獲取實質的改變。與其將女性主義視為完全斷裂的片段，還不如將它視為是對透過結構及政策使得所有壓迫的型式（不僅是性別岐視）永遠存在，而展現出來的一種多重的挑戰。如此一來，它對於社會的徹底重建就提供了多重的策略。

第十章
綠色政治思想

John Barry

導言：歷史根源

　　大部分對綠色政治理論的介紹都始於一系列的現代環境的破壞：臭氧層稀薄、酸雨、煙霧、空氣污染等。這些都可能會被設定為本章的目的，並且進一步使大眾承認該生態上的錯誤，從而標示出綠色政治所能有的成就。雖然有人嘗試將綠色政治思想精緻化，彷彿它是一個全新的東西，但事實上，對於有關「人類境況」的環境及生態面向上的關切，在西方[1]與非西方[2]的思想史上是有著許多歷史記錄的。雖然如此，持平地來說，不管有多少環境或「自然」的課題在規範思想上被討論過，事實上這個課題卻很少在政治思想的經典中直接被討論：從早先希臘人以自然為所謂「非人的世界」（non-human world）開始，一直以來都很少將其視為揭開人類戲劇的舞台。

　　直到啟蒙運動的時候，這種被稱為「自然問題」（problem of nature）的東西才頭一次出現，並且連同對工業革命逐漸增加的負面效應的反彈之後，人們才發現到現代綠色政治的萌芽。一方面來說，在盧梭、華滋華斯及其他的浪漫派詩人的作品中已提供了一些證據，表明對工業革命與啟蒙運動有意識的反彈，特別是工業革命。對於這些作家來說，自然界已經是「失去魔力」（disenchanted）了[3]：這曾經是一個具有特別價值和力量的王國，並且經常是精神的

---

[1]D. Wall,《綠色歷史》（*Green History*）, Routledge, London 1994.

[2]J. J. Clark,《自然的問題》（*Nature in Question*）, Earthscan, London 1993.

[3]J. Barry,〈膚淺與深層的限制：綠色政治、哲學和實踐〉（The Limits of the Shallow and the Deep: Green Politics, Philosophy and Praxis）,《環境政治》（*Environmental Politics*）, 3: 3 1994.

居所，以及受到傳統和宗教儀式所保護著，然隨著現代性的來臨，自然卻淪落為一種服務人類目的的手段——也就是成為一個原料的集合處及人類產品的垃圾箱。另一方面來說，在馬爾薩斯[4]的作品中，關切人口成長及食物供應之間的關係，人們可以發現早期的綠色言論，對於生態對成長之限制的說明。

除了這些浪漫主義者和基於人口問題對工業主義的批評之外，在稍後的政治評論家如密爾及莫利斯（William Morris），人們也可以發現對於現代工業社會的綠色批判的軌跡。舉例來說，密爾是最早對於經濟系統無法調合各種雜亂分歧的成長，而勾勒出來一種綠色原型（protogreen）的論述的人。在他的《政治經濟學原理》（*Principles of Political Economy*）一書中一個著名的段落，標題即是「關於不可移動之狀態」，他說：

> 我無法……用這種無動於衷的憎惡，來看待資本及財富的不可移動狀態，雖然這是舊學院的政治經濟學家所拿來對待這種情況的一般態度。我傾向於相信，以整體來看，這在我們目前的狀況將會是一個相當大的進步。[5]

雖然綠色政治的成長，最初是來自於對工業革命無限制發展的批評，但它同時也被視為是，對其他具有啟蒙特徵之革命有著積極確定的堅強基礎，亦即民主政治的產生。如同下面我們會看到的，綠色政治理論視它本身為民主原理及社會正義之歷史演化的一部分。

---

[4]T. Malthus，《人口原理概要》（*A Summary View of the Principle of Population*），Penguin Books, London 1970/1830.

[5]J. S. Mill，《政治經濟學原理》（*Principles of Political Economy*），Longmans, Green & Co., London 1909, p.453.

哲 學

　　綠色政治理論的主旨是在關切那非人類世界,以及它如何被人類對待的問題。在廣義的文學中,對於綠色政治有兩種極端的觀點,而這兩個極端之間有一個光譜,可以沿著它來標定出各種不同之綠色立場的位置。在這個尺度的一端,被稱為「自大的人類中心主義」(arrogant anthropocentrism)[6]。這個看法認為自然界基本上是無意義的,它的存在僅僅具有工具性價值而已,人類藉由它、可以使用它來達成他們的目的。這個概念的哲學起源是很複雜的,然最重要的是來自神學思想的影響,亦即視世界是用來完成我們的快樂及享用的[7]。艾克斯利(Eckersley)就將之定義為:

> 這個信念是在人類及沉靜的自然之間有一個清楚且具有道德關聯性的分界,認為人類是這個世界唯一或主要的價值及意義的根源,並且那個非人類的自然僅只是為了服務人類而存在,不具有其他的目的[8]。

　　這種自大的人類中心主義,從綠色的觀點來看,便是遍存於現代世界觀的一部分,而且也是造成生態危機的主要原因。

---

[6]D.Ehrenfeld,《人類主義的自大》(*The Arrogance of Humanism*),Oxford University Press, Oxford 1978.

[7]L.White Jr., 〈生態危機的歷史根源〉(The Historical Roots of Our Ecologic Crisis),《科學》(*Science*), 155, 1967.

[8]R.Eckersley,《環境主義和政治理論:一種經濟中心論取向》(*Environmentalism and Political Theory: An Ecocentric Approach*), University of London Press, London 1992, p.51.

在尺度的另外一邊，我們會發現的是名為「極度生態中心主義」（extreme ecocentrism）的概念，它通常是與深度生態學有關聯。這概念已發展出了一種哲學觀而來回應那具支配性的、具人類中心的道德結構。它的支持者認為，既然生態危機的根本原因，可以追溯至人類中心論之世界觀的反環境主義上，那麼對此危機的解決方案，則可以在它的對立面，即非人類中心論或生態中心論的道德觀點上來著手。這種觀點首次於當代中呈現出來，是在諾斯（Arne Naess）的演講稿──〈膚淺與深層，長期的生態運動〉[9] 裡被發現。在文章裡面，諾斯勾列出了一個最為人所知且已發展成的生態中心思想的輪廓──即名為「深層生態學」。自大的人類中心論以及諾斯所謂的「膚淺的生態學」（它們主要的關切係在於生態的破壞對人類健康及生存的影響），它們都把自然當成工具性價值，其價值只是有能力去服務人類需要或欲求而已。而深層生態學則認為，自然應該被視為擁有著內在價值，而且應該為它本身的利益被保護，而不僅只是為了造福人類。自從諾斯提出原始構想後，深層生態學的見解已經有許多的發展了[10]，但是，深層生態學一直秉持著基本的生態中心論的立場，而認為人類中心主義只是生態問題的一部分，並且需要用一種更為生態中心論或地球中心論的世界觀點來替代。

深層生態學觀點的意涵是極端基進的，因為它不僅是簡單的要求生態保護，而且還認為這樣的保護必須是基於正確的理由來實施的。舉例來說，從一個深層生態學的觀點來看，我們不僅必須保存

---

[9]A. Naess,〈膚淺與深層，長時期的生態運動：一個摘要〉(The Shallow and the Deep, Long-Range Ecology Movement: A Summary),《調查》(Inquiry) 16 1973.

[10]J. Barry,〈深層生態學和綠色政治的消融〉(Deep Ecology and the Undermining of Green Politics), 收錄於 Jane Holder 等人編之《環境觀點》(Perspectives on the Environment), Avebury, Aldershot 1993.

亞馬遜雨林，而且我們必須這樣做的原因是因為雨林有其內在價值，為了它本身的利益而應該受保護。若是主張對地球上雨林的努力保存，是因為這樣做是明智的，因為雨林或許隱藏著重要的醫療物質，這樣的說法，即不符合深層生態學的標準。從深層生態學上的觀點來看，任何以人類利益為前提的自然保護運動都是不可靠的，因為人類利益可能會從保護到發展或墾植之間的過程中轉變不停。

然而，與深層生態學情境有關的一些難題中，主要的不只是它該如何將其哲學論證轉換為實際政策的問題，而且是在綠色政治理論中之對於「深層」或「膚淺」的觀點之間似乎永無止盡的爭論[11]，這些困難已經使得他們近期嘗試用一種更能自圓其說的綠色道德觀點，來結合深層生態學對自大的人類中心主義的批評。基本上，在這個新的綠色道德結構的開宗明義即是主張，綠色道德理論所標榜的不在於它必須是生態中心論的，反而是在於它對人類中心主義所表現的一種批判性態度。綠色理論最近的發展是，它分擔了生態中心論批判自大的人類中心主義所產生的無節制及負面效果的目標，但是這並不能完全地否定人類中心主義。就這個觀點而言，生態中心論所批評的真正目標是「自大」（arrogance）而不是「人類中心主義」（anthropocentrism）。換句話說，或許人類中心主義的某些型式可能與其一些綠色目標是相容的，假如綠色目標和價值可以因此而被實現的話，它的確也可能成為是有建設性的必需品。生態中心論的一個主要問題係在於，它要求一種世界觀上的完全改變，而且也要求那些綠色訊息的接受群在思想方式上面要有所改變。雖然一段時間之後，更具生態中心論的觀點或許會更令人渴望用以去處理生態上的問題，但是它也有可能在為達成綠色目標時是不必然

---

[11]Barry, 1994.

要完全去改變人們思考方式和行為的，例如，對自然的保存及對生物多元性的保護。

　　對於那些批評人類中心主義之支配形式的自大，以及在較不自大的人類中心主義上採行綠色觀點的人而言，他們或許都會同意諾頓（Norton）的「聚合假說」（convergence hypothesis）。對於諾頓而言，就環境政策的結果來說，在深層生態學所代表的生態中心論，以及反應對未來世代之義務的有遠見之人類中心主義，兩者之間，存在著一個交集點。根據諾頓所說：

> ……引入其他物種也有其內在價值的這個觀點……並沒有在人類行為上提供任何操作性認知的限制，而這樣的觀點也並不意味著……有義務為了人類未來子孫的利益而去保護一個健康、複雜、而且自動自發的功能系統。因此，那些抱持著自然有其獨立價值之原則的深層生態學家，在他們維護生物多元性的政策目標上，不應該自別於那些有遠見的人類中心主義者。[12]

　　這個對於關心未來世代及環境二者之間的交集，與圍繞著那些持續性發展的爭議相當密切地連結起來，這觀點將會於下個部分來討論。因此，目前關於綠色道德理論的討論，大部分是集中在以下兩者之間：那些試圖發展一種「弱的」或「有彈性的」人類中心主義來作為綠色政治規範基礎的人[13]，以及那些秉持著只有一種生態

---

[12]Bryan Norton,《環境主義的統合之路》（*Toward Unity Among Environmentalists*）, Oxford University Press, Oxford 1991, p.227.

[13]J. Barry,〈膚淺與深層的限制：綠色政治、哲學和實踐〉; A. de Shalit,《為什麼是後代問題：環境政策與未來世代》（*Why Posterity Matters: Environmental Policies and Future Generations*）, Routledge, London 1995; T. Hayward,《生態學思想：導言》（*Ecological Thought: An Introduction*）, Polity Press, Cambridge 1995.

中心論之道德基礎可以同時維持名副其實的綠色政治與作為生態危機之解決方案的人[14]。

　　雖然許多綠色政治理論的獨特性，是起源於對非人類世界及我們對該世界之關係的關切上，但是如果將綠色政治理論視為「單一議題」（single issue）的政治形式，那就錯了。它已超越了純粹生態上的問題，而將焦點散佈於對人類社會關係的關切、人類社會的合理安排及「良善生活」（good life）的理念等。關於政治理論中傳統所關切的議題——如政治權威的範圍及分布、自由的意義、政治秩序及個人自由間的關係、對社會正義及民主的理解等，這些議題在綠色政治理論裡也都有一席之地。綠色政治與其他理論不同的地方，是在於它除了擁有一種全球性觀點之外，它的道德關切還擴展到未來世代，其中最常提到的就是關於富裕（用綠色的詞彙來說，即過度發展）的北方國家及發展中的南方國家之間的關係這樣的問題。因此，綠色政治的哲學基礎，可以視為與三個相互關聯的道德關懷領域有關：即社會環境的關係、世代之間的關係及國際關係。

　　限於篇幅，我的焦點僅針對綠色政治理論將如何提供一種關於「良善生活」的替代性理解。除了對非人類世界的關切外，綠色政策同時也跟大部分其他的政治理論不同，因為綠色政治提供了一個較不物質主義的良善生活觀點。這個差異的理由在於：一部分人為了生態的理由，要倡議讓人類可以「更輕盈地行走在地球上」（walk lighter on the earth）[15]；其他人則視物質主義為精神性的貧乏並且沒

---

[14]A.McLaughlin,《關於自然：工業主義和深層生態學》（*Regarding Nature: Industrialism and Deep Ecology*），State University of New York Press, New York 1994; A. Naess,〈深層生態學和生活型態〉（Deep Ecology and Lifestyle），收錄於 George Sessions 編之《21世紀的深層生態學》（*Deep Ecology of the 21st Century*），Shambala Press, Boston & London 1995.

[15]A.Naess, *ibid.*, T. Trainer,《拋棄富裕》（*Abandon Affluence!*），Zed Books, London 1985.

有任何內在價值[16]；除此之外，也有人認為，在富裕國家裡採行這種生活方式，是達成全球性分配正義的基本要件[17]。但是不管怎麼說，絕大部分綠色政治思想的概念都是在強調生活品質，更甚於對財富、收入或者工資等數量上的關切。在這方面，綠色的成員是繼承著密爾的觀點，以及他渴望看到在一個後現代工業階段的社會裡，人們將專注於提升他們的心靈以及他們與其他人的關係（我們或許還可以加上與非人世界的關係），而不是執著於消費更多的物質及服務。就此而言，綠色政治理論的哲學基礎包含了對主要概念的重新定義，例如「人類福利」、「發展」及終極的「進步」的整體理念等概念。稍早的發展形式不能說它是要去建構一個在人類進步上可行及可欲的形式，而這些形式帶來目前人類正在經歷的各種不同生態及社會問題；從綠色觀點來看，目前要求的是對現代社會中某些主要信念作一個徹底的重新檢視。綠色觀點對於目前發展路徑之替代方案的爭論，將會於下個段落討論。

政治及政策

雖然綠色政治理論的政策目標範圍很大，但是它大部分的政策目標皆著重在對環境的保護與人類對它的發展或開墾之間取得平衡。雖然許多綠色政策的提案是著重於減少過去及現在發展所付出

---

[16] A. Dobson,《綠色政治思想》（*Green Political Thought*），2nd ed, Routledge, London 1995.

[17] K. Lee,〈去工業化：它是如此的非理性嗎？〉（To De-Industrialize: Is it So Irrational？），收錄於 A. Dobson 與 P. Lucardie 編之《自然政治：開拓綠色政治理論》（*The Politics of Nature: Explorations in Green Political Theory*），Routledge, London 1993.

的環境成本，例如像「碳污稅」（carbon taxes）及「污染者付費」（polluter pays）法案皆屬此類，但是他們的終極目標是藉由質問是否應發起一種特定的「發展」模式，而能夠從一開始就防止這些環境成本的提高（如同最近對英國政府鐵路建造計畫的爭議）。

其中一個最主要（及最近）的綠色政治理論的政策目標，關切的是「持續性發展」（sustainable development）的爭論。如同上面所述，持續性發展之基本要素是融合了對環境的關切以及對未來人類子孫的責任。以最有名的定義來說：

> 持續性發展是一種符合現代需要的發展，但它卻不會因此危及未來子孫滿足他們需要的能力。這包含了兩個主要概念：即「需要」（needs）的概念，特別是指世界上貧窮人的基本需要，並對他們應給予排他性的優先權；以及「限制」的概念，即須由科技狀態及社會組織來限制以環境能力去滿足現代及未來的需求。[18]

因此，持續性發展是在生態限制下的發展。另外一種看待這個概念的觀點乃是由賈寇斯（Jacobs）所提出：

> 「持續性」的概念基本上是一個很簡單的概念。它是根據長期對經濟生活的理解及熟悉，以維持不斷的收入來求得資本累積的源源不絕。對於人類經濟，自然環境扮演著資本累積的功能，並提供基本的資源以及服務。目前，經濟活力正在耗盡這些積蓄。雖然短期可以產生經濟財富，但長期（就像將家裡的銀器賣掉一樣）卻會降低環境提供這些

---

[18]WCED, 環境及發展世界委員會，《我們共同的未來》（*Our Common Future*），Oxford University Press, London 1987, p.434.

資源及服務的能力。持續性因此成為「與我們的環境資產共存」的目標。換句話說，即是意味著我們不應該將目前景氣所帶來的代價丟給未來的子孫。[19]

從外表看來，就像民主或社會正義一般，持續性發展也已經成為任何理性的人都會支持的對象。然而，就如同其他那些項目一樣，只有當人們質問持續性發展在實踐上有什麼意義時，真正的爭論才開始出現。就綠色政治理論本身，即已針對持續性發展提出了競爭性的定義了。

特別的是，基進派的綠色團體批評持續性發展的普及性概念，認為這些簡單的想法藉用「綠色人」（greener）的主張為工具，鞏固了西方中心以及資本主義工業模式的社會進步之概念[20]，而不是在建基於不同價值或制度下，進行成為「綠色社會」（green society）的轉變，所以說，我們只是對現行體制添上一點蒼白的「綠化」（greening），並且延續了對於良善生活的物質主義觀點。對於基進綠色團體而言，從一個革命的社會學家的觀點來看，持續性發展相當類似於社會民主的妥協：此即為一種「出賣」，一種介於基進要求與政治現狀的妥協。就如同社會民主以及福利國家的建立讓許多社會主義者覺得這僅只是「戴著人皮面具的資本主義」一樣，所以持續性發展便也被視為是「資本主義之綠化」以及「綠色社會民主」的浮現[21]。關於持續性發展之改革主義特色的證據，許多人指出其係

---

[19]M. Jacobs,《真實世界的政治》(*The Politics of the Real World*)，Earthscan, London1996, p.17.

[20]W. Sachs 編之《發展的字典》(*The Development Dictionary*)，Zed Books, London 1992.

[21]J. Barry,〈馬克思主義與生態學〉(Marxism and Ecology)，收錄於 A. Gamble 等人編之《馬克思主義與社會科學》(*Marxism and Social Science*)，Macmillan, London forthcoming.

起源於一些已完備的機制中的論述，如聯合國和世界銀行，以及改革主義的準市場經濟理論裡，如環境經濟學[22]。基進綠色團體認為，除非持續性發展是屬於一種不同型式的發展（其擁有具有遠見的機構及個人效應），否則將無法成功的避開生態問題；我們目前需要做的是要求富裕的北方國家逐步的減少對物質的消耗，而不是「綠化」現有消費的層次。整體來說，除非持續性發展意味著改變發展的途徑，且藉此減少對地球上有限資源及生態系統的需求，否則對於創造一個更能持久的社會來說，這不是一種真實的政策選擇。

在這一點上，民主的理念與「生活品質」（quality of life）即成為「進步」與「發展」之概念爭論的核心焦點。在晚近的作品裡，貝克（Ulrich Beck）創造出「風險社會」（risk society）這一名詞，來作為一個社會發展階段的名稱，這名稱是指當一種社會發展模式／型式的結果，超出了「工業社會」的政治所關懷的事物之外，而產生了風險或「惡果」（bads）的狀態[23]。如同拉許（Lash）及溫尼（Wynne）在貝克的書中導論所指出的：

> 工業社會的核心原則係為財貨的分配，但風險社會的核心
> 原則則為「惡果」或危險的分配。[24]

在這些惡劣裡最主要的乃是環境風險，例如溫室效應、空氣品質惡化、食物鏈裡的毒質及臭氧層破洞等帶來的風險。

針對此時已產生的這個爭論議題而言，貝克分析的有趣之處在於，他主張一個對進步及發展的替代方案，而這個替代方案與綠色

---

[22]D. Pearce *et al*,《綠色經濟學藍本》（*Blueprint for a Green Economy*），Earthscan, London 1989.

[23]U. Beck,《風險社會：邁向新的現代性》（*Risk Society: Towards a New Modernity*），Sage , London 1992.

[24]*Ibid.*, p.3.

政治的目標是相容的。簡單的來說，貝克認為「發展」直到現在都還被視為是一種不可控制歷程的副產品——換言之，被視為是在國家科層制度的形式及自由市場運作下，個體與群體間無法調和的行動——然而生態風險年代的來臨，提醒我們發展的需求要被重新定義。進步必須開始被理解為「社會」的發展，並由受發展所影響的人來控制，而不是由市場或國家政策那種隨機且不規則性的經濟發展來引導。換句話說，進步現在被視為是民主責任對越來越多的社會生活領域（如醫藥、科學、教育、住宅、福利政策）之擴張，因此允許人們對他們自己的生活有較多的主控權，而不是簡單的意味著私人對財貨與服務的物質消費或個人稅後收入年復一年地增加。明確的說，這種對進步的重新定義，係貝克所稱之為「反身性的現代化」（reflexive modernisation），是形成一種新的較具生態持久性的進步形式。就此看來，綠色政治理論的政策目標最先要去進行的是一種根本且基進的改變，也就是對那些會被政策結果影響的人，政策決定過程本身要變得更為民主及可靠。在這份報告上，綠色政治理論宣稱社會的民主化和它的生態化是密不可分的[25]。

用較特殊之政策目標的觀點來看，所有綠色政治思想的身影都因為他們反對目前密集的牲畜飼養或「工廠式飼養」而團結在一起。雖然只有部分綠色團體到目前為止，仍致力於強迫性素食主義，但是全部的人都會同意，現行的體系已經沒有任何的道德正當性了。大部分的西方人一直忽視每年數以百萬計的動物「被加工」（processed）的極度痛苦，而只為了迎合他們對於廉價動物產品的需求。在這個體系裡，動物被化約到僅只是個物體，而它們的需求也被忽略掉。對此綠色政治主張已經有科學上的證據顯示，動物們的

---

[25]B. Doherty 與 M. de Geus 編之《民主與綠色政治思想》（*Democracy and Green Political Thought*），Routledge, London 1996.

痛苦基本上是無法被合理化的認為這是製造廉價動物產品的唯一方法[26]。因為肉食不管是對生存或幸福都不是絕對必要的條件，人類從消費由這種方式得來之肉品的愉悅，亦無法合理化對動物所導致的災難及痛苦。除此之外，綠色政治還有兩個具有代表性的其他論點可以來反對工廠式飼養體系。第一個論點關切的是對人類健康的危害。近來震驚英國的BSE或狂牛症可以說是當利益極大化成為食品製造的首要關切時，對人類健康危害的一種警示。第二個論點是指，肉食對生產食物是一種沒有效率的方式，因為以蛋白質及能量消耗的觀點來看，肉食是一種令人難以置信的浪費。如同許法（Vandana Shiva）所言：

> 假如你將所有的輸入算一算——如自然資源、勞力、資本
> ——並且包括所有農場系統的輸出，然後你就會發現工業
> 化農業如果跟有機耕作、持續性農業及多元文化的土產農
> 業相比的話，便會顯得非常沒有效率。[27]

遠離環繞著肉品生產為中心的工業化農業之轉變，不僅可代表一個更有效率的糧食生產方式，而且還可以生產出更多的食物來分配給全世界，因為目前全球穀類種植有許多都是用來餵養牲畜，而且大部分都是提供給西方市場。因此廢除工廠式飼養體系將會有三個有利的結果。第一，這將會導向一個更健康的食品生產系統，以及更為健康的飲食；第二，這將會製造出更多的食物以提供全球分配；第三，這將會對環境有著正面的影響：因為工廠式農業需要一

---

[26]T. Benton,《自然關係：生態、動物權和社會正義》（*Natural Relations: Ecology, Animal Rights and Social Justice*），Verso, London 1993.

[27]V. Shiva,〈單一的狂熱〉（Mono Mania），《守衛者》（*The Guardian*），8 January 1997.

種高能量輸入，而目前用來生長穀物以餵養動物的面積亦會減少，因此對於地球的生態系統將會有著較少的生態要求。

批　評

　　作為所有政治理論中最新的理論，就承認它曾經受過現有政治理論學派之教訓而言，綠色政治理論或許可以說是經過「戰火的洗禮」了。綠色政治理論的獨特之處在於，它曾經被左派辱罵為是個帶著保守、反進步色彩的小資產階級（petty bourgeois）的意識形態，但從右派的觀點來看，它亦曾經被批評為傳播反科技訊息，並且試圖將社會帶回前現代狀態。為了精簡起見，我將集中在馬克思主義及自由主義對綠色政治理論的批判上，然後再指出綠色政治的回應。

馬克思主義的批評

　　雖然綠色政治理論被理解為（並且就理解它自身而言）「既不左也不右，但是前進」，很明顯的，它起源於一九六〇年代的「新左派」運動。如此一來，人們很可能會認為綠派（greens）及紅派（reds）會很自然的聯盟來對抗資本主義。但是，這其實只是晚近的情形，自從一九八九年蘇聯解體，人們才可以說，馬克思主義及綠色政治理論之間真正的對話和「重歸舊好」（rapprochement）的企圖開始展開了。一九七〇年代早期馬克思主義者對生態意識的興起，其反應是相當負面的。對許多馬克思主義者來說，初期的生態環境運動，強調經濟成長的生態限制，只不過是一種現代版的馬爾薩斯主義

（Mathusianism）[28]。馬爾薩斯在十八世紀晚期就反對現代社會能支持人口不斷成長的概念。他的論點預測了生態對生長的限制這一觀點，他認為糧食是以等差級數（1, 2, 3……）成長，但人口卻是以等比級數（2, 4, 8……）成長。因此就某些觀點來看，不斷成長的人口會超過糧食資源的提供，導致饑荒、社會分裂以及疾病[29]。馬克思猛烈地批判馬爾薩斯他致力於廢除濟貧及基本工資之倡議，因為這將會因人口的增加而弱化了勞動階級，這些批評也為稍後馬克思主義者及生態主義者之間的論戰立下了典範。綠色政治對「後工業主義」的關切以及對一個「平穩狀態的經濟」（steady-state-economy）之需求[30]，被認為是綠色政治的反勞工階級及反社會主義特質的表現。相反於綠色政治追求的是一個較簡單的生活型式[31]，馬克思主義者一直認為對自然的主宰及控制是創造一個自由且平等社會的前提[32]。因此，伊森柏格（Enzensberger），一個早期生態政治之馬克思主義分析家，他就用中產階級意識形態來呈現它：

> 生態運動會形成，乃是因為布爾喬亞階級所居住的區域以
> 及他們的生活情況遭受到工業化所帶來的環境負擔。[33]

---

[28]D. Meadows *et al.*,《成長的限制》（*Limits to Growth*），Universe Books, New York 1972.

[29]T. Malthus,《人口原理概要》。

[30]H. Daly,《平穩狀態的經濟學》（*Steady-State Economics*），W. H. Freeman, San Francisco 1977.

[31]E. F. Schumacher,《小而美：經濟恍若人民真正的麻煩》（*Small is Beautiful: Economics as if People Really Mattered*），Abacus, London 1973.

[32]M. Markovic,《當代馬克思：人道主義共產主義論文集》（*The Contemporary Marx: Essays on Humanist Communism*），Spokesman Books, Nottingham 1974.

[33]H. M. Enzensberger,〈政治生態學批判〉（A Critique of Political Ecology），《新左派評論》（*New Left Review*），84, 1974, p.107.

因此，由這一個早期馬克思主義者的反應看來，綠色政治被視為是天生反進步的、反動的，並且試圖阻止歷史從資本主義轉向共產主義的。

　　部分綠色團體堅持在「既非左也非右」的立場上來回應馬克思主義者的批判，他們宣稱綠色政治是「後工業」時代的政治並且代表新世紀的來臨。馬克思主義則只是代表了另一種工業主義的形式（就像資本主義一樣），而這正是導致生態危機的根源。這種典型的綠色理論之回應為伯利特（Porritt），他認為社會主義及資本主義只是兩種「超意識形態」（super-ideology）的工業主義：從生態觀點來看這兩個都一樣糟糕[34]。更多綠色陣營對馬克思主義者比較一致的批評是針對馬克思主義的「生產主義」（productivist）作祟，以及他們認為只有透過對物質充裕的創造及分配，才可能使自由平等的後資本主義社會產生。馬克思主義的政治願景所追求的物質充裕在生態上的不可能性，經常被綠色陣營再三強調；而馬克思主義者也經常被點名要去證明生態的可行性與物質充裕的可欲性兩者如何並存[35]。在此同時，綠色政治理論方面也受到馬克思主義者的指名批判，他們認為除非綠色團體能指出資本主義的問題、所有權和對生產的控制等問題，否則綠色理論只是用來處理生態危機的後果，將會如同反對根除造成這些結果的原因。對馬克思主義而言，這一場混戰的結果，發展出一種名為「生態─馬克思主義」（eco-Marxist）理論的新學派，在這個理論裡，生態危機則被分析為是「資本主義的第二個矛盾」（第一個為資本及勞力間的矛盾）[36]。

---

[34]J. Porritt,《觀看綠色：生態政治詮釋》（*Seeing Green: The Politics of Ecology Explained*），Basil Blackwell, Oxford 1984.

[35]J. Barry,〈馬克思主義與生態學〉（Marxism and Ecology）。

[36]M. O'Connor 編之《資本主義是可持續的嗎？》（*Is Capitalism Sustainable ?*），Guildford Press, London 1995.

大體上來說，馬克思主義與綠色思想之間的爭論中，以馬克思主義所經歷到根本性改變較多。馬克思主義者被迫變得較不那麼的人類中心主義，較不那麼的物質主義，而在確保物質充裕之問題的結果上，他們轉變為更加關切社會或分配正義的議題。就另外一方面來說，綠色團體也必須去指出政治經濟的艱難議題，以及面對政治策略的真實困境：即在面對全球資本體系對此種變化的抗拒時，如何從非持續性的現在邁向持續性的未來。在形成對資本主義的綠色批判中，以及形成抵制資本主義的策略裡，綠色政治亦從馬克思主義那裡學到許多，特別是在擴展綠色政治的關懷，使其超越中產階級的利益以外的重要性上，綠色政治藉由連結環境議題與及其相關的社會正義及民主政治，而將其關懷推至全體公民[37]。

自由主義的批評

自由主義批評綠色政治理論太往後看了，太反科技及反科學了。左翼對綠色政治典型的批評係認為它是一種現代版的「路德主義」（Luddism）形式，是一種對現代情緒性的不一致與不理性的排斥，以及想要將時光倒轉的作法。綠色團體希望倒轉回去的明確時間是依其批評而有所不同，有時是封建時代，有時則是石器時代。一個早期自由主義回應綠色政治的例子係為達倫多夫（Dahrendorf）的觀點，他認為：

> 綠色理論基本上是一種價值觀，它是一種對社會民主世界的過度理性，的一種不精確的、情緒的抗議。[38]

---

[37]M. Jacobs,《真實世界的政治》。

[38]Quoted in J. Porritt,《觀看綠色：生態政治詮釋》, p.16.

這種相當高高在上的觀點也見於其他自由派對綠色政治的駁斥，例如艾利森（Allison），他對綠色政治反對肉食、血腥運動及獵殺的觀點特別不快，並稱之為：

> 不快樂的報復：是一種以對生活的憎惡為前提並由惡意所主導的……它應該被稱為邪惡。[39]（強調在根源上）

其他如何門斯（Holmes）[40]，即視綠色政治的核心是在於它沒有科學根據的反科學特質，以及它非理性的拒絕現代的成果。

雖然許多自由主義對綠色政治理論的批評是錯誤的，但是我們必須承認，部分綠色思想的流派確實該當成為自由主義批評的目標。舉例來說，有某些基進的深層生態思想即倡導狩獵採集之生活方式的優點[41]。同樣的，某些綠色思想家表現出極端保守[42]、種族主義[43]及威權體制[44]的傾向。當他們看到知名的綠色作者如賽爾（Kirkpatrick Sale）說，社群內的衝突不應該求助於正式的正義原則

---

[39]L. Allison,《生態學與效用：地球管理的哲學困境》（*Ecology and Utility: The Philosophical Dilemmas of Planetary Management*），Leicester University Press, Leicester 1991, p.178.

[40]S. Holmes,《反自由主義的分析》（*The Anatomy of Anti-Liberalism*），Harvard University Press, Cambridge , Mass.1993.

[41]P. Shepard,〈一種後歷史的原始主義〉（A Post-Historic Primitivism），收錄於 M. Oelschlaeger 編之《荒涼的情境：環境與文明論文集》（*The Wilderness Condition : Essays on Environment and Civilization*），Island Press, Washington and Covelo, Ca.1993.

[42]E. Goldsmith,《方法：打造生態世界的87種原則》（*The Way: 87 Principles for an Ecological World*），Rider, London 1991.

[43]E. Abbey,《一種滿意的生活》（*One Life at a Time Please*），Henry Holt, New York 1988.

[44]W. Ophus,《生態學與匱乏的政治》（*Ecology and the Politics of Scarcity*），Freeman, San Francisco 1977.

或求助於社群外在的政治機構時，這就難怪自由主義的質疑會產生了。處理處於憤憤不平的少數及難以勸解的多數之間的紛爭「自然」的方法，即是讓該社群分裂，讓少數自由的搬遷到他處。根據賽爾的說法，「方便合宜的解決方式不是少數的權利而是少數的遷離」[45]。這樣的觀點正是導致自由派學者合理的關切所在。

但是整體而言，綠色政治理論不能只說是反自由主義的。一方面，如同甘斯（Geus）及杜賀遜（Doherty）所指出的，「現代綠色政治理論並不企圖去廢除自由民主制度，而是用基進的方式去改變它」[46]。從另一方面來說，艾克斯利對綠色政治理論的觀點係被視為是「明確的後（post）自由主義的，而非反（anti）自由主義的」[47]，這多少反映了綠色政治贊同傳統的自由主義價值，例如經由民主政府的集體自決、個體自主性以及寬容等等。以較為極端的基進生態學觀點來代表這些見解是極為偏差的，所以綠色政治理論的核心價值不能被視為反自由主義的。

同時，綠色政治理論也不能被視為是反科技或反科學的。首先，較準確的來說，綠色政治是對科技抱持質疑的態度（所以它希望猶如基因工程那樣，將科技發展導入民主的控制之下），而不是反科技。它偏好與司路馬修（Schumacher）的「小而美」哲學看齊的，適當的、人性尺度的科技[48]。第二，當綠色理論以其強調科學調查為基礎，特別是在生態學[49]、保育生物學及熱力學[50]上，而在

---

[45]K. Sale, 《人的尺度》（*Human Scale*）, Secker & Warberg, London 1980, p.480.

[46]B. Doherty 與 M. de Geus 編之 《民主和綠色政治思想》, p.2.

[47]R. Eckersley, 《環境主義和政治理論：一種經濟中心論取向》, p.30.

[48]E. F. Schumacher, 《小而美：經濟恍若人民真正的麻煩》。

[49]J. O'Neill, 《生態、政策和福利》（*Ecology, Policy and Well-Being*）, Routledge, London 1993.

[50]N. Georgescu-Roogen, 《不斷失序的法律與經濟過程》（*The Entropy Law and the Economic Process*）, Harvard University Press, Cambridge, Mass.1971.

政治理論中具有獨特性時，便很難理解綠色政治理論如何會被視為反科學的。事實上，對綠色政治理論反科學的指責是很難與事實符合的，現代綠色運動的起源可以追溯到由本身是一個海洋生物學家的卡森（Rachel Carson）所出版的《沉默的春天》（*Silent Spring*）一書[51]。因此，綠色政治理論或許有些觀點看似反科技的及反科學的，但整體來說，這些觀點不能代表整體的綠色政治理論。

結　論

　　在結論裡，指出綠色政治理論未來的發展及其面對的挑戰，或許是有意義的。它所面臨大部分的挑戰是，如何將理論上的生態持續性轉換到實際運用上。我們應該關注到多久以後的未來？生態持續性對制度及個人所要求的改變又是什麼呢？這些問題在未來會伴隨著綠色政治理論的前進而增加。同時，圍繞著生態持續性的爭議，將會要求綠色政治理論去發展政策提案，而這些提案必須使持續性得以實現，或至少幫助社會更接近此一目標。我們很可能會看到綠色思想將它的注意力轉到對任何「後工業」、「後全職」社會的經濟規劃之議題上。最後，很明顯的，全球性與地方性的環境困境及風險將會持續地上演，而我們確信，綠色政治理論將會挑戰那種對這些困境採取科技掛帥（technocratic）與技術性的解決方案，這些解決方案並不是優先或絕大部分將生態危機視為一種深層的規範，而是僅僅視之為技術性事務。換句話說，我們可以確信，綠色政治理論未來的發展，將會開始去指陳這些環境的困境應該優先被認為是對或錯的問題，其次才是成本及效益的考慮。

---

[51]R. Carson,《沉默的春天》（*Silent Spring*）, Houghton Mifflin Co., Boston,1962.

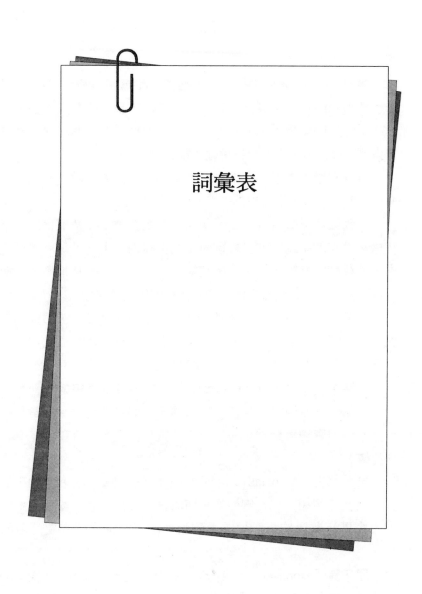

詞彙表

詞彙表

絕對（Absolute）：不可挑戰或改變的東西。絕對的價值與絕對的權利都被視為不可質疑與基本的；舉例來說，許多人主張，在一般和平時代的環境下，人類有生命的絕對權利。一個絕對的君主則是指他的權力與決定不能被挑戰或質疑。

行動實踐主義者（Activist）：意指一個代表著政治組織或運動而行動的人——更常是指那些涉入草根層次行動的人。

古代政體（Ancien regime）：具有絕對君主以及僵化的、享有特權之貴族的系統，其已被歐洲十八世晚期及十九世紀大部分之自由主義革命所掃除，或徹底地被縮減了。現在卻通常被輕蔑地使用於指涉任何立基於已確立的特權及舊有習俗的國家體系。

迷亂（Anomie）：那些由於快速社會變遷的緣故，造成其價值體系處於無意義之狀況下的人們所經歷的一種失落、混亂與沮喪的感覺。通常與由工業化所引發之鄉村生活方式的破壞有所關聯。

人類中心論（Anthropocentric）：立基於認為相對於動物或生態，人類的利益與需要是最首要的預設之假定與行動。通常是運用於開發地球資源與動物生命以使人類獲益之上。（可和生態中心論作比較）

結社民主（Associative democracy）：一種認為在民主中市民社會的結社（例如：利益團體、志願組織、社群團體）要在原本通常與國家更有關聯的決策做成與政策執行上扮演一個主要角色的概念。

原子論（Atomism）：人們感到孤立，並且／或與他人衝突的心理狀態。資本主義的經濟體系常被認為會助長原子論。

生物中心論（Biocentric）：見生態中心論。

生物歧異性（Biodiversity）：指植物與動物物種廣泛的多樣性與數量。綠色團體主張此乃值得保護與增進的。

資本（Capital）：以作為一個術語來說，指的是開始與維持一商業或財政計畫所需之資源與財富。通常被用於意指資本主義經濟中，宰制階級之權力的簡稱。

公民共和主義（Civic republicanism）：此一信念源起於十六世紀，但靈感則是取自於古代世界，其認為國家應該藉由依全體之利益而行動以及為其公民的積極參與所引導而作為一個自由的、繁盛之社會所不可或缺的一部分。

市民社會（Civil society）：對不同的理論家而言，這個詞彙有不同的意義，廣泛地來定義的話，可以視為不受國家控制或發起的結社與其活動。然而，有些可能只包括了不直接受國家控制但和國家有關的組織，例如：工會與利益團體，並且排除了像家庭這樣的私人組織。健全的自由民主，一般來說都需要繁榮的市民社會——以志願組織、宗教團體、活躍的家庭等形式出現；而極權主義的特徵則是嘗試將所有市民社會的活動放置於國家的控制之下。

集體主義（Collectivism）：該信念是指，當所有的人都是為了一個共同的目標而努力時，最有助於人類的進步和快樂。通常它被用來指稱合作的經濟活動（和共產主義的目標一樣）。它可能也同時意指著立基於許多個人之連帶的政治策略，特別是工會活動。（參照個人主義）

契約論（Contractarianism）：此一概念認為政治與社會系統應該被如此安排：彷彿他們立基於一個由所有牽涉在那些系統中之人所同意的理性契約，也因此是為了所有涉入其中之人的相互利益。一個在自由主義思想中特別具有影響力的觀念。

殖民主義（Colonialism）：帝國主義的一種形式，該形式是由一

個原本生存於（且效忠於）帝國主義國家內的團體居住於另一個被征服的國家中。這個團體，通常是在被征服國家之經濟、政治、社會、文化與行政管理體系中，占有支配的地位。一個廣為十九世紀的歐洲帝國所運用的系統。

偶然（Contingent）：當社會或政治的安排以及事件不必然是像他們過去或現在確實存在的任何樣態時，它們便被認為是偶然的；亦即，他們可能是作為一個許多分歧因素的意外互動而發生的結果。因此，這樣的安排和事件無法被預測。後現代主義者便曾主張過，所有或幾乎所有的社會和政治安排，以及事件都是偶然的。（參照必然性）

Dawla Islamiyya：伊斯蘭共和。

解構（Deconstruction）：一種批判的進路，試圖去展現在表面上看來是理性的分析（在藝術、社會科學與人文科學），是如何依恃於那種關乎人類存在之未言明的、且通常是無意識的預設（起源於啟蒙運動），以及／或是修辭的方法（例如：暗喻）來獲得他們的說服力。德希達仍是解構最為著名的操作者。

描述的（Descriptive）：解釋研究客體的本質或特徵，而不嘗試對有關如何改變客體一事作出結論的分析方法。舉例來說，有些分析家可能只是描述一個議會體制，而對如何改進它則不作出任何的建議。（參照規約的）

依賴文化（Dependency culture）：此一概念多為新右派所使用，意指在西方社會中有許多人都已失去了經由適當就業來維持其自身及家庭的驅動力。這都是因為福利國家提供了太多過於容易取得的施捨品了。

差異原則（Difference principle）：主張社會與經濟的不平等應該以有利於處境最不利的人來加以安排的觀念。與自由主義思想家羅爾斯最為相關。

論述（Discourse）：在最近的社會與政治的思潮中，這個名詞開始意指著通常處於一流變的狀態並作為任何社會或政治實踐之基礎的預設以及被接受的價值。在後現代的思潮裡，一般說來，它所指的是那種顯示於何物被視為真理的共識，以及我們給予我們的環境與行為以意義之方式中，被深深堅持的理解。

　　分工（Division of labour）：不同的工作分配給不同的個人或團體。家事雜務與養育兒童的工作分配給女性，而大部分其他的（有報酬的）勞動形式則分配給男性，這是女性主義者批判的一種分工例子。已有許多人主張，此一在個人間之細緻以及精確的分工，是允許人性得以如此蓬勃地發展其生產能力的主要因素之一。

　　生態中心論（Ecocentric）：立基於認為對地球自然環境的尊重，必須優先於，或至少它要和人類的需要放在同等的地位之預設的假定與行動。（可和人類中心論作比較）

　　經濟決定論（Economic determinism）：該分析主張或假設所有發生在社會、政治與文化生活中的事物都是經濟配置下的結果。

　　經濟成長（Economic growth）：某一社會在生產力與財富上的成長。

　　啟蒙運動（The Enlightenment）：十七世紀晚期／十八世紀早期，在歐洲的一段知識迅速發展的時期。其以對人類理性之權威的相信取代了對上帝之權威的信仰而廣泛地被接受，而因此在之後的世紀裡，其對知識的發展有著難以計算的影響。

　　知識論（Epistemology）：人類知識的哲學分析。

　　本質主義（Essentialism）：某種宣稱所有的人類均共享一個基底本質之分析的特徵；舉例來說，貪心，或者以另一方面來看，合作的傾向。在這個脈絡中，它通常是被貶損地來使用的。本質主義也可以意指一種信仰，即我們可以在所有事物或一組事物中，發現一個共同的特徵。例如：柏拉圖（Plato）相信所有正義的行動都共

享著一個共同的質素，就如同所有那些符合真理的、良善的或有智慧的行動一般。對柏拉圖而言，哲學的目標便在發掘這樣的本質。

第一波女性主義（First-wave feminism）：十九世紀末期以及二十世紀早期的女性運動；此一運動大多（雖然不限於此）關懷女性贏得的對政治與財產的權利，特別是投票權。

生產力（Forces of production）：能用於買賣或使用之貨物生產的機器、資源與勞動力。一個通常在馬克思主義分析中使用的詞語。（參見生產關係）

福特主義（Fordism）：一種大量工業生產的方式，1920年代由亨利‧福特（H. Ford）所建立，並在二十世紀廣泛地被模仿，其特徵是將生產集中至一個大型的工廠綜合體、裝配線，以及一種非常特定的對生產力之分工。（參見泰勒主義、分工）

Gama'at Islamiyya：伊斯蘭的團體／組織。通常應用於與在埃及的基進伊斯蘭主義有關的非法團體上。

性別（Gender）：存在於男性與女性之間的社會與文化差異。其不應與單純意指生物上差異的「性」（sex）一詞相混淆。

漸進主義（Gradualism）：該信念認為社會或政治的變遷必須漸進地發生；與革命的策略相對立。

希吉拉（Hijra）：遷移，特別是指西元622年，先知穆罕默德及其早期信徒社群從麥加（Mecca）到密地那（Medina）的遷徙。

歷史唯物論（Historical materialism）：一種將歷史中所有重大的發展理解為導因於人類物質需求生產中之（亦即經濟的生產力與生產關係）變遷（以及／或為求控制之鬥爭）的馬克思主義研究進路。（參見唯物論）

全體主義（Holistic）：該途徑是將全體（人類、社會、文化、環境）視為較組成整體之部分更為重要，或同樣重要的東西。舉例來說，有人可能會認為社會不能被簡單地透過分析個人的動機與行

為來理解，社會係根據其自身之規則而行動，有別於那些掌理個人行動的規則。

經濟人（Homo economicus）：一種主要受到如何增進他／她的財富之理性估算所驅使的人。

人本主義（Humanism）：基於此一預設或是宣稱人類與人類的福祉必須存在於我們行動與解釋之核心的信念。自啟蒙運動（尤其是對神的罷黜）以來有著高度的影響力，但卻在近年來被以許多新奇的方式加以攻擊，特別是來自於綠色思想人士與後現代主義者。（見人類中心論、生態中心論、啟蒙運動、後現代主義）。

認同（Identity）：在本書的脈絡下，指的是對於人的自我形像與自我理解最為核心的，以及可能與他們的價值和行動有一個基本關聯的個人特性。

認同政治（Identity politics）：從1960年代開始發展之環繞於認同上的議題，特別是在性別、種族與性上面的價值與運動。

帝國主義（Imperialism）：一個民族為了自身的利益而對另一民族進行資源的強制性剝削。帝國主義通常會涉入某種軍事、政治、社會或文化宰制的成分，還有經濟上的剝削。由歐洲諸國對世界上多數其他的國家所進行的全面剝削與宰制看來，我們可以在十九世紀及二十世紀早期見到最廣泛的帝國主義體系。

個人主義（Individualism）：立基於個人之利益與需求至上這種假設之上的分析或行動。（參照集體主義）

工具主義（Instrumentalism）：在哲學的意義下，這個想法是指，諸概念、價值和思想，既不是真的也不是假的，而只是單純的讓我們在預測某些狀態下的未來結果時有效或無效而已。

詮釋主義（Interpretivism）：這個信念是說，倫理原則之所以有效，也只有在他們已成為個人與社群所運用的行為法則時。（見特殊主義、相對主義、普遍主義）

非理性主義（Irrationalism）：意指諸如情感、信仰或物質性的欲望等要素，在人類的行為與其解釋當中，都是或應該是比理性的計算與分析來得重要。

　　賈希利亞（Jahiliyya）：在前伊斯蘭阿拉伯中的一種無知狀態。而在當代伊斯蘭主義的用法上是暗指著現代生活的野蠻性。

　　討伐異教徒（Jihad）：一種和主張伊斯蘭價值與法則有關的努力或鬥爭。

　　凱因斯主義（Keynesianism）：凱因斯的經濟學理論，其主張經濟的成長與完全就業可以透過全面的政府投資與對經濟下層結構的介入來達成。該理論對1945年至1970年代晚期的英國政府政策有很大的影響。（參照自由放任主義、重貨幣學派）

　　回教國王（Khalifa）：同哈利發（caliph）這個字；指先知穆罕默德的「繼承者」以及伊斯蘭社群的領導人。

　　回教國王的地位（Khilafa）：同caliphate這個字；指在回教國王權威之下的回教統一體。

　　勞動（Labour）：技術上來看，一種將任何自然物體轉變為一有用物體所需要的過程，舉例來說，運用木材製造出一張桌子，或更為細緻地運用各種天然的產物製造出一輛汽車。通常作為資本主義經濟中，勞動階級之能力與人員的簡稱。

　　自由放任（Laissez-faire）：一種經濟政策的途徑，它主張一個國家的經濟，在沒有國家介入的情況下，會運作地更有效率及更公平。有時候這個概念會運用到經濟以外的其他政策領域。（與凱因斯主義比較）

　　列寧主義（Leninism）：馬克思主義的一種變形，其乃依建立了七十年的蘇維埃社會主義共和國聯盟（USSR）的1917年10月俄羅斯革命之領導者所命名的。列寧主義強調一有紀律、層級化的政黨在社會主義革命之前與之後領導勞工階級的重要性。歷史上，列寧主

義也強調在對革命的支持上，工業勞動階級與農業小農階級間聯盟的重要性與可能性；以及人類意志在創造一個社會主義革命上的角色——相對於經濟力緩慢且必然的發展。

　　放任自由主義（Libertarianism）：該信念認為個人應該能夠完全或幾乎完全地決定他們想要如何行事，免於任何國家或法律的干預。這種信念的不同形式已影響了傳統政治光譜的右派和左派。

　　路德主義（Luddism）：反對任何技術的發展；通常是種輕蔑的用法。這來自於十九世紀早期一群聲稱由路德（N. Ludd）所領導的機器破壞團體。

　　唯物論（Materialism）：這種分析係基於以下信念：人類的行為與社會變遷都被諸如食物及住所等這類的人類物質需求所決定。

　　以救世主自居的（Messianic）：這個詞彙常被應用到一種信念，即所有人類苦難都會在未來的某個時候，隨著諸如革命，或是在原始的用法中，隨著彌塞亞的到來而終結；通常是輕蔑的用法。

　　後設敘述（Meta-narrative）：一種人類發展的巨型敘事。後現代主義者主張，此類敘事是許多現代主義意識形態的核心，例如：在馬克思主義中，逐漸朝向社會主義革命的進程。

　　形而上學（Metaphysics）：立基於我們思考、分析與理解世界之方式下的概念、價值與結構的哲學研究。

　　方法論（Methodology）：我們在完成分析的過程中所採用的實際研究取向。一個分析者可用的方法論非常多，從形式的調查與統計分析（就如民意調查或實證主義者的途徑）到高度發展的理論性討論（只舉一個例子，比如說解構）。關於方法論上的辯論，常常和分析之客體本身的辯論一樣地重要與熱烈。

　　混合性經濟（Mixed economy）：在這種經濟中，國家占有相當的商業比例，而且其中這樣的「國有化」商業和私人商業並列營運與進行貿易。此一經濟安排的形式從1945年起至1979年及1997年間

保守主義的私有化計畫止，曾在英國出現過。

現代性（Modernity）：大約從啟蒙運動的時代開始到二十世紀的這一段歷史時期（雖然對於這樣一個歷史性界定有沒有意義還有很多爭論）。現代性的特徵，有些人如此主張，是一種對人類理性的力量、人類進步的可能性，以及工業主義之強烈信念。許多的文化、科學與政治的計畫（現代主義）都和以上三個特徵所影響的階段有關。關於現代性與現代主義是否已到了終點，存在著激烈的爭論。（參見啟蒙運動、後現代主義）

貨幣學派（Monetarism）：此一經濟理論主張政府對貨幣供給（也就是在經濟體制中流通的貨幣數量）進行緊縮的控制是控制通貨膨脹的最好方式。其對凱因斯學派鼓勵貨幣供給的擴展多以強烈的批評，並影響了新右派。（參照凱因斯學派）

單一因果的（Monocausal）：一種主張該分析中的主題只有一個原因的分析。馬克思主義在其較為簡略的形式裡，常被指責為單一因果式的描述，因為它強調階級衝突是所有其他社會、文化與政治現象的原因。

多元文化主義（Multiculturalism）：指的是主張不同的族群團體可以並且應該並肩地生活在一起，並互相學習的信念以及通常立基於該信念的政策。新右派批評它對移民社群過於寬容，而族群團體則批評其嘗試將族群認同稀釋為一團沒有特色的東西。

民族國家（Nation state）：在一個明確界定的疆域內，一個或多或少藉由中央集權的、至高的行政管理以統治一群城市、鄉鎮、村莊與其他社群之集合的政府體制。這個在歐洲日增的體制取代了約從十六世紀以來強硬的地方與區域性的政府。

民族主義（Nationalism）：該政治運動與觀念從十九世紀開始盛行，其主張個別之民族團體有免於外來影響的自決權。（參照帝國主義）

必然性（Necessary）：在對社會與政治分析的脈絡裡，這個名詞被應用於以下的安排或事件中：在它們所產生的既定環境中，它們便不會是其他的樣子。舉例來說，馬克思主義者就將階級衝突視為資本主義下的一種「必然」結果。（參照偶然性）

新左派（New Left）：一種起於1950年代，被馬克思主義思想所激發，但拒斥當時宰制東歐與西方共產主義政黨的史達林主義之智識與政治運動。其影響了社會、政治與經濟分析，但作為一種政治運動，它卻只在1960年代晚期及1970年代早期有著短暫興盛時期。

規範的（Normative）：在什麼應該被視為好的行為，什麼又該被視為壞的行為上表達出一種判斷或立基於判斷之上的分析。

特殊主義（Particularism）：該觀點認為對一個人價值的理據只能在其本身的文化或社群中被發現，亦即沒有任何可以應用到所有的文化與社群當中的普遍理據或價值。（參照普遍主義；見詮釋主義、相對主義）

家父長制（Paternalism）：就此一價值或行動對權威（通常是指一個政府）這一部分的觀點看來，此一價值或行動乃立基於此一觀點：權威應該就像一個父母對孩子一般地來對其臣屬進行統治。因此，它可能意味著權威認為它有責任去照顧它的臣屬，但也可能意指國家相信它本身知曉什麼對它的國民來說才是最好的，而不管它的國民自身的想法為何。

父權制（Patriarchy）：一組維繫並合法化女性隸屬地位的社會關係與價值。

小資產階級（Petit bourgeoisie）：小型商業的擁有者。有時候也會包括專業階級的成員。

政治文化（Political culture）：那些被一社群共同接受，但卻不一定會在法律上或明文的規定中被銘記之政治價值和實踐（雖然他們可能會）。舉例來說，為了自由民主的繁盛發展，一個社群必須有

種強烈的自由與民主政治的文化，以及自由民主的法律（在一個願意去寬容其他觀點，尊重個人的權利並允許參與的形式下）。

政治經濟學（Political economy）：對於因人類不同的利益間之互動所造成之經濟發展的研究。也意指較為受制於此類互動的經濟面向。近年來，這個名詞更已指向政治與經濟間的重疊，亦即政治系統的經濟關切，與那些涉入經濟事務的政治關切，例如：政府預算、國際經濟政策、政治對股票市場的影響……。

政體（Polity）：政治系統。

實證主義（Positivism）：這種哲學認為所有分析的目標必須僅止於儘可能準確地描述經驗實體，而非過於關注於實在為何是這個樣子，以及其應如何的價值。因此，它對宗教、形而上學或過於理論性的途徑都懷有敵意。其通常被用在關於那些嘗試在社會科學領域中使用自然科學方法的人身上。（參照形而上學）

後福特主義（Post-Fordism）：一種商品生產的方法，其特徵在於生產過程部分轉包承攬給一些公司，以及使用先進生產技術以更能回應消費者的需求。有些分析家認為福特主義在過去二十年來已大部分由後福特主義所取代，而且已導致相當大的社會、政治與經濟轉變，特別是工會的衰退。（參照福特主義）

後工業主義（Post-industrialism）：這個概念意味著，形塑十九世紀與二十世紀的重工業和其附隨之社會與政治的特徵，已被資訊科技以及服務部門的經濟重要性所取代了。

後結構主義（Post-structuralism）：現在一般來說是被用來當作後現代主義的同義字。其所意指的多是對後現代主義此一智識發展在哲學與文學批評的面向，而較少指涉到關於社會本質的後現代主張。

後物質主義（Post-materialism）：對西方社會消費者主義與個人主義的拒斥，並更為強調對靈性、人際關係的品質、個人成長與本

質的重視。有些人主張後物質主義已成為近三十年來的一股重要勢
力。

後現代主義（Postmodernism）：一個自1960年代開始，被應用
在幾近所有智識活動的發展。在社會與政治的分析中，它可被用來
意指拒斥後設敘述、絕對真理或價值、人類理性的首要性及統一人
類主體的概念之途徑。它也可以指以下信念：社會已在某種方式下
改變了，亦即我們現在是活在由社會分化與片斷化、認同政治的重
要性、大眾溝通與資訊科技與後福特主義生產技術之巨大影響為特
徵的後現代性時代裡。（參照現代性；見後福特主義、認同政治、
後工業主義）

前現代（Pre-modern）：在啟蒙運動之前很長的一段歷史時期。
一般來說，它被視為一以宗教信仰、嚴格社會層級、立基於貴族或
君主的政治系統，以及經濟上由農業生產支配為特徵的年代。（見
現代性、後現代主義）

規範性的（Prescriptive）：這種分析旨在提示改善、改變社會或
社會某些部分的方式。（參見現代性、後現代主義）

私人資本（Private capital）：個人所持有的財富，其不受國家及
集體的控制，而且提供投資以作為進一步的累積。

生產主義（Productivism）：某些意識形態的特徵，係在強調或
助長人類生產權力（特別在工業主義的形式中）可以在人類進步與
解放中扮演一角色。通常被用於輕蔑的語氣中。

公共選擇理論（Public Choice Theory）：一種將理性選擇的經濟
理論（亦即經濟的基本驅力是個人如何透過理性計算藉以追求他們
在物質上的福祉）應用在政治行為上的途徑。

公共財（Public goods）：那些被視為對社會（作為一個整體）
是有利的措施。包括有全面的健康照顧、國防、廣泛提供之教育與
訓練。作為不應受私人利益之影響的福利，其在戰後歐洲被廣泛地

接受，且因此應該由免於市場影響的國家或公共權威來規約或提供。這個概念受到來自於新右派的強烈攻擊（雖然國防一般而言並未受到這樣的批判）。

生產性力量（Productive forces）：見生產力。

寂靜主義（Quietism）：該信念認為我們不應該在政治中扮演任何角色，或在政治分歧中採取任何立場。它常是宗教組織中，一個共同爭論的側面。

理性主義（Rationalism）：理性的能力是獨一無二的，它並且是人類最有價值的資產，應該被培養與運用以達極致，通常以人類行為之其他非理性部分為代價。理性主義是西方世界自啟蒙運動以來，大部分社會與政治思想的固有成分，但在近年來日益受到質疑。（參照非理性主義；見後現代主義）

反身的（Reflexive）：能夠評價與批判一個人自身價值與行為，並在必要時予以改變的特質。

改革主義（Reformism）：任何政治途徑只要其所依靠的是逐一、合法的改變，而非革命的改變，便是改革主義。這個名詞一般來說大部分是被用在左派的討論中。

具像化（Reification）：一種藉由人為或社會建構而來的過程，其被製造出來表現「像事物一般的東西」（thing-like），例如：自然的、不可改變的，或甚至是上帝所給予的東西；一個中世紀君主的權力或可當作一個歷史上的例子。

生產關係（Relations of production）：這是個馬克思主義式的詞語，其用以指生產工具（例如：機器、土地、建築物、對財貨生產的需求）之擁有在任何一個社會中被安排的方式。通常，根據馬克思的說法，在無產階級革命之前，這些關係都是少數持有生產工具的人所行宰制的一種，而大多數的人都僅僅只是勞工而已。（見生產力）

相對主義（Relativism）：該信念認為，所有由不同社群或社群不同部分所認可的各種價值和實踐，在全世界都應被視為正當的。有時候隨著這種觀點而來會出現以下說法：因為沒有普遍或絕對的價值，所以無論存在的是什麼樣的價值或實踐都不能被視為是不正當的；雖然那些否認普遍與絕對價值的人，對相對主義必然隨之而來的說法一直有所爭議。這個名詞常被用以輕蔑的語氣。（參照普遍主義；見特殊主義、詮釋主義）

　　法治（Rule of law）：在這種社會安排中，法律之前人人平等，而且對所有個人來說，其乃作為無法接受之行為之最主要的引導。其常被視為自由主義的主要特徵，挑戰了有權勢的個人或團體（例如：君主、貴族與教士）不依據法律，與依其一時的好惡而行的權利。

　　第二波女性主義（Second-wave feminism）：1960年代中期以降，女性運動的復興。這個女性主義歷史上的時期，其對於女性自政治、社會、性與文化壓迫中獲得解放的關注，正如對於女性贏得政治權利（為第一波女性主義的主要關注點）的關注一般。

　　世俗國家主義（Secular nationalism）：橫跨阿拉伯世界的運動，其挑戰西方在這個區域內所行之帝國主義式的宰制，但反過來說，他們卻也拒斥伊斯蘭的傳統宗教影響，並採用了許多西方式的措施，特別是與工業化有關的方面。尤其在1950年代與1960年代期間，世俗國家主義對於阿拉伯政府在意識形態上有著重要的影響力。

　　Shari'a：伊斯蘭的法律。

　　Shi'a：在伊斯蘭主要宗教爭論中屬於少數的支派，其始於十七世紀從先知穆罕默德後之繼承者的分裂。Shi'a只有在伊朗才是多數。（見Sunni）

　　社會資本（Social capital）：對一個在短期生產需求（例如：機

器、建築、投資財源）之外的成功經濟而言，其為必要的資本。因此，社會資本可以包括學校、良好的住屋供給、訓練有素技能等等。（見資本）

社會建構（論）（Social construction（ism））：我們所有的價值，以及更重要的是我們所認知為絕對真理的東西，事實上不是客觀地被人類理性所發掘的，而毋寧是社會力的結果。一個社會建構可能是一個根據這樣一種觀點而來的價值或意義。

社會化的資本主義（Socialised capitalism）：在這樣的社會中，市場和私人企業仍然是核心，但這種系統的某些較不可欲的效果已透過國家的規制、福利的提供與工人的權利被改善了。其多由社會民主論者所共同信奉擁護與執行。

國家主義（Statism）：強調國家在達成特定社會或政治目標上所扮演的核心角色。

平穩狀態中的經濟（Steady-state economy）：在此一狀態中，一個經濟的不同面向（投資、生產、薪資、銷售額、價格……）隨著一固定的比率而成長，並在彼此間達致平衡。一般說來，此乃穩定經濟成長的基本要求。（見經濟成長）

蘇尼（Sunni）：在伊斯蘭主要宗教爭論中屬於多數的派別，其始於十七世紀從先知穆罕默德後之繼承者的分化。蘇尼是整個阿拉伯世界中的多數。

剩餘價值（Surplus value）：除了為基本生存的需求之外，一個社會所產生出來的財富。其為馬克思主義的一個核心概念，馬克思主張宰制階級建立了允許他們為了自身的目的而使用這種剩餘價值的系統。所以他認為在資本主義中，剩餘價值以利潤的形式出現；因之，利潤上升不是來自於市場裡的供給與需求（就古典經濟學裡談的），而是來自於資產階級對於由無產階級勞力賦予於原料之上之價值的侵吞。（見勞動）

泰勒主義（Taylorism）：工廠工人行為與裝配線上工作的測量和改善，以確保最有效率的生產與最大可能的產量。其為福特主義的一個重要面向。

技術專家政治（Technocracy）：一個在其中由公正的及所謂客觀的專家所控管的政治系統。

烏瑪（Umma）：伊斯蘭的信徒社群。

普遍主義（Universalism）：這個信念與預設認為，諸價值與解釋可以被應用在任何時候、任何地方。（參照詮釋主義、特殊主義、相對主義）

烏托邦社會主義（Utopian socialism）：一種社會主義的形式，盛行於十九世紀，其建構了一個完美、平等與倫理社會的精緻圖象（在理論上且有時是在實踐上），其並敦促權威當局以及／或勞工去幫忙建立這些圖象。這個概念多被馬克思主義者所批評。其也以「真正的社會主義」（true socialism）而見稱。

烏托邦主義（Utopianism）：一種特定意識形態的特徵，其主張或暗示完美的人類社會是可以被創造的。

當代新政治思想　　　　　　　　　　　　POLIS 6

編　　　者／Adam Lent
譯　　　者／葉永文、周凱蒂、童涵浦、陳玟伶
出 版 者／揚智文化事業股份有限公司
發 行 人／葉忠賢
總 編 輯／孟　樊
執行編輯／鄭美珠
登 記 證／局版北市業字第 1117 號
地　　　址／台北市新生南路三段 88 號 5 樓之 6
電　　　話／(02)2366-0309　2366-0313
傳　　　真／(02)2366-0310
郵撥帳號／14534976　揚智文化事業股份有限公司
原著書名／New Political Thought: An Introduction
First English edition: 1998
©Lawrence & Wishart Ltd, London
Original title: IDENTITY: New Political Thought
印　　　刷／偉勵彩色印刷股份有限公司
法律顧問／北辰著作權事務所　蕭雄淋律師
初版一刷／2000 年 5 月
定　　　價／新台幣 300 元

網址：http://www.ycrc.com.tw
E-mail：tn605547@ms6.tisnet.net.tw

　　＊本書如有缺頁、破損、裝訂錯誤，請寄回更換＊

ISBN：957-818-113-2

國家圖書館出版品預行編目資料

當代新政治思想／Adam Lend 編；葉永文等譯.
-- 初版.---臺北市：揚智文化，2000〔民 89
〕

    面：   公分.--（Polis；6）
譯自：New political thought : an introduction

ISBN　957-818-113-2（平裝）

1.政治 - 哲學, 原理

570.9   89002718